APOLOGIA DE SÓCRATES

—

O BANQUETE

APOLOGIA DE SÓCRATES
—
O BANQUETE

Platão

Tradução do grego e notas

APOLOGIA DE SÓCRATES
SUELI MARIA DE REGINO

O BANQUETE
MARIA APARECIDA DE OLIVEIRA

MARTIN CLARET

Apologia de Sócrates: título original: ’Απολογία Σωκράτους
O banquete: título original: ΣΥΜΠΟΣΙΟΝ

DIREÇÃO
Martin Claret

PRODUÇÃO EDITORIAL
Carolina Marani Lima
Mayara Zucheli

DIREÇÃO DE ARTE E CAPA
José Duarte T. de Castro

ILUSTRAÇÃO DE CAPA
Falcon Eyes / Shutterstock

DIAGRAMAÇÃO
Giovana Gatti Quadrotti

REVISÃO
Patrícia Murari

IMPRESSÃO E ACABAMENTO
Bartira Gráfica

Dados Internacionais de Catalogação na Publicação (CIP)
(Câmara Brasileira do Livro, SP, Brasil)

Platão.
Aplogia de Sócrates; O banquete / Platão;
– São Paulo: Martin Claret, 2017.

Na pág. de rosto: Apologia de Sócrates / tradução do grego e notas Sueli de Regino – O banquete / tradução do grego e notas Maria Aparecida de Oliveira.

ISBN 978-85-440-0143-1

1. Filosofia antiga 2. Literatura grega I. Regino, Sueli Maria de. II. Oliveira, Maria Aparecida de. III. Título. IV. Título: O banquete.

17-02961 CDD-184

Índices para catálogo sistemático:

1. Platão: Obras filosóficas 184

EDITORA MARTIN CLARET LTDA.
Rua Alegrete, 62 – Bairro Sumaré – CEP: 01254-010 – São Paulo, SP
Tel.: (11) 3672-8144 – www.martinclaret.com.br
3ª reimpressão – 2024

SUMÁRIO

INTRODUÇÃO

SUELI MARIA DE REGINO*

PLATÃO

O nome "Platão", com que Arístocles de Atenas ficou conhecido pela posteridade, não era mais que um apelido. Provavelmente se referia a alguma característica física ou de personalidade, já que o termo Πλάτος (*platos*) expressa a ideia de algo "plano" ou "amplo". Platão nasceu em Atenas, na primeira metade do século V a.C., por volta do ano 428, filho de Ariston, do demo de Colutés, e pertencia a uma família abastada, da antiga nobreza, já que o pai descendia de Codros, o último rei de Atenas. A origem aristocrática poderia ter conduzido o jovem à vida política, acompanhando os passos de parentes que apoiaram os Trinta Tiranos — grupo formado por representantes das oligarquias, dominantes em Atenas após a Guerra do Peloponeso. O interesse pela filosofia levou Platão, ainda na adolescência, a se entusiasmar pelo pensamento de Crátilo, um seguidor de Heráclito de Éfeso, e, aos vinte anos, tornar-se discípulo de Sócrates.

Por volta do ano 387 a.C., Platão fundou uma escola de filosofia junto às muralhas da cidade de Atenas, em um sítio coberto por olivais consagrados à deusa Palas Atena. O local recebia o nome de "Academia" (*Akadémeia*), pois, segundo antiga tradição mítica, ali estava o túmulo do herói Akademos, que revelava aos Dióscuros o lugar onde Teseu aprisionara Helena. E foi por causa de sua localização

---

* Doutora em Letras e Linguística pela Universidade Federal de Goiás, com área de pesquisa em Literatura, História e Imaginário.

que a escola onde se reuniam pessoas desejosas de exercitar a discussão filosófica e realizar investigações sobre as ciências matemáticas e astronômicas tornou-se conhecida por Academia.

No livro VII de *A república*, o "mito da caverna" ilustra o essencial das ideias platônicas. Trata-se de uma alegoria sobre os dois níveis de saber reconhecidos pelo filósofo: a impressão, e o conhecimento. Platão estabelece distinções entre o mundo sensível, dos fenômenos, e o mundo inteligível, das ideias. O primeiro, marcado pelo movimento e pela multiplicidade, é percebido pelos sentidos humanos como algo mutável e ilusório. O segundo, definido pela estabilidade, é o mundo da unidade, das essências imutáveis, da intuição intelectual. Platão confere às ideias uma existência real e faz ver que a ação do homem deve restringir-se ao mundo sensível, já que no mundo inteligível, por se tratar de um mundo perfeito, nada pode ser transformado.

SÓCRATES

Segundo a tradição, Sócrates nasceu em Atenas, possivelmente entre os anos 470 e 469 a.C., filho de um escultor e de uma parteira. Diferentemente de seus predecessores, não fundou escola nem deixou nada escrito. As ideias do filósofo foram divulgadas por seus discípulos, entre os quais estava Platão, que fez de seu mestre o principal interlocutor dos muitos diálogos que escreveu na juventude. Figura emblemática, Sócrates é o marco que divide a história da filosofia em duas eras: a dos filósofos pré-socráticos e a dos que o sucederam.

Foram os filósofos pré-socráticos que iniciaram o processo de desligamento entre a filosofia e o pensamento mítico. Esse processo assinala a passagem da cosmogonia à cosmologia. A primeira era descritiva, típica do pensamento mítico, e relatava como o cosmo surge do caos; a segunda, que buscava a *arché* — princípio teórico que fundamenta todas as coisas —, deu origem a diferentes fundamentações conceituais.

No século V a.C., também denominado "Século de Péricles", apareceram os primeiros sofistas, filósofos pedagogos que circulavam pelas cidades gregas e contribuíram para a sistematização do ensino. Vindos da classe média, em sua maioria, fizeram do ensino uma profissão e criaram um currículo do qual constava o estudo de gramática, retórica, dialética, aritmética, geometria, astronomia e música. O fato de cobrarem por seus serviços escandalizava os filósofos advindos da aristocracia, cujas críticas em muito contribuíram para formar a imagem caricatural que chegou até nós desses profissionais da educação. Contemporâneo de alguns dos mais importantes sofistas, Sócrates, muitas vezes, foi comparado a eles, embora sempre tenha se oposto, de forma crítica, ao pensamento sofista.

Sócrates passava muito tempo na ágora, discutindo diferentes temas, e utilizava um método dialético para levar seus interlocutores ao conhecimento. O método socrático desenvolve-se em dois momentos: a ironia e a maiêutica. A ironia socrática consiste na formulação de perguntas, a partir de uma dúvida fictícia. Tais questões são conduzidas com a finalidade de refutar uma determinada tese e, ao final, auxiliar a exposição do que verdadeiramente se deseja expor. O objetivo dessas interpelações, que deixavam o interlocutor sem meios de apresentar respostas, era o de despojar o indivíduo da ilusão de seu saber, livrando-o dos preconceitos e das falsas opiniões que o impediam de alcançar a verdade. No segundo momento, com a maiêutica, buscava-se conduzir o indivíduo a extrair de dentro de si mesmo uma nova perspectiva de conhecimento sobre o objeto da discussão. Maiêutica (μαιευτική) é um termo que em grego significa "obstetrícia", e foi usado por Sócrates de forma comparativa, estabelecendo relações com o trabalho de sua mãe, uma parteira, por considerar que, por meio da maiêutica, novas ideias vinham à luz.

A frequente utilização desse método em praça pública valeu ao filósofo alguns amigos fiéis, mas também inimigos rancorosos que o acusaram, segundo a *Apologia* que nos deixou Platão, de corromper a mocidade e de não crer nos deuses da cidade. Xenofonte, outro discípulo, que escreveu os *Ditos* e *feitos memoráveis de Sócrates* e uma *Apologia de Sócrates*, apresenta, no primeiro texto, o pensamento do velho filósofo por meio de lembranças que guardara de seu mestre; no segundo, discorre sobre o que se seguiu às acusações feitas a Sócrates e expõe as razões que o poderiam ter levado a escolher a morte. Quando Hermógenes, amigo de Sócrates, lembra-lhe que deve pensar em sua apologia, recebe a seguinte resposta: "Não te parece que lhe consagrei toda a minha vida?" (Xenofonte, 1980, p. 161).

Conduzido a um tribunal popular, Sócrates foi acusado por Anito, rico comerciante e político influente; Meleto, um poeta medíocre; e Lícon, um cidadão de pouca expressão. Defendeu-se com dignidade e não fez nenhuma concessão que pudesse pesar em sua consciência. Em nenhum momento reconheceu sua culpa e foi condenado à morte por envenenamento de cicuta. No tribunal, em vez de defender sua vida, defendeu suas ideias e a integridade de sua consciência. Em 399 a.C., um mês após seu julgamento, Sócrates foi executado com a ingestão de sumo de cicuta.

O TEXTO DE PLATÃO

A *Apologia de Sócrates*, texto no qual Platão relata a defesa do velho filósofo e mestre, apresenta três partes distintas. Na primeira, diante de seus juízes, Sócrates se defende da acusação de não crer nos deuses de sua cidade e de corromper a juventude, utilizando de forma paródica a linguagem forense dos tribunais atenienses.

Na segunda parte, Platão descreve o momento que se segue à contagem dos votos. Dentre os 501 atenienses que participaram do júri popular, 220 votaram a favor e 281, contra o acusado, que é considerado culpado e condenado à morte. De acordo com as leis atenienses, o réu ainda poderia sugerir uma alternativa para essa pena, mas o que Sócrates propõe acaba por aumentar o número de votos a condená-lo. O velho filósofo sugere que o alimentem à custa do erário, no Pritaneu, uma honra reservada somente a hóspedes estrangeiros, heróis beneméritos e aos vencedores dos jogos olímpicos. Dos 500 homens que compunham o júri, 360 votaram contra Sócrates, condenando-o à morte.

Na terceira parte da *Apologia*, após a definição do tribunal em favor da pena de morte, Sócrates fala aos seus concidadãos e faz previsões sobre as desditas que se abateriam sobre aqueles que o haviam acusado injustamente. Em seguida, discorre sobre a natureza da morte e tenta demonstrar que, sendo ou não a alma imortal, nada poderia haver de terrível no morrer. Por fim, despede-se dos amigos, antes de seguir para o destino que em nenhum momento tentou evitar.

A TRADUÇÃO

Para esta tradução de *Apologia de Sócrates*, livro escrito por Platão no século IV a.C., foram utilizados os textos em grego estabelecidos por Martin Von Schanz. Também foi consultado o texto de John Burnet, da Oxford University Press, 1903, disponibilizado pela Perseus Digital Library. Utilizamos ainda o dicionário *on-line* do Projeto Perseus, e o *Pocket Oxford Classical Greek Dictionary* de Morwood e Taylor; o *Dictionnaire Grec Français* de Bailly e o *Dicionário acadêmico de grego-português*, da Porto Editora.

Ao se iniciar um trabalho de tradução, o propósito que o norteia deve estar bem claro para o tradutor, pois isso é imprescindível para a definição da forma que se dará ao texto final. No caso desta obra, tinha-se como objetivo oferecer um texto de fácil leitura, numa tradução que não mutilasse ou descaracterizasse o texto platônico, rico em palavras que colocam o tradutor diante de difíceis opções vocabulares. Um exemplo disso foram as dúvidas que nos afligiram diante do termo δαίμον (*daímon*), cujo significado é de difícil assimilação em um contexto monoteísta. Em traduções mais antigas da *Apologia* o termo *daímon* foi traduzido por "demônio"; em outras, mais recentes, aparece traduzido por "gênio" ou "nume". Nossa opção, contudo, considerou o fato de que, em Homero, a palavra δαίμον é usada como um sinônimo de "deus" (θεός) e, assim, nos decidimos pelo termo "divindade".

São muitas as armadilhas e os obstáculos que se apresentam no caminho daquele que se lança a um trabalho de tradução, pois o sentido de um enunciado não se resume ao significado dos vocábulos que o compõem. Segundo Paulo Rónai, "a tradução se apresenta como uma operação de muitas faces, que envolve aspectos comerciais, técnicos, psicológicos etc." (1981, p. 89); de tal complexidade decorre a impossibilidade de uma tradução perfeita, e o trabalho de qualquer tradutor apresenta-se sempre como uma entre outras "aproximações". Assim sendo, reiteramos aqui o nosso objetivo principal: trazer a *Apologia de Sócrates* para o leitor brasileiro de nossos dias, em uma linguagem acessível, sem maior pretensão do que o conduzir a uma viagem no tempo, aos fatos que foram, tão vivamente, narrados por Platão.

APOLOGIA DE SÓCRATES

PARTE I

[17] O que vocês, ó homens de Atenas, sentiram diante das palavras de meus acusadores, eu não sei. Quanto a mim, frente a argumentos tão convincentes, por pouco ia me esquecendo de quem sou. Posso afirmar que não há nenhuma verdade nessas palavras, mas surpreendeu-me, entre tudo o que disseram contra mim, a recomendação para que tivessem cuidado e não se deixassem enganar por minha eloquência. Mais vergonhoso, contudo, é que não se envergonhem de mentir, mesmo sabendo que eu os desmentiria imediatamente, sem qualquer artifício de eloquência, com a apresentação de fatos e evidências. A mim, no entanto, tudo o que dizem parece, no mínimo, uma falta de vergonha. A não ser que chamem de eloquente aquele que fala a verdade. E se for isso mesmo o que querem dizer, então, dessa forma, talvez eu reconheça ser eloquente.

Como já disse antes, eles não disseram palavra alguma que fosse verdadeira, mas agora, de minha parte, vocês irão ouvir apenas a verdade. Pois o meu discurso, ó homens de Atenas, diferente do deles, não será rebuscado, ornamentado por palavras e frases cuidadosamente arranjadas, mas com as palavras que o acaso trouxer a minha boca. E ainda assim acredito que tudo o que disser será justo, pois nenhum de vocês espera outra coisa de mim. Além disso, não seria adequado, certamente, para um homem de minha idade, apresentar-se como um jovem que se exercita em articular discursos. Quero então fazer um pedido, uma súplica, ó homens de Atenas. Se perceberem que uso para minha defesa as mesmas palavras que costumo usar na ágora,[1] entre as bancas dos comerciantes, ou em qualquer dos lugares onde muitas vezes têm me ouvido falar, não se surpreendam nem se impacientem comigo, pois hoje é a primeira vez em minha vida, embora tenha mais de setenta anos, que me apresento diante de um tribunal, e realmente sou estranho à linguagem que se fala aqui.

Mas se eu fosse um estranho, de fato, vocês seriam condescendentes [18] e deixariam que me expressasse com a linguagem e as maneiras do lugar de meu nascimento. Por isso, desejo pedir-lhes algo que não creio ser injusto. Em primeiro lugar, que aceitem o meu modo de falar, seja ele bom ou mau, considerando somente, com muita atenção, se no que digo há justiça — pois se essa é a virtude de um julgamento, a virtude de um orador é dizer a verdade.

Inicialmente, devo me defender das acusações mentirosas de meus primeiros acusadores. Depois, das últimas acusações dos últimos que me acusam. Isso porque, ó homens de Atenas, muitos de meus acusadores estão entre vocês, e durante muito tempo, por muitos anos talvez, ergueram contra mim palavras mentirosas. Tenho mais medo deles que de Anito e de seus aliados, todos muito influentes. Mas esses outros, ó homens, também influentes, educaram, desde a infância, a maior parte de vocês, fazendo que acreditassem haver um certo Sócrates, homem sábio, que, além de se ocupar com a investigação de assuntos referentes àquilo que está nas alturas e também sob a terra, ainda procura transformar um argumento frágil em forte.

Esses que difundem tais rumores, ó homens de Atenas, são os meus acusadores mais temíveis, pois aqueles que os ouviram acabaram por acreditar que os investigadores de tais coisas não acreditam na existência dos deuses. Além disso, esses acusadores são muitos, e faz muito tempo me acusam. Lançaram suas palavras contra mim e procuraram convencê-los quando ainda eram jovens, alguns ainda

---

[1] A ágora era um espaço aberto, a praça principal da *pólis* (cidade-Estado) grega, onde ocorriam as discussões políticas, os tribunais populares e também as feiras livres, com a comercialização de diversas mercadorias.

crianças, na idade em que em tudo se crê. Entre vocês, eles me acusaram livremente, sem encontrar nenhuma palavra em minha defesa. O que menos faz sentido, porém, é que não posso reconhecer ou dar nomes aos meus acusadores, a não ser um certo comediógrafo.[2] E todos esses que, por inveja, tentaram persuadi-los com calúnias fizeram que vocês, assim persuadidos, persuadissem outros mais. Todos esses são inabordáveis, pois não é possível chamar algum deles aqui, diante de todos, para interrogá-lo. Dessa forma, só me resta lutar contra sombras e interrogar sem que ninguém me responda.

Guardem na mente, portanto, que os meus acusadores, como já disse, são de duas espécies: de uma parte, os que me acusam há muito tempo; de outra, os que me acusaram mais recentemente. Creio que devo começar por me defender dos primeiros, pois esses foram os que primeiramente lançaram suas calúnias, atuando por mais tempo e com mais intensidade que os últimos.

Desse modo, preciso fazer minha defesa, homens de Atenas, para tentar, no pouco tempo de que disponho, remover as calúnias [19] que aí estão enraizadas há tanto tempo. Gostaria de ser bem-sucedido. E se isso for realmente bom, tanto para vocês como para mim, então que eu tenha sucesso em minha defesa. Vejo, porém, o quanto será difícil e creio compreender a razão. De qualquer forma, que tudo ocorra segundo o desejo do deus, pois devo obedecer à lei e começar a minha defesa.

Retomemos, desde o começo, a acusação sobre a qual se apoiam meus caluniadores. A mesma usada por Meleto ao redigir sua denúncia contra mim. Vejamos: o que dizem os meus caluniadores ao me caluniarem? É preciso tomar a acusação formal e a ler, tal como foi escrita por meus acusadores: "Sócrates se comporta criminosamente ao investigar as coisas sob a terra e as do céu; ao transformar

---

[2] Trata-se do comediógrafo Aristófanes, nascido em Atenas no Século de Péricles. Conservador, Aristófanes hostilizava as inovações sociais e defendia os valores do passado de sua cidade. Satirizou a corrupção e combateu a sofística, a arte da persuasão, que questionava os conceitos religiosos, políticos e sociais da cultura grega. Em *As nuvens* (423 a.C.), Aristófanes compara Sócrates aos sofistas e o acusa de exercer influência nefasta sobre os jovens e a sociedade.

argumentos frágeis em fortes e ensinar a outros suas práticas perniciosas". Isso ou algo mais ou menos assim, tal como viram na comédia de Aristófanes, em que um certo Sócrates é apresentado lá no alto, como alguém que afirma caminhar pelos ares, entre outras extravagâncias, sobre as quais nada sei, nem muito, nem pouco.

E não digo isso para depreciar essa forma de conhecimento, se é que existe alguém conhecedor dessa matéria — e que eu não tenha, nesta defesa contra Meleto, de me defender contra outra tão grande acusação como essa. No entanto, ó homens de Atenas, eu mesmo jamais me ocupei com tais assuntos. Posso apresentar o testemunho da maioria dos que aqui estão, e peço a todos os que me ouviram dialogando — e há muitos desses entre vocês — que digam agora, esclarecendo os outros, se alguma vez me ouviram falar, muito ou pouco, sobre esse tipo de conhecimento. A partir dessas considerações, poderão julgar as outras partes da acusação. A verdade, contudo, é que nelas não há qualquer palavra verdadeira.

Se ouvirem alguém dizer que ensino e ganho dinheiro com isso, não é verdade. Embora me pareça algo belo ser capaz de instruir homens, como o fizeram Górgias, o de Leontinos, Pródico de Ceos e Hípias de Élis.[3] Cada um deles, ó homens, percorreu cidades e foi capaz de atrair jovens, os quais se reuniam com os companheiros que escolhiam entre seus concidadãos [20] e, juntos, conviviam com aqueles homens, aos quais pagavam bem e ainda se sentiam muito agradecidos.

Além do mais, parece que aqui chegou um homem de Paros, um sábio, segundo ouvi outro dia de alguém que tem gastado mais com sofistas que qualquer outro: Cálias, filho de Hipônico, a quem perguntei, já que ele tem dois filhos: "Ó Cálias", eu disse, "se você

---

[3] Sócrates cita alguns filósofos sofistas de seu tempo: Górgias, nascido em Leontinos, na Sicília, por volta de 480 a.C. é considerado um dos principais filósofos sofistas gregos e morreu em 375 a.C.; Pródico, nascido em Ceos por volta de 450 a.C., foi professor, orador e fez da ética um ponto fulcral em seus ensinamentos; Hípias, além de filósofo sofista, foi matemático, historiador e artesão. Nasceu em Élis, cidade próxima a Olímpia, por volta de 460 a.C. e morreu em 400 a.C.

tivesse, em lugar de filhos, dois potros ou dois bezerros, deveríamos deixá-los sob os cuidados de um homem hábil, a quem pagaríamos bem para que ele os tornasse ainda melhores, aperfeiçoando suas qualidades naturais. E esse homem seria provavelmente um tratador de cavalos ou um lavrador. Mas como são seres humanos, a quem os confiaria? Quem poderia lhes ensinar as virtudes humanas e as de cidadão? Penso que você, por ser pai de dois filhos, deve pensar sobre isso. Existe alguém, não?", eu lhe perguntei. "Sem dúvida", ele me respondeu. "E quem é ele?", perguntei, "De onde vem e quanto cobra para ensinar?" "Eveno", ele disse, "vem de Paros, ó Sócrates, e cobra cinco minas". E eu, portanto, cumprimento esse Eveno, se for mesmo verdade que ele tem o talento da arte de ensinar. Por mim, creio que me sentiria muito orgulhoso e honrado, se tivesse tais habilidades, mas infelizmente não as tenho, ó homens de Atenas.

E agora, talvez um de vocês venha a me perguntar: "Mas, Sócrates, o que fez então? De onde surgiram essas calúnias contra você? Pois, se não fez nada diferente daquilo que fizeram os outros, não deveria carregar tal fama nem ter sido assim acusado. Diga então do que se trata, para que não sejamos precipitados em nosso julgamento".

Aquele que fala dessa forma me parece falar justamente. Tentarei explicar, por conseguinte, a origem de tal reputação e de tanta animosidade contra mim. Ouçam então. Talvez alguns de vocês pensem que não falo seriamente, mas espero persuadi-los de que direi apenas a verdade. Pois se obtive essa reputação, ó homens de Atenas, foi por conta de um pouco de sabedoria. E que tipo de sabedoria é essa? Talvez uma forma de sabedoria puramente humana, na qual é arriscado ser sábio. No entanto, aqueles homens aos quais me referia há pouco são sábios de uma sabedoria mais que humana, superior, da qual nada direi, pois sobre ela nada sei. E quem disser o contrário, mente e lança calúnias contra mim.

Peço então, ó homens de Atenas, que não se ergam em tumulto se lhes parecer que falo de forma tola ou arrogante, uma vez que as palavras que direi não são minhas, mas de outro que, segundo acredito, é digno de toda a confiança. Como testemunha de minha sabedoria, se é que tenho alguma, e da natureza dessa sabedoria, apresento o deus de Delfos. Sei que todos conheceram Querefonte, [21] meu companheiro desde a juventude, e companheiro também da maior parte de vocês, pois junto com tantos outros foi exilado e, como vocês, retornou à pátria. Todos sabem quem foi Querefonte e com que ardor lançava-se a tudo o que empreendia. Certa vez ele foi a Delfos[4] e teve o atrevimento de perguntar ao oráculo — e agora volto a pedir, ó homens, que não se agitem com o que vou dizer —, pois ele perguntou se havia alguém mais sábio que eu. E a Pítia respondeu que não havia ninguém mais sábio. Seu irmão poderá testemunhar sobre tais fatos, já que Querefonte está morto.

Compreendam que só digo essas coisas por uma única razão: quero mostrar de onde surgiram tais calúnias. Quando ouvi sobre as palavras do oráculo, ponderei comigo mesmo: "O que quis dizer o deus e qual o significado oculto de suas palavras? Como bem sei que não tenho nem grande, nem pequena sabedoria, o que significa então ele declarar que sou o mais sábio? Certamente não deve estar mentindo, pois é um deus justo". E por muito tempo permaneci sem saber o que pensar sobre o sentido do oráculo, até que, depois de alguma relutância, resolvi investigar a questão e fui até um desses que têm reputação de sábio, pensando que assim poderia esclarecer o erro cometido pelo oráculo: "Disseram que sou o mais sábio, mas esse homem é mais sábio que eu".

No entanto, ao examinar tal homem, do qual não posso dizer o nome, mas que é um de nossos políticos, depois de dialogar com ele, ó homens de Atenas, a mim me pareceu que embora esse homem parecesse um sábio para muitos outros e, especialmente, para si mesmo, na verdade não o era. Tentei então demonstrar que ele não era tão sábio como acreditava ser, mas com isso só consegui o seu ódio e o dos outros que ali estavam. Quando os deixei, pensei comigo mesmo: "Embora nenhum de nós dois saiba nada de belo e

---

[4] Em Delfos, ao pé do Monte Parnaso, ficava o mais importante oráculo da Antiguidade. As Pitonisas, ou Pítias, sacerdotisas de Apolo, respondiam às perguntas dos visitantes em transe místico e faziam profecias no templo dedicado ao deus. Suas respostas eram aceitas como verdades inquestionáveis.

bom, talvez eu seja mais sábio que esse homem, pois enquanto ele acredita que sabe algo, sem o saber, eu, que nada sei, não creio nada saber. Pode ser, então, que eu seja mesmo um pouco mais sábio que ele, pois não penso saber aquilo que não sei".

Em seguida, fui procurar outro que tinha a reputação de ser tão sábio quanto o primeiro, e repetiram-se as mesmas coisas. Tornei-me, desse modo, odiado por esse e por outros mais. Depois disso, segui adiante sem abandonar minha busca. Percebia, aflito e temeroso, o quanto era odiado, mas sabia que deveria aceitar a palavra do deus e seguir em frente. Investigaria o significado do oráculo, procurando todos que tivessem a mesma reputação. E juro, pelo divino cão,[5] ó homens de Atenas, [22] pois é preciso dizer a verdade, que este foi o resultado do que investiguei, em obediência às palavras do deus: os homens considerados os mais sábios impressionavam-me muito pouco, enquanto aqueles que diziam nada saber me pareciam muito mais próximos da sabedoria. Ainda devo, contudo, lhes contar sobre meus passos, nesse caminho que segui para me assegurar se a resposta do oráculo era verdadeira.

Depois dos políticos, procurei os poetas que escrevem tragédias, ditirambos[6] e tudo o mais, acreditando que, entre eles, poderia comprovar minha ignorância e sua superioridade. Peguei alguns de seus poemas, que me pareciam mais bem elaborados, e lhes perguntei o que significavam, pois também desejava aprender algo com eles. E, agora, sinto-me envergonhado, ó homens, de dizer a verdade. Mas é necessário que a diga: pois aqueles que lá estavam poderiam discorrer sobre tais poemas, acredito, melhor que os poetas que os haviam composto. Pude então perceber que os poetas não compõem

---

[5] Essa fórmula de juramento, a favorita de Sócrates (... νή ou μα τον κύνα), era aplicada nos rituais dos mistérios dos deuses e, possivelmente, guardam resquício de referências a antigas divindades híbridas, como o Minotauro ou o deus Anúbis. Em algumas circunstâncias, a águia de Zeus também é designada pelo mesmo termo (Διός πτηνός κύων).

[6] Os cantos ditirâmbicos, em sua origem, apresentavam uma parte narrativa, que era cantada pelo corifeu, e uma parte coral. Segundo Aristóteles, em sua *Poética*, foi a partir dos primitivos ditirambos que surgiu a tragédia grega.

guiados pela sabedoria, mas por uma espécie de inclinação natural, um entusiasmo[7] semelhante àquele que anima os profetas e os adivinhos, pois esses também, embora digam muitas coisas belas, nada compreendem do que dizem. Isso parece acontecer igualmente a outros poetas, que por causa de seu talento acreditam ter sabedoria superior à de outros homens em muitas outras coisas, embora não a tenham. E, assim, eu os deixei, pensando que os superava em sabedoria, pela mesma razão que superava os políticos.

Fui, à vista disso, procurar os artífices. Tinha consciência de que, eu mesmo, nada conhecia, mas acreditava que os conhecimentos que eles dominavam, além de numerosos, eram belos. E nisso não estava enganado. Eles conheciam coisas que eu ignorava e nelas eram muito mais hábeis que eu.

Todavia, ó homens de Atenas, esses bons demiurgos[8] pareciam ter os mesmos defeitos dos poetas: por conhecerem bem sua própria arte, cada um deles acreditava conhecer também outras coisas mais importantes, e esse engano ofuscava sua sabedoria. Desse modo, colocando-me no lugar do oráculo, perguntei a mim mesmo se deveria permanecer como sou: nem sábio na sabedoria deles, nem ignorante de minha ignorância, ou ter os mesmos defeitos que eles têm. Respondi então, para mim mesmo e para o oráculo, que me parecia melhor permanecer como estou.

E foi por causa dessas buscas, ó homens de Atenas, [23] que inimizades poderosas se ergueram contra mim. De seu ódio, denso e opressivo, nasceram todas essas calúnias e também a minha reputação de sábio. Acredito que todos aqueles que me ouvem pensam que eu seja realmente sábio nas coisas a respeito das quais afirmo serem os outros ignorantes. No entanto, ó homens, pode ser que o deus,

---

[7] Nos mistérios de Dioniso a embriaguez sagrada era definida pelo termo "entusiasmo", que pode ser compreendido, literalmente, como "ter deus dentro de si".

[8] Sócrates usa o termo *demiurgós*, nome pelo qual os platônicos designavam o deus criador. Por extensão, o termo pode designar qualquer divindade e, figurativamente, refere-se ao artista criador, ou inventor de alguma obra extraordinária.

verdadeiramente sábio, haja revelado em seu oráculo o quanto a sabedoria humana tem pouco ou nenhum valor. Talvez o oráculo não tenha se referido a Sócrates, mas usado o meu nome como um exemplo. É como se dissesse, ó homens, o mais sábio entre vocês é aquele que, como Sócrates, reconhece que sua sabedoria não tem, na verdade, nenhum valor.

E é por isso, por obediência ao deus, que ainda continuo essa busca, investigando cidadãos e estrangeiros que suponho sábios. E quando não encontro a sabedoria esperada, lhes mostro, como servidor do deus, que não são sábios. Por causa dessa ocupação, não tenho tido tempo de atender aos deveres públicos nem às necessidades de minha família. Os serviços prestados ao deus me levaram à extrema pobreza. Entretanto, enquanto me dedico a essa atividade, muitos jovens com tempo livre, pois são filhos de famílias ricas, me acompanham por sua própria vontade e parecem sentir grande prazer em observar como examino os homens. Muitas vezes eles me imitam e tentam examinar aqueles que encontram. E acredito que encontrem muitos homens que pensam muito saber, mas que pouco ou nada sabem. Em consequência, todos os que são examinados se enfurecem com eles e também comigo, dizendo que Sócrates é um imundo e que corrompe os jovens. Mas se alguém lhes pergunta o que ele faz ou o que ensina, não sabem o que responder. Então, para que não pareçam tolos, dizem aquelas coisas banais que geralmente se diz dos filósofos: "que ele especula sobre as coisas do céu e da terra, que não acredita nos deuses e faz argumentos frágeis parecerem fortes".

Eu penso que talvez eles não queiram aceitar que, embora finjam ter sabedoria, na verdade nada sabem. São cientes de seu prestígio, impetuosos, e, muitos deles, determinados a falar contra mim de forma persistente e persuasiva. Há muito que enchem seus ouvidos com pérfidas calúnias, e, entre os que me atacam, estão Meleto, Anito e Lícon. Meleto representa os poetas, Anito, os políticos [24] e os artífices, e Lícon, os oradores. Por isso, como já disse antes, ficaria muito surpreso se conseguisse remover, em tão pouco tempo, uma calúnia tão profundamente enraizada. Eis então a verdade, ó homens de Atenas, verdade que exponho sem dela esconder nem muito, nem pouco. Não ignoro que, por minha conduta, sou odiado, mas isso não só aponta a fonte das calúnias lançadas contra mim como também esclarece suas causas. E se quisessem investigar mais atentamente, agora ou em outro momento, perceberiam que é como digo.

Contra as acusações lançadas por meus primeiros acusadores, creio que foi suficiente o que disse em minha defesa. Devo agora me defender de Meleto, tido como bom homem, apegado à sua cidade e um dos últimos a me acusar. Como os outros acusadores, ele também jurou, formalmente, algo nestes termos: "Afirmo que Sócrates é danoso, pois corrompe os jovens e não crê nos deuses venerados pela cidade, mas em outras novas divindades."[9] Eis a acusação.

Agora, vamos examinar cada um de seus pontos. Ele diz que, por corromper os jovens, sou perigoso. Mas digo, ó homens de Atenas, que perigoso é Meleto, por brincar com coisas sérias ao conduzir levianamente homens à ágora e por aparentar zelo e interesse por assuntos que jamais lhe interessaram. E é isso que tentarei demonstrar a vocês.

— Diga aqui para mim, Meleto: é importante para você que os jovens sejam tão virtuosos quanto possível?

— Certamente que é.

— Então diga a todos quem os torna melhores. Não tenho dúvidas de que sabe a resposta. Afinal, isso o preocupa tanto que, além de buscar descobrir quem os corrompe, ainda me denunciou na ágora. Pois então diga quem pode torná-los melhores.

Está vendo, Meleto, como você se cala e não sabe o que responder? Não se sente envergonhado? Isso não é prova suficiente de que nunca se interessou por tais assuntos? Vamos, fale, homem de bem, quem os torna melhores?

---

[9] O termo aqui traduzido por "divindade" (δαίμον) refere-se aos "daímones" (δαίμονες), entidades incorpóreas que atuavam como intermediárias entre homens e deuses. A sorte, a fortuna de cada ser humano permanecia sob os cuidados de um *daímon*, que exercia a função de gênio tutelar. Em *Trabalhos e dias*, Hesíodo, ao se referir às cinco raças, conta como os homens das primeiras raças criadas por Zeus desapareceram da superfície da terra e se tornaram divindades (*daímones*) protetoras dos mortais (v. 109 a 201).

— As leis.

— Mas não foi isso o que lhe perguntei, ó boníssimo. Minha pergunta foi sobre o homem que conhece, em primeiro lugar, exatamente isto: as leis.

— Aqueles, ó Sócrates, os juízes.

— O que você disse, Meleto? Esses aqui são capazes de educar os jovens e torná-los melhores?

— Certamente.

— Todos eles ou alguns sim e outros não?

— Todos.

— Muito boa sua resposta, por Hera, pois você nos trouxe um número enorme de auxiliares úteis. Mas e esses aqui, os que nos escutam, podem torná-los melhores ou não?

— Sim, eles também.

— E os conselheiros?

— Também os conselheiros.

— [25] Mas então, ó Meleto, aqueles que participam das eclésias,[10] esses também corrompem os jovens? Ou todos eles são capazes de torná-los melhores?

— É isso, exatamente.

— Bem, nesse caso, parece que todos os atenienses são capazes de tornar os jovens melhores e mais belos, menos eu. Só eu os corrompo. Não foi isso o que disse?

— Foi isso mesmo o que eu disse.

— Muitas acusações são lançadas ao acaso contra mim. Mas, responda, acha que isso também acontece com os cavalos? Todos os homens podem fazer que se tornem melhores e não há senão um único homem capaz de corrompê-los? Ou talvez ocorra exatamente o contrário: um único homem sabe lidar com os cavalos, já que são poucos os que sabem adestrá-los, enquanto os outros homens, ao tentar montá-los ou usar seus serviços, os prejudicam. Não é assim, ó Meleto, para os cavalos e para todos os animais? É assim, sem

[10] Criada por Sólon, a eclésia era a principal assembleia popular da democracia ateniense, aberta a todo cidadão com mais de dezoito anos.

dúvida, quer você e Anito aceitem ou não. Seria, decerto, muitíssimo bom para os jovens se houvesse apenas um para corrompê-los e todos os demais fossem virtuosos. Entretanto, você, ó Meleto, mostrou muito bem que a educação da juventude não o preocupa. Parece claro que jamais se ocupou dessas coisas pelas quais me persegue. Mas responda ainda, por Zeus: é melhor viver, Meleto, entre bons cidadãos ou viver entre os maus? E responda logo, pois o que pergunto não é nada difícil: não é verdade que os maus fazem sempre alguma maldade àqueles que lhes estão próximos, enquanto os bons fazem coisas boas?

— Sem dúvida.

— E haverá alguém que prefira receber injúrias a ser beneficiado pelos que estão próximos? Responda, ó afortunado, pois a lei ordena que responda. Há quem prefira ser injuriado?

— Certamente não.

— Vejamos, pois: quando me acusa de corromper a juventude e de torná-la pior, acredita que faço isso voluntária ou involuntariamente?

— Voluntariamente, é o que penso.

— Como, Meleto? Então você, com a sua idade, é mais sábio que eu, com a idade que tenho, pois sabe que os maus sempre fazem mal àqueles com quem convivem e que os bons fazem o bem. Eu, por minha vez, será que pareço tão ignorante a ponto de não perceber que, se tornasse maus aqueles com quem convivo, correria o risco de receber alguma afronta? Isto é, se fizesse tanto mal voluntariamente como você diz? Não posso acreditar nisso, ó Meleto, e creio que não exista um só homem que acredite.

De qualquer forma, ou não corrompo os jovens, ou os corrompo [26] involuntariamente. E isso faz de você, nos dois casos, um mentiroso. Por outro lado, se corrompo involuntariamente os jovens, a lei não prevê punição para as faltas involuntárias, recomendando que a advertência seja feita em caráter particular, para que a instrução possa ser assimilada. Claro está que, se você me convencesse, eu deixaria de fazer o que estava fazendo involuntariamente. Mas, em vez de me procurar para me instruir, você me conduziu até aqui, onde a lei cita aqueles que precisam de punição, em vez de instrução.

Além disso, ó homens de Atenas, parece bem evidente, como eu dizia, que Meleto nunca se interessou, nem muito, nem pouco, por essas coisas. Mas explique, ó Meleto, de que forma corrompo os jovens? Pois, na denúncia que você mesmo redigiu, afirma que não lhes ensino a respeitar os deuses tradicionalmente respeitados pela *pólis*,[11] mas a crer em novas divindades. Não é isso o que diz? Que ao ensinar eu os corrompo?

— É exatamente isso o que eu digo.

— Pois então, ó Meleto, em nome desses mesmos deuses de que agora falamos, explique mais claramente, a mim e a todos os outros, porque parece que me acusa de ensinar que certos deuses existem. Nesse caso, se creio que há deuses, não sou completamente ateu. E, assim, disso não sou culpado. Esses deuses, no entanto, não são os da cidade, mas outros diferentes, de acordo com sua acusação. É disso, portanto, que me acusa? Ou será que me acusa de não crer em nenhum deus e de ensinar aos outros a também não acreditar?

— É disso que o acuso, de não reconhecer nenhum deus.

— Ó admirável Meleto, por que diz isso? Então eu não creio que nem o sol, nem a lua, sejam deuses, como creem todos os outros homens?

— Não, por Zeus, ó juízes, ele disse que o sol é uma pedra e que a lua tem um solo.

— Parece que você acusa Anaxágoras, caro Meleto, e ainda nos despreza a todos, pensando que somos iletrados e não conhecemos os livros de Anaxágoras de Clazômenas,[12] que estão cheios dessas afirmações. Desse modo, quer dizer que esses jovens vêm até mim para aprender aquilo que poderiam aprender por aí, pagando no

---

[11] A *pólis* (πόλις), cidade-Estado grega, foi elemento de fundamental importância para o modelo de vida urbana no Ocidente. Os espaços que a compunham eram: a Acrópole, onde ficavam os templos, a Ágora, praça aberta onde funcionavam as feiras e os tribunais; a *Khora*, parte agrícola, onde camponeses cultivavam os alimentos que iam suprir a *Ástey*, lugar onde se erguiam as moradias.

[12] Anaxágoras, filósofo pré-socrático, nasceu em Clazômenas em 500 e morreu em 428 a.C. Escreveu um tratado sobre a natureza.

máximo uma dracma[13] na orquestra?[14] E eles não iriam rir de Sócrates, por atribuir a si mesmo opiniões que não são suas? E ainda mais essas, tão estranhas! Mas, por Zeus, acredita mesmo que não creio em nenhum deus?

— Não, por Zeus, você não crê em nenhum.

— Não é possível acreditar, ó Meleto, em uma afirmação como essa, que decerto parece tão inacreditável para você como para mim. Pois este homem aqui, ó homens de Atenas, que me parece ser muito arrogante e imprudente, decerto redigiu essa acusação levado pela inconsequência e a leviandade de sua juventude. [27] Na verdade, ele se assemelha a alguém que compõe um enigma e diz a si mesmo: "Será que Sócrates, o sábio, perceberá que estou zombando e me contradizendo, ou irei enganá-lo, assim como aos outros que nos ouvem?" Porque, para mim, ele se contradiz em sua acusação e parece dizer: "Sócrates é culpado por não crer nos deuses e também por crer nos deuses". Ora, isso só pode ser zombaria.

Examinem comigo, ó homens, se é isso mesmo o que ele parece dizer. Responda, ó Meleto, e peço a todos, como já pedi anteriormente, que não se manifestem ruidosamente diante do meu modo de falar.

— Haverá algum ser humano, ó Meleto, que acredite haver coisas humanas e não creia na existência dos homens? Que ele nos responda, ó homens, sem resmungar ora uma, ora outra coisa. Há alguém que, embora não acredite em cavalos, acredite em coisas relacionadas a cavalos? Ou quem não creia na existência dos aulos, mas acredite em assuntos relacionados à arte da aulética?[15] Não há ninguém, homem boníssimo! E como você não responde, respondo eu mesmo para todos os presentes. Mas responda ao menos a isto:

---

[13] Dracma era uma unidade monetária, assim como o óbulo, o talento e a mina de prata. Depois das reformas de Sólon, equivalia a seis óbulos, a moeda grega de menor valor.

[14] A orquestra, parte dos teatros gregos, ficava situada no centro das bancadas laterais, onde o coro se apresentava. Espaço amplo, podia ser usado por aqueles que desejavam ensinar.

[15] O termo "aulo" designava, na Grécia Antiga, diversos tipos de flautas. Aristóteles, na *Poética*, cita a aulética, arte de tocar o aulo, como uma das artes miméticas.

há quem acredite nas práticas relacionadas às divindades se não acreditar em divindades?

— Não há.

— Ora, enfim, que bom que respondeu, embora a muito custo e constrangido por todos! Pois, então, você não me acusa de ensinar práticas relacionadas a certas divindades, antigas e novas? De acordo com seu pensamento, portanto, sempre acreditei nessas divindades. Foi isso o que declarou e foi sobre isso que prestou juramento. No entanto, se creio em coisas relacionadas às divindades, primeiro é necessário que creia em divindades, não é?

Pois é isso mesmo. E penso que concorda comigo, já que não me respondeu. Quanto a essas divindades, nós as consideramos como deuses, ou como filhos de deuses, não é mesmo? Você diz sim ou não?

— Eu digo que sim.

— Então, se acredito em divindades, como você afirma, e se essas divindades são como deuses, volto a afirmar que está falando por enigmas, zombando de mim ao dizer que não creio nos deuses e que, por conseguinte, creio nos deuses, já que admiti a existência de divindades. Mas se as divindades são os filhos bastardos dos deuses com ninfas, ou, ainda, com simples mortais, quem poderia crer que há filhos de deuses, se não acreditar igualmente na existência dos deuses? Seria tão absurdo como acreditar na existência de mulas, geradas por cavalos e jumentos, e não crer em cavalos ou jumentos.

Parece, no entanto, ó Meleto, que sua acusação foi apenas para me testar, pois não há falta verdadeira que possa me atribuir. Não creio, porém, que você seja capaz de persuadir qualquer homem, mesmo um insensato, de que uma pessoa possa crer na existência de coisas divinas e, ao mesmo tempo, não acreditar na existência de divindades, deuses e heróis. [28] Isso é impossível. E, nesse caso, ó homens de Atenas, não preciso estender ainda mais a minha defesa. O que já disse me parece suficiente para demonstrar que não sou culpado e que a acusação de Meleto é infundada. Entretanto, é verdade aquilo que disse anteriormente sobre o ódio excessivo que muitos homens acumularam contra mim. E será isso o que me condenará se condenado eu for, não Meleto ou Anito, mas as calúnias e a inveja de muitos. Isso já condenou muitos homens bons e continuará sendo a perdição de inúmeros outros, pois não acredito que esse horror se detenha em mim.

Talvez alguém até viesse me dizer: "Então não se envergonha, ó Sócrates, de ter se dedicado a atividades que agora o põem diante do risco de morrer?" E eu, por minha vez, poderia dar uma resposta justa a essa recriminação: "Você não se expressa bem, meu caro, ao afirmar que um homem que tem algum valor, por pouco que seja, deva considerar os riscos de viver ou morrer, em vez de considerar somente, em cada um de seus passos, se o que faz é justo ou injusto, se age como um homem bom ou mau".

E, assim, de acordo com seu argumento, o que teríamos a dizer dos semideuses que morreram em Troia, entre eles, particularmente, o filho de Tétis, que considerou o perigo desprezível, diante da desonra? Quando sua mãe, uma deusa, viu como ele ansiava se lançar contra Heitor, alertou-o, dizendo algo mais ou menos assim: "Meu filho, se vingar a morte de seu companheiro Pátroclo e matar Heitor, você irá morrer, pois é certo que depois da morte de Heitor há de se completar o seu destino".

Ele, porém, ao ouvi-la, desprezou o perigo e a morte, porque temia muito mais viver como um covarde, sem vingar seu amigo. "Pois que eu morra no instante seguinte à minha vingança, depois de punir o culpado. Não quero permanecer vivo e exposto ao desprezo, ao lado de minhas naus abauladas, como um fardo inútil sobre a terra."

Pensam que ele se inquietou diante do perigo e da morte? Pois essa é a verdade, ó homens de Atenas: sempre que alguém escolhe uma posição, por considerar que é a melhor, ou ali é colocado por seu superior, deve, a meu ver, permanecer em seu posto, enfrentando todos os riscos, sem se importar com a morte, nem com os perigos, nem com coisa alguma além da desonra.

A meu ver, seria uma conduta desprezível, ó homens de Atenas, depois de ter guardado fielmente os postos determinados por nossos generais, expondo minha vida em Potideia, Anfípolis e no Délio, [29], abandonar o posto determinado pelo deus, que me ordena viver a filosofar — assim creio e compreendo — examinando a mim mesmo e aos outros.

Seria desprezível e, nesse caso, alguém poderia, com razão, me citar diante de um tribunal, acusando-me de não crer na existência dos deuses, de não obedecer ao oráculo, de temer a morte e de dizer que sou sábio sem o ser. Pois temer a morte, ó homens, assemelha-se a parecer ser sábio sem o ser; é pensar que se conhece aquilo que não se conhece. Na verdade, ninguém sabe se a morte é ou não o maior de todos os bens para o homem, mas as pessoas a temem como se soubessem, com certeza, que é o maior dos males. E não é a mais reprovável forma de ignorância acreditar que se sabe algo que não se sabe? Quanto a mim, ó homens, pode ser que nisso também seja diferente de muitas outras pessoas. E se ousasse afirmar que me considero mais sábio que alguém em alguma matéria, seria nisto: não sei o suficiente sobre as coisas do Hades[16] e tampouco penso que sei. No entanto, ser injusto e desobedecer a quem é melhor que eu, deus ou homem, isso sei perfeitamente que é mau e vergonhoso. Sei também que não devo temer ou fugir de males que talvez possam ser bens verdadeiros, mas sim das coisas más que, com certeza, sei que são más.

Contudo, se vocês me inocentassem — apesar de Anito, que desde o princípio afirmava a necessidade de me trazerem ao tribunal e de me condenarem à morte, porque, se eu me livrasse, os seus filhos poderiam ser corrompidos pelos ensinamentos de Sócrates —, se me inocentassem agora, dizendo: "Ó Sócrates, nós rejeitamos a acusação de Anito e o liberamos, porém com a condição de que não se ocupe mais com investigações e filosofia, pois, caso isso aconteça outra vez, você morrerá", se fosse absolvido sob tal condição, eu lhes diria: "Ó homens de Atenas, eu os respeito e estimo, no entanto devo mais respeito aos deuses que a vocês e, enquanto tiver alguma força para respirar, jamais deixarei de me dedicar à filosofia, de fazer

[16] Hades era o nome do deus das riquezas dos espaços subterrâneos e do mundo dos mortos, que recebia o nome de seu senhor. Hesíodo, em *Teogonia*, descreve os domínios desse deus.

minhas indagações costumeiras ou de instruir aquele que vier ao meu encontro dizendo, como de costume: 'Ó bom homem, como é possível que você, sendo de Atenas, a maior cidade, a mais famosa por sua sabedoria e poder, não se envergonhe em se empenhar na aquisição do máximo possível de riquezas, reputação e honras, sem se importar com a sabedoria, a verdade e a perfeição da alma, buscando aprimorá-la o máximo possível?'"

Mas se um de vocês me contestar, dizendo que se ocupa com o que deve se ocupar, eu não desistirei. Ficarei ao seu lado para interrogá-lo, examiná-lo e refutá-lo. Se descobrir que não é virtuoso, mas que finge ser, [30] daí eu o repreenderei por desprezar as coisas mais importantes e cuidar das que não têm nenhum valor. Farei isso com qualquer um que encontrar, jovem ou velho, estrangeiro ou concidadão, mas especialmente com vocês, que me são mais próximos pelo nascimento.

É isso, exatamente, o que me ordena o deus, vocês sabem, e estou certo de que nunca houve um bem maior para esta cidade do que esse serviço que presto a ele. Minha ocupação tem sido vagar por aí, persuadindo jovens e velhos a não dar mais atenção ao corpo e às riquezas que ao aperfeiçoamento da alma, porque assim se tornarão cada vez melhores. Digo que a virtude não nasce da riqueza, todavia é da virtude que nascem as riquezas e os bens para todos os homens, tanto individual como coletivamente.

Para que minhas palavras pudessem corromper a juventude, seria preciso que fossem nocivas, mas se alguém afirmar que digo coisas diferentes dessas, não diz nada que mereça crédito. Diante disso, o que tenho a lhes dizer, ó atenienses, é que, se forem ou não persuadidos por Anito, se me absolverem ou não, saibam que não mudarei minha conduta, mesmo que tenha de morrer muitas vezes.

Não façam tumulto, homens de Atenas! Continuem atendendo ao pedido que fiz, anteriormente, de não interromperem minhas palavras, mas de me ouvirem com paciência, pois creio que, para vocês, será proveitoso me ouvir. Direi ainda outras coisas que talvez os faça elevar a voz, mas peço que não façam isso, pois há algo que devem saber: se condenarem à morte um homem como eu, por ser aquilo que diz ser, não me causarão dano tão grande como o que farão a vocês mesmos. Não creio que nenhuma injúria vinda de Meleto e Anito possa me alcançar, porque não é possível que um homem superior seja injuriado por um inferior. Talvez possam me levar à morte, ao exílio ou à perda de meus direitos de cidadão. Mas se eles, ou qualquer outro, consideram tais coisas como grandes males, eu não penso assim. A meu ver, o maior de todos os males é fazer o que estão fazendo: tentar matar um homem injustamente.

Agora, não pensem, ó homens de Atenas, que me defendo em proveito próprio, como muitos poderiam supor. Na verdade, faço essa defesa em proveito de vocês mesmos, por temer que, ao votarem contra mim, rejeitando o dom que recebi do deus, possam ofendê-lo. Se me matarem, não encontrarão facilmente outro que, por ordem do deus, esteja tão ligado à cidade como (ainda que a comparação possa parecer ridícula) uma mosca a um cavalo grande, de boa raça, que precisa ser despertado pelas moscas, pois a gordura o deixou meio lerdo. E, assim, segundo me parece, o deus me escolheu para que despertasse, repreendesse e persuadisse cada um de vocês, [31] seguindo-os por toda parte, dia após dia. Vocês, certamente, não encontrarão com facilidade outro como eu e, se me ouvirem, ó homens, acredito que irão me poupar. Mas também pode ser que fiquem irritados e, como aqueles que são despertados de seu sono, mal começam a dormir, venham a me repelir, colocando-se ao lado de Anito e me condenando à morte. E assim continuarão dormindo pelo resto da vida, a menos que o deus, lembrando-se de vocês, envie outro como eu.

Pois o fato de ter sido o deus, ele mesmo, a fazer de mim uma dádiva para esta cidade, pode ser reconhecido por este indício: não parece uma atitude humana alguém negligenciar seus próprios interesses e descuidar de suas obrigações familiares, como fiz durante anos, para atender ao interesse de outros. Aproximei-me de cada um de vocês, individualmente, como faria um pai ou um irmão mais velho, tentando convencê-los, de forma incansável, a serem virtuosos. Se eu tivesse, realmente, obtido algum proveito com isso, se tivesse recebido algum tipo de remuneração por tais advertências, eles teriam razão. Agora, como vocês mesmos podem ver, os meus acusadores, ao me caluniarem tão desavergonhadamente, pelo menos não foram tão desavergonhados a ponto de apresentar testemunhas de que, alguma vez, eu tenha exigido qualquer tipo de pagamento. De minha parte, posso apresentar o que acredito ser testemunho suficiente do que digo: a minha pobreza.

Talvez pareça contraditório eu andar por aí, intervindo nos assuntos alheios, advertindo, dando conselhos particulares, em vez de oferecer publicamente, diante de todos vocês, os meus conselhos à cidade. A razão disso, como já disse muitas vezes, e em muitos lugares, é que sou tomado por algo divino, por divindades. E isso foi uma das coisas que Meleto ridicularizou, ao escrever sua acusação. Isso acontece comigo desde criança, pois ouço uma espécie de voz que sempre se manifesta para me dissuadir de algo que estou prestes a realizar, mas nunca me conduz à ação. É ela que se opõe a que eu me envolva com as questões públicas. Isso, no entanto, ó homens de Atenas, pode ser algo bom para mim, pois se houvesse me envolvido com a política, há muito tempo estaria morto e, assim, não teria realizado nada de útil, nem para vocês, nem para mim.

E não me odeiem pelas verdades que digo, pois não há homem que permaneça a salvo se desejar enfrentá-los com firmeza, ou a qualquer outro povo, [32] impedindo os atos ilegais ou injustos em uma cidade. Aquele que quer, realmente, lutar pelo que é justo, se quiser manter sua vida por mais algum tempo, deve viver discretamente, sem se envolver na vida pública. Sobre isso, não tenho para vocês apenas palavras, mas provas baseadas em fatos, algo que certamente respeitam. Ouçam então o que me aconteceu e acreditem quando afirmo que jamais obedeci ao que considero injusto nem fiz concessões ou me sujeitei a quem quer que seja por temer a morte. As coisas que vou contar, embora irrelevantes para um processo, são verdadeiras.

Tenho por mim, ó homens de Atenas, que jamais exerci nenhum cargo público na cidade, além de conselheiro. E isso foi quando nossa tribo, a Antióquida,[17] presidiu, por exigência de vocês, o

[17] Sócrates era filho de Sofronisco, um escultor, e sua família pertencia à tribo antióquida de Alopeque, da *pólis* de Atenas.

julgamento coletivo dos dez generais que não fizeram o resgate após a batalha naval.[18] Algum tempo depois todos reconheceram que aquilo era ilegal, porém naquele momento fui o único dos pritânios[19] que se opôs a contrariar as leis e votou contra vocês. Apesar de os oradores se mobilizarem para me acusar e me prender, encorajados pelos seus gritos, pensei que seria mais justo correr todos os riscos, permanecendo ao lado da lei e da justiça, que os apoiar numa decisão injusta, por medo dos grilhões ou da morte.

Isso ocorreu quando a cidade ainda era democrática. Mas depois, ao se estabelecer a oligarquia, os Trinta[20] me chamaram e fui ao seu encontro, na cúpula, onde nos ordenaram trazer o Leon Salamínio,[21] para que aqui fosse morto. Eles deram ordens como essas para muitos outros, pois desejavam implicá-los em seus crimes tanto quanto fosse possível. E eu então provei, não com palavras, mas com ações, que estava pouco me importando com a morte, se me permitem essa expressão trivial. Minha única preocupação era não fazer nada que fosse ímpio ou injusto. E no que me diz respeito, aquelas pessoas, com todo o seu poder, não conseguiram me obrigar a fazer algo que considerava injusto. Ao sairmos da cúpula, enquanto os outros quatro seguiam para Salamina, em busca de Leon, tomei outro caminho e me recolhi à minha casa. Por causa disso, certamente teria sido morto, se o governo não houvesse caído logo em seguida. E esses fatos também podem ser comprovados por muitas testemunhas.

---

[18] Trata-se da batalha contra os espartanos, que sucedeu nas proximidades das ilhas Arginusas, próximas a Lesbos, em 406 a.C.

[19] Pritânios eram os cinquenta senadores que se revezavam para presidir a assembleia popular por um determinado período.

[20] Após a guerra do Peloponeso, Atenas ficou à mercê de Lisandro, o espartano, que apoiou a oligarquia liderada por Crítias. Formou-se um governo conhecido como "Os Trinta", que deveria governar e elaborar uma nova constituição. Foi composto um conselho de adeptos da oligarquia, os Quinhentos, e foi imposto um reinado de terror sobre Atenas.

[21] Leon de Salamina era um exilado do partido democrático. Os representantes da oligarquia desejavam matá-lo para se apossarem de seus bens.

Vocês pensam que eu teria vivido tantos anos se tivesse me envolvido em atividades da vida pública, realizando-as de forma justa, como deve fazer um homem de bem, e dando a isso a mais alta importância? Longe disso, ó homens de Atenas. Nenhum outro homem poderia fazê-lo. [33] Durante a travessia de minha vida, tanto nas questões públicas como nas relações privadas, minha atitude tem sido a mesma de agora, jamais concordando com qualquer coisa que vá contra a justiça nem mesmo em relação a esses que meus caluniadores dizem ter sido meus discípulos. Jamais fui mestre de ninguém, mas se qualquer um, jovem ou velho, desejasse me ouvir para ver como me desincumbia de minha missão, não impedia que me ouvisse. Além disso, jamais pedi que me pagassem. Interrogo igualmente ricos e pobres, permitindo que ouçam e respondam às minhas perguntas, se assim o quiserem. E se, entre esses, alguns se tornaram melhores ou piores, não creio que deva cair sobre mim tal responsabilidade, pois jamais prometo ensinar ou ensino, realmente, coisa alguma. E, ainda, se alguém disser que ouviu de mim, particularmente, algo diferente do que digo a todos os outros, não diz a verdade.

Mas por que então algumas pessoas apreciam passar tanto tempo comigo? Vocês já ouviram, ó homens de Atenas, pois eu já disse isso. É porque elas gostam de ver como são examinadas essas pessoas que pensam ser sábias, embora não o sejam. Certamente isso não é mesmo nada desagradável de ver. Mas como já disse, o que faço é para atender ao deus, que assim me ordenou por meio do oráculo, de sonhos e dos outros meios que o poder divino tem utilizado para comunicar sua vontade aos homens. Isso, ó homens de Atenas, é uma verdade bem fácil de comprovar. E se eu sou verdadeiramente um corruptor de jovens, seria inevitável que alguns desses corrompidos por mim, hoje mais velhos, desejassem me denunciar e exigissem que eu fosse punido, ao reconhecerem que lhes dei maus conselhos quando eram jovens. E se caso eles mesmos não quisessem me punir pessoalmente, alguns de seus familiares, pais, irmãos ou outros parentes que se sentissem ultrajados, poderiam vir para expor os fatos e se vingarem de mim.

Mas o que vejo é que muitos desses estão aqui presentes: primeiro Críton, que tem a minha idade, vem do meu demo[22] e é pai de Cristóbulo; depois Lisânias, de Esfécio, pai de Ésquino; e Antifonte de Cefísea, pai de Epígenes. E aqui também estão outros, cujos irmãos participam, de fato, de minhas conversas. Nicostrato, filho de Teozótides e irmão de Teodoto — e como Teodoto está morto, nada o impediria de depor contra mim. Ali está também Parálio, filho de Demódoco, que era irmão de Teages; [34] e Adimanto, filho de Ariston, com seu irmão Platão; e Aiantodoro, com Apolodoro, seu irmão. E posso apontar muitos outros, aos quais Meleto, em seu discurso, poderia certamente ter citado como testemunhas. E se ele não pensou nisso, ainda há tempo, pois eu lhe dou a vez para que o faça, passando a palavra a essas testemunhas.

Mas ele bem sabe que ocorrerá exatamente o oposto, ó homens, pois todos esses estão prontos a defender aquele que "corrompeu" e "injuriou" seus familiares, como afirmam Meleto e Anito. Talvez se pudesse pensar que os "corrompidos" por mim teriam motivos para me ajudar, mas que interesse moveria seus parentes, homens mais velhos e não corrompidos por minhas palavras, que outra razão teriam para depor a meu favor, senão por estarem convencidos de que Meleto mente e eu digo a verdade?

Pois bem, é isso, ó homens. O que tenho a dizer em minha defesa é isso, ou qualquer coisa não muito diferente disso. Talvez alguns dentre vocês estejam irritados comigo ao se lembrarem de quando suplicaram aos juízes com muitas lágrimas, diante de situação menos grave, trazendo até aqui todos os seus filhos, parentes e amigos, a fim de os comover e de despertar sua piedade. É claro que não farei nada disso, mesmo enfrentando, como tudo parece indicar, a maior das ameaças. Pode ser que essa minha conduta desperte em alguns de vocês pensamentos de ódio contra mim, levando-os a dar o seu voto com extrema cólera. Agora, se há aqui alguém que seja capaz

---

[22] Clístenes, nobre ateniense que reformou a democracia de Atenas, definiu três tipos de divisão administrativa: as tribos, as trítias e os demos. O conjunto de demos formava as trítias, que eram agrupadas em dez tribos.

de tal atitude — embora eu não possa crer que haja semelhante pessoa —, acredito que poderia então lhe dizer: ó amigo, eu também tenho parentes e posso dizer, assim como disse Homero, que não nasci de um carvalho ou de uma pedra,[23] mas de seres humanos, e tenho, por conseguinte, não apenas familiares, mas três filhos, ó homens de Atenas, um deles bem crescido e os outros dois ainda pequenos. Mas não farei nenhum deles vir até aqui para suplicar por minha absolvição. E por que não? Certamente, ó atenienses, não se trata de orgulho ou de desrespeito a vocês — pois se vejo a morte com coragem, ou não, isso é outro assunto —, mas é por meu bom nome, pelo de vocês e por toda a cidade, que penso não ser conveniente utilizar esses meios. [35] Ainda mais se considerarmos minha idade e reputação, seja esta verdadeira ou falsa, pois, de fato, prevalece a opinião de que Sócrates é, de algum modo, superior à maioria dos homens.

Na verdade, se qualquer um de vocês que se considera superior em sabedoria, coragem ou em qualquer outra virtude agisse desta forma, seria vergonhoso. Eu mesmo já vi, muitas vezes, pessoas que têm alguma reputação, agindo de modo espantoso quando chamadas ao tribunal, como se pensassem que haveriam de sofrer algo terrível se fossem mortas. Pareciam acreditar que permaneceriam imortais, se acaso não fossem mortas por vocês. A meu ver, esse tipo de gente desonra a cidade, e algum estrangeiro poderia dizer que os escolhidos pelos atenienses para ocupar cargos e receber honrarias por suas virtudes não são melhores que mulheres.

Pois então é isso o que não devemos fazer, ó homens de Atenas, nós que temos alguma reputação, seja ela qual for, e deveres a cumprir. E se alguém se conduzir assim, vocês devem deixar claro que estarão mais dispostos a condenar os que promovem encenações ridículas,

---

[23] Na *Odisseia* (XIX, v. 163), Penélope pergunta a Odisseu, disfarçado de mendigo, qual sua raça e sua pátria, pois ele não seria, certamente, nascido de um carvalho legendário ou de qualquer rocha. Em *Teogonia* (v. 35), Hesíodo também usa uma expressão derivada dessa: "Mas, deixemos de circunlóquios sobre carvalho e pedra".

envergonhando a cidade, que aqueles que aguardam com tranquilidade a sentença. Mas pondo de lado a reputação, ó homens, não me parece certo que alguém suplique aos juízes para tentar fugir à condenação, em vez de informá-los e persuadi-los. Porque os juízes não estão aqui para ceder diante de tais atitudes, mas para fazer valer a justiça. O juramento que fizeram não foi para beneficiar a quem bem lhes parece, mas para julgar segundo as leis. E por isso não devemos permitir que eles tolerem o perjúrio nem que permitam a si próprios o costume de jurar em falso, pois nenhum de nós estaria sendo correto. Não esperem, portanto, ó homens de Atenas, que eu tenha, diante de todos, atitudes que não considere belas, justas ou piedosas, especialmente em um momento como este, por Zeus, em que devo me defender da acusação de não crer nos deuses, pela qual Meleto me trouxe até aqui.

E é por isso que, se pela persuasão ou pela súplica, eu os condenasse a quebrar seus juramentos, pela persuasão ou pela súplica, estaria ensinando o desrespeito aos deuses e, ao me defender, estaria acusando a mim mesmo de não crer nos deuses, algo que está muito longe de ser verdade. Pois eu creio, ó homens de Atenas, mais que qualquer um de meus acusadores crê. E agora me coloco diante de vocês, e também do deus, esperando que possam decidir pelo que for melhor, tanto para mim quanto para vocês.

PARTE II

[36] Muitos motivos me levaram a permanecer indiferente, ó homens de Atenas, diante dos votos que me condenaram. Um deles, o fato de não ser nenhuma surpresa para mim tal resultado. Só me surpreendi com o número de votos contra e a favor. Eu não esperava tão pequena maioria, mas uma diferença maior. Parece que se apenas trinta votos tivessem sido dados de outro modo, eu estaria livre. Bem, mas ao menos acho que me livrei de Meleto. Não apenas me livrei dele como ficou claro para todos que se Anito não tivesse vindo até aqui para me acusar, acompanhado de Lícon, ele poderia ter sido condenado a pagar mil dracmas por não ter obtido a quinta parte dos votos.

O que o homem determina para mim é a pena de morte. Pois bem, em contrapartida, o que devo propor, ó homens de Atenas? Certamente aquilo que penso merecer, não é? E o que seria? O que mereço pagar, ou receber, por não ter vivido uma vida acomodada e por ter negligenciado aquilo que os outros homens tanto valorizam, como riquezas, negociações, cargos públicos, postos militares e outras dignidades, além das conspirações, tão frequentes na *pólis*? E por ter sido, na verdade, um homem honesto o bastante para fugir dessas atividades e não ir ao encontro dessa vida? Eu que — deixando de lado todas essas coisas, por meio das quais não poderia ser útil nem a vocês, nem a mim mesmo — me devotei a beneficiar, individualmente, cada um de vocês com o maior dos benefícios, pois tentei persuadi-los a não se ocuparem demais com seus próprios interesses, dedicando mais atenção à própria perfeição; a valorizarem mais a sabedoria que as suas propriedades e, em vez de atuar nos negócios da cidade, atuar em favor dos interesses da própria cidade, assim pensando e agindo, da mesma forma, em favor de todas as outras coisas.

Então, o que um homem como eu merece receber? Uma recompensa, ó homens de Atenas, já que devo propor algo verdadeiramente de acordo com aquilo que acredito merecer. Algo que seja bom e conveniente para mim. E o que melhor convém a um homem pobre, que é seu benfeitor, e que precisa de tempo livre para aconselhá-los? Não há nada mais conveniente, ó homens de Atenas, que alimentar tal homem no Pritaneu.[24] Isso parece mais merecido para mim que para aquele que vence as corridas em Olímpia, com um par de cavalos ou com quatro rédeas.[25] Enquanto esse homem faz que vocês pareçam felizes, eu faço que sejam felizes verdadeiramente. E se ele não tem qualquer necessidade de ser sustentado, eu, sem dúvida, preciso. Assim, se devo observar o costume e propor uma penalidade de acordo com aquilo que mereço, [37] minha proposta é esta: ser alimentado no Pritaneu.

Pode parecer a alguns de vocês, diante dessas palavras, que estou me lamentando ou implorando. Falo com altivez, ó homens de Atenas, mas isso não importa. Na verdade, o que importa é a minha certeza de que, conscientemente, jamais fui injusto com homem algum. Não pude convencê-los disso, contudo, pois conversei pouco tempo com cada um de vocês. Acredito que, se as suas leis fossem como as dos outros homens, uma pena de morte não poderia ser decidida em um único dia, mas em muitos, e seria possível persuadi-los. Mas agora, em tão pouco tempo, é impossível desfazer calúnias tão arraigadas.

Assim como estou certo de nunca ter sido injusto com ninguém, bem distante também estou de querer ser injusto comigo mesmo,

---

[24] O Pritaneu era o edifício onde se guardavam as leis de Sólon. Lá eram alimentados à custa do Estado os generais vitoriosos, os vencedores dos jogos olímpicos e os que beneficiavam a cidade. A atitude de Sócrates, nesse momento, pode ser compreendida como uma provocação.

[25] A cidade de Olímpia abrigava templos e estádios para os Jogos Olímpicos, nos quais concorriam atletas de toda a Hélade.

de dizer que mereço algo ruim, ou de propor para mim algum tipo de punição. E o que poderia temer? A pena estipulada por Meleto, que eu afirmo ignorar se é um bem ou um mal? Ou então, em vez disso, será que deveria propor algo que soubesse ser um verdadeiro mal? Como a prisão, talvez? Sim, mas por que devo passar a vida na prisão, escravo das autoridades e do poder dos Onze? Ou então, quem sabe, uma multa, permanecendo preso até pagá-la completamente? Mas isso daria no mesmo para mim, visto que, como disse ainda agora, não tenho dinheiro para pagar. Deveria, então, propor o exílio? Talvez vocês concordassem em estipular essa pena, mas eu precisaria ter, de fato, um excessivo apreço pela vida para me tornar tão irracional a ponto de não ser capaz de compreender que, se vocês, ó homens de Atenas, meus concidadãos, não puderam suportar minha forma de ser e os meus discursos — os quais se tornaram um fardo tão pesado e desagradável que agora tentam livrar-se deles —, será que os outros estariam dispostos a ouvi-los? Certamente que não, ó atenienses. Que bela vida seria para um homem, na minha idade, ter de vagar, de cidade em cidade, vivendo como um proscrito. Pois eu sei que, aonde quer que vá, os jovens ouvirão minhas palavras, como ocorre aqui. Se os afastar de mim, eles mesmos irão convencer os mais velhos a me expulsar, mas se não os rejeitar, serei banido por seus pais e familiares.

Talvez alguém viesse a me perguntar: "Então você não poderia viver quieto, ó Sócrates, em silêncio, depois de nos deixar?" Eis o que me parece mais difícil fazer alguns de vocês compreenderem. Pois se eu disser que tal conduta seria uma desobediência ao deus, e que por isso eu não poderia permanecer quieto, [38] vocês pensariam que estou zombando e não acreditariam em mim. Mas, por outro lado, se disser que o maior bem para um homem é justamente discorrer sobre a virtude e sobre outros temas a respeito dos quais me ouvem falando todos os dias, enquanto examino a mim mesmo e aos outros, e também que a vida, se não for examinada, não merece ser vivida, vocês acreditariam ainda menos.

É exatamente como digo, ó homens, contudo sei que não será fácil convencê-los disso. Por outro lado, não estou habituado a pensar que mereço algo mau. Se tivesse dinheiro, poderia apresentar uma quantia que me fosse fácil pagar, e isso, certamente, não me traria nenhum dano. O fato, porém, é que não tenho nada. Se aceitarem uma quantia que me seja possível pagar, sugiro uma mina de prata. Esse é, portanto, o valor que proponho. Platão, que ali está, ó homens de Atenas, e Críton, e Cristóbulo, e Apolodoro, acenam para que eu proponha trinta minas, sob sua fiança. Pois então é esse o valor que proponho, e esses homens, dignos de crédito, serão fiadores da prata.

PARTE III

Por não terem a paciência de esperar um pouco mais, ó homens de Atenas, vocês receberão, juntamente com esses que desejam difamar nossa cidade, a recriminação e a fama de terem matado Sócrates, um homem sábio. Porque, para aumentar sua desonra, eles me chamarão de sábio, ainda que eu não queira isso. Agora, se vocês tivessem esperado pouco tempo mais, tudo teria se resolvido por si mesmo, pois vejam a minha idade, já estou bem avançado na vida e muito perto da morte. Não digo isso para todos vocês, mas apenas para aqueles que votaram por minha condenação à morte. E é para esses que digo agora estas palavras:

Talvez pensem, ó homens de Atenas, que fui condenado por não saber usar as palavras e os argumentos necessários para persuadi-los e evitar minha condenação. Bem longe disso. Se fui condenado, não foi por falta de palavras ou argumentos, mas pela falta de atrevimento, cinismo e disposição para lhes dizer aquilo que desejavam ouvir: eu me lamentando, chorando e, como já disse, fazendo e dizendo muitas outras coisas indignas, semelhantes às que vocês estão acostumados a ouvir de outros. Mesmo agora, ao perceber o que se impõe ao meu destino, não seria capaz de agir de forma servil, e também não me arrependo de como conduzi minha defesa, pois prefiro morrer depois de ter me defendido da forma que o fiz a dever a vida a uma defesa covarde.

[39] Diante de um tribunal, como também na guerra, não convém, nem a mim, nem a ninguém, o empenho de tudo fazer para escapar à morte. E todos sabem que aquele que abandona as armas nas batalhas e suplica aos seus perseguidores muitas vezes volta para

casa e escapa de morrer. Na verdade, diante de cada ameaça, muitos são os recursos para se fugir da morte, quando se está disposto a tudo dizer ou fazer. Pois, o mais difícil, ó homens, talvez não seja evitar a morte. Muito mais difícil é escapar da maldade, que voa mais rapidamente do que a morte corre. E, agora, como estou cansado e velho, fui pego pela mais lerda, enquanto meus acusadores, mais ágeis e poderosos, foram tomados pela mais veloz: a maldade.

Devo, portanto, partir para a morte à qual me condenaram. Quanto a vocês, a verdade irá condená-los à infâmia e à injustiça. A mim cabe aceitar minha pena, e a eles, aceitar a deles. Pode ser que essas coisas tivessem mesmo de se passar assim, e acredito que elas estejam dentro de uma justa medida. Mas agora, em seguida, desejo profetizar aquilo que em breve acontecerá aos que votaram contra mim. Pois estou justamente na situação em que um homem profetiza melhor: quando está perto de morrer.

Pois eu digo, ó homens, a vocês que me condenaram: logo após a minha morte, receberão um castigo, por Zeus, muito pior do que a morte imposta a mim. Vocês fizeram isso por acreditar que ficariam livres de prestar contas sobre sua vida, mas lhes garanto que o resultado será completamente diferente. Os que irão contestá-los surgirão mais numerosos que antes, visto que, sem que vocês percebessem, quem os conteve até agora fui eu. E quanto mais jovens, mais intensamente serão tomados pela cólera. O fato é que, se pensam que matando homens poderão se livrar de reprovações, por não agirem corretamente, estão pensando errado. Esse modo de se livrar de recriminações dificilmente funciona e não tem nada de belo, enquanto o empenhar-se para tornar melhor a si mesmo é, certamente, muito belo e fácil. Agora, após fazer essas profecias para vocês que me condenaram, estou livre para partir.

Por agora, eu gostaria de ter o prazer de conversar sobre o que acaba de acontecer com esses que votaram por minha absolvição, enquanto os outros estão ocupados e não chega o momento de seguir para o lugar onde devo morrer. Fiquem comigo, ó homens, pelo tempo que me resta, pois nada nos impede de conversarmos uns com os outros enquanto isso for possível. A vocês, que considero amigos, [40] quero revelar o significado do que está acontecendo comigo.

Pois a mim, ó homens juízes — e ao chamá-los juízes dou-lhes o nome que merecem —, acontece algo admirável: uma intuição profética, divinal, manifesta-se sempre para mim, opondo-se a quaisquer de minhas atitudes, mesmo as mais insignificantes, caso esteja para fazer algo incorreto. Agora, porém, aconteceu comigo, como todos puderam ver, aquilo que qualquer um considera ser o pior dos males, pois é assim que realmente se pensa, mas o sinal divino não se manifestou. Nem quando saí de casa hoje cedo, nem quando me apresentei a este tribunal, nem durante o tempo que durou o meu discurso, quando ia dizer algo, embora em muitas outras ocasiões essa intuição tenha interrompido minha fala, deixando os meus discursos pelo meio. No decorrer deste processo, todavia, nem uma só vez ela se opôs a qualquer um de meus atos ou palavras.

E qual poderia ser o motivo disso? Pois eu vou dizer a vocês. É bem possível que tudo o que está me acontecendo seja um bem, e talvez não passe de engano a ideia de que a morte é um mal. Em relação a isso, considero como evidência maior o fato de o costumeiro sinal divino não ter me alertado, pois ele o teria feito se eu não estivesse para realizar algo de bom. Podemos ainda considerar que há razões para se esperar que a morte seja um bem, porque morrer é uma ou outra destas duas situações: ou não há nada e o morto não tem percepção de coisa alguma, ou é, como se diz, uma mudança, uma migração da alma deste lugar para outro. E se a morte for a privação de todas as sensações, como um sono sem sonhos para quem dorme, que presente admirável seria!

Pois eu creio que se alguém tomasse uma noite em que caiu em sono profundo, sem sonhos, para comparar com todas as noites e dias de sua vida e, após refletir, dizer quantos dias e noites foram mais agradáveis e doces que aquela noite, penso que não só uma pessoa comum, como até mesmo um grande rei, acharia que essas noites são mais fáceis de contar,[26] se comparadas com os outros dias e noites. Se a morte for assim realmente, devo dizer que é uma

[26] Mais fáceis de contar por serem em menor número.

dádiva, uma vez que resume a totalidade do tempo, reduzindo-o a uma única noite.

Mas, por outro lado, se a morte for como uma mudança, daqui para outro lugar, onde ficam, segundo dizem, todos os mortos, que bem maior poderia existir, ó homens juízes? Pois ao chegar ao Hades, [41] livres daqueles que se pretendem juízes, nos encontraríamos diante dos juízes verdadeiros, aqueles que, segundo se diz, por lá estabelecem a justiça: Minos, Radamante, Eacos e Triptólemo, além de outros semideuses, que foram justos durante a vida. Ora, não seria mesmo algo extraordinário essa partida? Imaginem o que alguém não daria para conversar com Orfeu, Museu, Hesíodo e Homero?[27] Eu mesmo, se isso for verdade, quero morrer infinitas vezes, pois, particularmente, acharia maravilhoso passar o tempo em conversas com Palamedes ou Ájax, o filho de Telamon,[28] ou qualquer um desses antigos que morreram por uma condenação injusta, visto que, segundo penso, não deixaria de ser agradável comparar minhas desventuras com as deles. E ainda melhor seria poder passar meu tempo examinando e comparando os de lá como fiz com os daqui, para distinguir os que são sábios daqueles que não o são. Que preço alguns de nós não seriam capazes de pagar, ó homens juízes, para conhecer bem de perto aquele que conduziu a grande expedição até Troia, ou Odisseu, ou Sísifo,[29] ou ainda inúmeros outros homens e mulheres que poderíamos mencionar, com os quais seria uma felicidade inexprimível conviver, dialogar e, assim, poder observá-los? Os de lá, ao menos, não matam ninguém

---

[27] Orfeu e Museu são heróis mitológicos. Orfeu, filho de Apolo e da ninfa Calíope, era poeta e músico sem igual. Museu, filho de Orfeu, após a morte do pai, recolheu sua obra poética. Homero e Hesíodo são poetas (*aedos*) do período arcaico.

[28] Palamedes desmascarou Odisseu, que fingira um acesso de loucura para não acompanhar os gregos a Troia; Ájax, filho de Telamon, lutou contra Heitor e, após a morte de Aquiles, disputou com Odisseu a armadura do herói morto. Odisseu, por se mostrar melhor orador, ganhou o prêmio.

[29] Odisseu, ou Ulisses, era filho de Laertes, rei de Ítaca. O poema de Homero, *Odisseia*, relata a longa viagem do herói, de volta para casa, após a queda das muralhas de Troia.

e são mais afortunados que os daqui, pois bem melhor que a nossa condição é a sua, de permanecerem imortais por todo o tempo que virá, se o que dizem a respeito disso for verdade.

Mas vocês também necessitam, ó homens juízes, encarar a morte de forma esperançosa e guardar na mente esta verdade: para um homem bom, não há mal algum que realmente o afete, nem durante sua vida, nem depois de sua morte, já que os deuses não se descuidam de suas necessidades. E tudo o que está para me acontecer não foi resultado do acaso, pois me parece evidente que morrer agora e ficar livre de minhas preocupações é o melhor para mim.

E foi por isso que o sinal divino não se manifestou em nenhum momento. Também por isso não senti ressentimento algum contra os que me acusaram nem contra aqueles que votaram contra mim. No entanto, não foi exatamente com essa intenção que me acusaram e me condenaram, mas por imaginar que me fariam mal. E por isso, certamente, devem ser censurados.

Eu ficaria bem satisfeito, contudo, se fizessem algo por mim: quando meus filhos chegarem à juventude, peço que os ajudem, ó homens, atormentando-os como atormentei vocês, se eles cuidarem com mais empenho das riquezas que da virtude. E se pensarem de si mesmos algo que na realidade não são, espero que sejam repreendidos por vocês, assim como os repreendi, pois assim eles não pensarão ser o que não são. [42] E se fizerem isso, receberemos de vocês o que é justo: eu e meus filhos.

Agora, porém, é hora de partirmos. Eu seguirei para a morte e vocês, para a vida. Quem de nós se encaminha para uma melhor situação, é obscuro para todos, menos ao deus.

’Απολογία Σωκράτους

* Texto em grego estabelecido por Martin von Schanz.

ΑΠΟΛΟΓΙΑ ΣΩΚΡΑΤΟΥΣ

St. I. p. 17 [ΗΘΙΚΟΣ]

A 1. Ὅ τι μὲν ὑμεῖς, ὦ ἄνδρες Ἀθηναῖοι, πεπόν-
θατε ὑπὸ τῶν ἐμῶν κατηγόρων, οὐκ οἶδα· ἐγὼ δ'
οὖν καὶ αὐτὸς ὑπ' αὐτῶν ὀλίγου ἐμαυτοῦ ἐπελαθό-
μην· οὕτω πιθανῶς ἔλεγον. καίτοι ἀληθές γε, ὡς
ἔπος εἰπεῖν, οὐδὲν εἰρήκασιν. μάλιστα δὲ αὐτῶν
ἓν ἐθαύμασα τῶν πολλῶν ὧν ἐψεύσαντο, τοῦτο, ἐν
ᾧ ἔλεγον ὡς χρὴ ὑμᾶς εὐλαβεῖσθαι, μὴ ὑπ' ἐμοῦ
B ἐξαπατηθῆτε, ὡς δεινοῦ ὄντος λέγειν. τὸ γὰρ μὴ
αἰσχυνθῆναι, ὅτι αὐτίκα ὑπ' ἐμοῦ ἐξελεγχθήσονται
ἔργῳ, ἐπειδὰν μηδ' ὁπωστιοῦν φαίνωμαι δεινὸς
λέγειν, τοῦτό μοι ἔδοξεν αὐτῶν ἀναισχυντότατον
εἶναι, εἰ μὴ ἄρα δεινὸν καλοῦσιν οὗτοι λέγειν τὸν
τἀληθῆ λέγοντα· εἰ μὲν γὰρ τοῦτο λέγουσιν,
ὁμολογοίην ἂν ἔγωγε οὐ κατὰ τούτους εἶναι ῥήτωρ.
οὗτοι μὲν οὖν, ὥσπερ ἐγὼ λέγω, ἤ τι ἢ οὐδὲν
ἀληθὲς εἰρήκασιν· ὑμεῖς δ' ἐμοῦ ἀκούσεσθε πᾶσαν
τὴν ἀλήθειαν. οὐ μέντοι μὰ Δία, ὦ ἄνδρες Ἀθη-
ναῖοι, κεκαλλιεπημένους γε λόγους, ὥσπερ οἱ
C τούτων, ῥήμασί τε καὶ ὀνόμασιν, οὐδὲ κεκοσμη-
μένους, ἀλλὰ ἀκούσεσθε εἰκῇ λεγόμενα τοῖς
ἐπιτυχοῦσιν ὀνόμασιν· πιστεύω γὰρ δίκαια εἶναι
ἃ λέγω, καὶ μηδεὶς ὑμῶν προσδοκησάτω ἄλλως·

οὐδὲ γὰρ ἂν δήπου πρέποι, ὦ ἄνδρες, τῇδε τῇ
ἡλικίᾳ ὥσπερ μειρακίῳ πλάττοντι λόγους εἰς
ὑμᾶς εἰσιέναι. καὶ μέντοι καὶ πάνυ, ὦ ἄνδρες
Ἀθηναῖοι, τοῦτο ὑμῶν δέομαι καὶ παρίεμαι· ἐὰν
διὰ τῶν αὐτῶν λόγων ἀκούητέ μου ἀπολογουμένου,
δι' ὧνπερ εἴωθα λέγειν καὶ ἐν ἀγορᾷ ἐπὶ τῶν
τραπεζῶν, ἵνα ὑμῶν πολλοὶ ἀκηκόασι, καὶ ἄλλοθι,
D μήτε θαυμάζειν μήτε θορυβεῖν τούτου ἕνεκα. ἔχει
γὰρ οὑτωσί. νῦν ἐγὼ πρῶτον ἐπὶ δικαστήριον
ἀναβέβηκα, ἔτη γεγονὼς ἑβδομήκοντα· ἀτεχνῶς
οὖν ξένως ἔχω τῆς ἐνθάδε λέξεως. ὥσπερ οὖν ἄν,
εἰ τῷ ὄντι ξένος ἐτύγχανον ὤν, ξυνεγιγνώσκετε
δήπου ἄν μοι, εἰ ἐν ἐκείνῃ τῇ φωνῇ τε καὶ τῷ
18 τρόπῳ ἔλεγον, ἐν οἷσπερ ἐτεθράμμην, καὶ δὴ καὶ
νῦν τοῦτο ὑμῶν δέομαι δίκαιον, ὥς γέ μοι δοκῶ,
τὸν μὲν τρόπον τῆς λέξεως ἐᾶν· ἴσως μὲν γὰρ
χείρων, ἴσως δὲ βελτίων ἂν εἴη· αὐτὸ δὲ τοῦτο
σκοπεῖν καὶ τούτῳ τὸν νοῦν προσέχειν, εἰ δίκαια
λέγω ἢ μή· δικαστοῦ μὲν γὰρ αὕτη ἀρετή, ῥήτορος
δὲ τἀληθῆ λέγειν.

2. Πρῶτον μὲν οὖν δίκαιός εἰμι ἀπολογή-
σασθαι, ὦ ἄνδρες Ἀθηναῖοι, πρὸς τὰ πρῶτά μου
ψευδῆ κατηγορημένα καὶ τοὺς πρώτους κατη-
γόρους, ἔπειτα δὲ πρὸς τὰ ὕστερα καὶ τοὺς
B ὑστέρους. ἐμοῦ γὰρ πολλοὶ κατήγοροι γεγόνασι
πρὸς ὑμᾶς καὶ πάλαι πολλὰ ἤδη ἔτη καὶ οὐδὲν
ἀληθὲς λέγοντες, οὓς ἐγὼ μᾶλλον φοβοῦμαι ἢ τοὺς
ἀμφὶ Ἄνυτον, καίπερ ὄντας καὶ τούτους δεινούς·
ἀλλ' ἐκεῖνοι δεινότεροι, ὦ ἄνδρες, οἳ ὑμῶν τοὺς
πολλοὺς ἐκ παίδων παραλαμβάνοντες ἔπειθόν τε

καὶ κατηγόρουν ἐμοῦ οὐδὲν ἀληθές, ὡς ἔστι τις
Σωκράτης σοφὸς ἀνήρ, τά τε μετέωρα φροντιστὴς
καὶ τὰ ὑπὸ γῆς ἅπαντα ἀνεζητηκὼς καὶ τὸν ἥττω
λόγον κρείττω ποιῶν. οὗτοι, ὦ ἄνδρες Ἀθηναῖοι,
C οἱ ταύτην τὴν φήμην κατασκεδάσαντες, οἱ δεινοί
εἰσίν μου κατήγοροι· οἱ γὰρ ἀκούοντες ἡγοῦνται
τοὺς ταῦτα ζητοῦντας οὐδὲ θεοὺς νομίζειν. ἔπειτά
εἰσιν οὗτοι οἱ κατήγοροι πολλοὶ καὶ πολὺν χρόνον
ἤδη κατηγορηκότες, ἔτι δὲ καὶ ἐν ταύτῃ τῇ ἡλικίᾳ
λέγοντες πρὸς ὑμᾶς, ἐν ᾗ ἂν μάλιστα ἐπιστεύσατε,
παῖδες ὄντες, ἔνιοι δ' ὑμῶν καὶ μειράκια, ἀτεχνῶς
ἐρήμην κατηγοροῦντες ἀπολογουμένου οὐδενός. ὃ
δὲ πάντων ἀλογώτατον, ὅτι οὐδὲ τὰ ὀνόματα οἷόν
D τε αὐτῶν εἰδέναι καὶ εἰπεῖν, πλὴν εἴ τις κωμῳ-
διοποιὸς τυγχάνει ὤν· ὅσοι δὲ φθόνῳ καὶ διαβολῇ
χρώμενοι ὑμᾶς ἀνέπειθον, οἱ δὲ καὶ αὐτοὶ πεπεισ-
μένοι ἄλλους πείθοντες, οὗτοι πάντων ἀπορώτατοί
εἰσιν· οὐδὲ γὰρ ἀναβιβάσασθαι οἷόν τ' ἐστὶν αὐτῶν
ἐνταυθοῖ οὐδ' ἐλέγξαι οὐδένα, ἀλλ' ἀνάγκη
ἀτεχνῶς ὥσπερ σκιαμαχεῖν ἀπολογούμενόν τε
καὶ ἐλέγχειν μηδενὸς ἀποκρινομένου. ἀξιώσατε
οὖν καὶ ὑμεῖς, ὥσπερ ἐγὼ λέγω, διττούς μου τοὺς
E κατηγόρους γεγονέναι, ἑτέρους μὲν τοὺς ἄρτι
κατηγορήσαντας, ἑτέρους δὲ τοὺς πάλαι, οὓς ἐγὼ
λέγω, καὶ οἰήθητε δεῖν πρὸς ἐκείνους πρῶτόν με
ἀπολογήσασθαι· καὶ γὰρ ὑμεῖς ἐκείνων πρότερον
ἠκούσατε κατηγορούντων καὶ πολὺ μᾶλλον ἢ

τῶνδε τῶν ὕστερον. εἶεν· ἀπολογητέον δή, ὦ
19 ἄνδρες Ἀθηναῖοι, καὶ ἐπιχειρητέον ὑμῶν ἐξελέ-
σθαι τὴν διαβολήν, ἣν ὑμεῖς ἐν πολλῷ χρόνῳ
ἔσχετε, ταύτην ἐν οὕτως ὀλίγῳ χρόνῳ. βουλοίμην
μὲν οὖν ἂν τοῦτο οὕτως γενέσθαι, εἴ τι ἄμεινον
καὶ ὑμῖν καὶ ἐμοί, καὶ πλέον τί με ποιῆσαι ἀπο-
λογούμενον· οἶμαι δὲ αὐτὸ χαλεπὸν εἶναι, καὶ οὐ
πάνυ με λανθάνει οἷόν ἐστιν. ὅμως τοῦτο μὲν
ἴτω ὅπῃ τῷ θεῷ φίλον, τῷ δὲ νόμῳ πειστέον καὶ
ἀπολογητέον.

3. Ἀναλάβωμεν οὖν ἐξ ἀρχῆς, τίς ἡ κατηγορία
ἐστίν, ἐξ ἧς ἡ ἐμὴ διαβολὴ γέγονεν, ᾗ δὴ καὶ
B πιστεύων Μέλητός με ἐγράψατο τὴν γραφὴν
ταύτην. εἶεν· τί δὴ λέγοντες διέβαλλον οἱ δια-
βάλλοντες; ὥσπερ οὖν κατηγόρων τὴν ἀντω-
μοσίαν δεῖ ἀναγνῶναι αὐτῶν· Σωκράτης ἀδικεῖ
καὶ περιεργάζεται, ζητῶν τά τε ὑπὸ γῆς καὶ
οὐράνια καὶ τὸν ἥττω λόγον κρείττω ποιῶν καὶ
C ἄλλους τὰ αὐτὰ ταῦτα διδάσκων. τοιαύτη τίς
ἐστιν· ταῦτα γὰρ ἑωρᾶτε καὶ αὐτοὶ ἐν τῇ Ἀρι-
στοφάνους κωμῳδίᾳ, Σωκράτη τινὰ ἐκεῖ περι-
φερόμενον, φάσκοντά τε ἀεροβατεῖν καὶ ἄλλην
πολλὴν φλυαρίαν φλυαροῦντα, ὧν ἐγὼ οὐδὲν
οὔτε μέγα οὔτε μικρὸν πέρι ἐπαΐω. καὶ οὐχ ὡς
ἀτιμάζων λέγω τὴν τοιαύτην ἐπιστήμην, εἴ τις
περὶ τῶν τοιούτων σοφός ἐστιν. μή πως ἐγὼ ὑπὸ
Μελήτου τοσαύτας δίκας φύγοιμι! ἀλλὰ γὰρ
ἐμοὶ τούτων, ὦ ἄνδρες Ἀθηναῖοι, οὐδὲν μέτεστιν.
D μάρτυρας δὲ αὐτοὺς ὑμῶν τοὺς πολλοὺς παρ-
έχομαι, καὶ ἀξιῶ ὑμᾶς ἀλλήλους διδάσκειν τε καὶ

φράζειν, ὅσοι ἐμοῦ πώποτε ἀκηκόατε διαλεγομένου· πολλοὶ δὲ ὑμῶν οἱ τοιοῦτοί εἰσιν· φράζετε οὖν ἀλλήλοις, εἰ πώποτε ἢ μικρὸν ἢ μέγα ἤκουσέ τις ὑμῶν ἐμοῦ περὶ τῶν τοιούτων διαλεγομένου· καὶ ἐκ τούτων γνώσεσθε, ὅτι τοιαῦτ' ἐστὶν καὶ τἆλλα περὶ ἐμοῦ, ἃ οἱ πολλοὶ λέγουσιν.

4. Ἀλλὰ γὰρ οὔτε τούτων οὐδέν ἐστιν, οὐδέ γ'
εἴ τινος ἀκηκόατε ὡς ἐγὼ παιδεύειν ἐπιχειρῶ
E ἀνθρώπους καὶ χρήματα πράττομαι, οὐδὲ τοῦτο
ἀληθές. ἐπεὶ καὶ τοῦτό γέ μοι δοκεῖ καλὸν εἶναι,
εἴ τις οἷός τ' εἴη παιδεύειν ἀνθρώπους ὥσπερ
Γοργίας τε ὁ Λεοντῖνος καὶ Πρόδικος ὁ Κεῖος
καὶ Ἱππίας ὁ Ἠλεῖος. τούτων γὰρ ἕκαστος, ὦ
ἄνδρες, οἷός τ' ἐστὶν ἰὼν εἰς ἑκάστην τῶν πόλεων
τοὺς νέους, οἷς ἔξεστι τῶν ἑαυτῶν πολιτῶν προῖκα
ξυνεῖναι ᾧ ἂν βούλωνται, τούτους πείθουσιν τὰς
20 ἐκείνων ξυνουσίας ἀπολιπόντας σφίσιν ξυνεῖναι
χρήματα διδόντας καὶ χάριν προσειδέναι. ἐπεὶ
καὶ ἄλλος ἀνήρ ἐστι Πάριος ἐνθάδε σοφός, ὃν ἐγὼ
ᾐσθόμην ἐπιδημοῦντα· ἔτυχον γὰρ προσελθὼν
ἀνδρὶ ὃς τετέλεκε χρήματα σοφισταῖς πλείω ἢ
ξύμπαντες οἱ ἄλλοι, Καλλίᾳ τῷ Ἱππονίκου·
τοῦτον οὖν ἀνηρόμην—ἐστὸν γὰρ αὐτῷ δύο υἱέε—
Ὦ Καλλία, ἦν δ' ἐγώ, εἰ μέν σου τὼ υἱέε πώλω ἢ
μόσχω ἐγενέσθην, εἴχομεν ἂν αὐτοῖν ἐπιστάτην
λαβεῖν καὶ μισθώσασθαι, ὃς ἔμελλεν αὐτὼ καλώ
B τε καὶ ἀγαθὼ ποιήσειν τὴν προσήκουσαν ἀρετήν·
ἦν δ' ἂν οὗτος ἢ τῶν ἱππικῶν τις ἢ τῶν γεωργικῶν·
νῦν δ' ἐπειδὴ ἀνθρώπω ἐστόν, τίνα αὐτοῖν
ἐν νῷ ἔχεις ἐπιστάτην λαβεῖν; τίς τῆς τοιαύτης

ἀρετῆς, τῆς ἀνθρωπίνης τε καὶ πολιτικῆς, ἐπι-
στήμων ἐστίν; οἶμαι γάρ σε ἐσκέφθαι διὰ τὴν
τῶν υἱέων κτῆσιν. ἔστιν τις, ἔφην ἐγώ, ἢ οὔ;
Πάνυ γε, ἦ δ' ὅς. Τίς, ἦν δ' ἐγώ, καὶ ποδαπός,
καὶ πόσου διδάσκει; Εὔηνος, ἔφη, ὦ Σώκρατες,
Πάριος, πέντε μνῶν. καὶ ἐγὼ τὸν Εὔηνον ἐμα-
C κάρισα, εἰ ὡς ἀληθῶς ἔχει ταύτην τὴν τέχνην καὶ
οὕτως ἐμμελῶς διδάσκει. ἐγὼ οὖν καὶ αὐτὸς
ἐκαλλυνόμην τε καὶ ἡβρυνόμην ἄν, εἰ ἠπιστάμην
ταῦτα· ἀλλ' οὐ γὰρ ἐπίσταμαι, ὦ ἄνδρες
'Αθηναῖοι.

5. Ὑπολάβοι ἂν οὖν τις ὑμῶν ἴσως· 'Αλλ', ὦ
Σώκρατες, τὸ σὸν τί ἐστι πρᾶγμα; πόθεν αἱ δια-
βολαί σοι αὗται γεγόνασιν; οὐ γὰρ δήπου σοῦ γε
οὐδὲν τῶν ἄλλων περιττότερον πραγματευομένου
ἔπειτα τοσαύτη φήμη τε καὶ λόγος γέγονεν, εἰ μή
τι ἔπραττες ἀλλοῖον ἢ οἱ πολλοί· λέγε οὖν
D ἡμῖν, τί ἐστιν, ἵνα μὴ ἡμεῖς περὶ σοῦ αὐτοσχε-
διάζωμεν. ταυτί μοι δοκεῖ δίκαια λέγειν ὁ λέγων,
κἀγὼ ὑμῖν πειράσομαι ἀποδεῖξαι, τί ποτ' ἔστιν
τοῦτο ὃ ἐμοὶ πεποίηκεν τό τε ὄνομα καὶ τὴν
διαβολήν. ἀκούετε δή. καὶ ἴσως μὲν δόξω τισὶν
ὑμῶν παίζειν, εὖ μέντοι ἴστε, πᾶσαν ὑμῖν τὴν
ἀλήθειαν ἐρῶ. ἐγὼ γάρ, ὦ ἄνδρες 'Αθηναῖοι, δι'
οὐδὲν ἀλλ' ἢ διὰ σοφίαν τινὰ τοῦτο τὸ ὄνομα
ἔσχηκα. ποίαν δὴ σοφίαν ταύτην; ἥπερ
ἐστὶν ἴσως ἀνθρωπίνη σοφία. τῷ ὄντι γὰρ
κινδυνεύω ταύτην εἶναι σοφός· οὗτοι δὲ τάχ' ἄν,
E οὓς ἄρτι ἔλεγον, μείζω τινὰ ἢ κατ' ἄνθρωπον
σοφίαν σοφοὶ εἶεν, ἢ οὐκ ἔχω, τί λέγω. οὐ γὰρ
δὴ ἔγωγε αὐτὴν ἐπίσταμαι, ἀλλ' ὅστις φησὶ

ψεύδεταί τε καὶ ἐπὶ διαβολῇ τῇ ἐμῇ λέγει. καί
μοι, ὦ ἄνδρες Ἀθηναῖοι, μὴ θορυβήσητε, μηδὲ ἂν
δόξω τι ὑμῖν μέγα λέγειν· οὐ γὰρ ἐμὸν ἐρῶ τὸν
λόγον, ὃν ἂν λέγω, ἀλλ' εἰς ἀξιόχρεων ὑμῖν τὸν
λέγοντα ἀνοίσω. τῆς γὰρ ἐμῆς, εἰ δή τίς ἐστιν
σοφία καὶ οἵα, μάρτυρα ὑμῖν παρέξομαι τὸν θεὸν
τὸν ἐν Δελφοῖς. Χαιρεφῶντα γὰρ ἴστε που.
21 οὗτος ἐμός τε ἑταῖρος ἦν ἐκ νέου καὶ ὑμῶν τῷ
πλήθει ἑταῖρός τε καὶ ξυνέφυγε τὴν φυγὴν
ταύτην καὶ μεθ' ὑμῶν κατῆλθε. καὶ ἴστε δή,
οἷος ἦν Χαιρεφῶν, ὡς σφοδρὸς ἐφ' ὅ τι ὁρμήσειεν.
καὶ δή ποτε καὶ εἰς Δελφοὺς ἐλθὼν ἐτόλμησε
τοῦτο μαντεύσασθαι· καί, ὅπερ λέγω, μὴ θορυ-
βεῖτε, ὦ ἄνδρες· ἤρετο γὰρ δή, εἴ τις ἐμοῦ εἴη
σοφώτερος. ἀνεῖλεν οὖν ἡ Πυθία μηδένα σοφώ-
τερον εἶναι. καὶ τούτων πέρι ὁ ἀδελφὸς ὑμῖν
αὐτοῦ οὑτοσὶ μαρτυρήσει, ἐπειδὴ ἐκεῖνος τε-
τελεύτηκεν.

B 6. Σκέψασθε δέ, ὧν ἕνεκα ταῦτα λέγω· μέλλω
γὰρ ὑμᾶς διδάξειν, ὅθεν μοι ἡ διαβολὴ γέγονεν.
ταῦτα γὰρ ἐγὼ ἀκούσας ἐνεθυμούμην οὑτωσί·
τί ποτε λέγει ὁ θεός, καὶ τί ποτε αἰνίττεται;
ἐγὼ γὰρ δὴ οὔτε μέγα οὔτε σμικρὸν ξύνοιδα
ἐμαυτῷ σοφὸς ὤν· τί οὖν ποτε λέγει φάσκων
ἐμὲ σοφώτατον εἶναι; οὐ γὰρ δήπου ψεύδεταί
γε· οὐ γὰρ θέμις αὐτῷ. καὶ πολὺν μὲν χρόνον
ἠπόρουν, τί ποτε λέγει. ἔπειτα μόγις πάνυ
ἐπὶ ζήτησιν αὐτοῦ τοιαύτην τινὰ ἐτραπόμην.

Ἦλθον ἐπί τινα τῶν δοκούντων σοφῶν εἶναι,
C ὡς ἐνταῦθα, εἴ περπου, ἐλέγξων τὸ μαντεῖον
καὶ ἀποφανῶν τῷ χρησμῷ, ὅτι οὑτοσὶ ἐμοῦ

σοφώτερός ἐστι, σὺ δ' ἐμὲ ἔφησθα. διασκοπῶν
οὖν τοῦτον—ὀνόματι γὰρ οὐδὲν δέομαι λέγειν,
ἦν δέ τις τῶν πολιτικῶν, πρὸς ὃν ἐγὼ σκοπῶν
τοιοῦτόν τι ἔπαθον, ὦ ἄνδρες Ἀθηναῖοι,—καὶ
διαλεγόμενος αὐτῷ, ἔδοξέ μοι οὗτος ὁ ἀνὴρ
δοκεῖν μὲν εἶναι σοφὸς ἄλλοις τε πολλοῖς
ἀνθρώποις καὶ μάλιστα ἑαυτῷ, εἶναι δ' οὔ·
κἄπειτα ἐπειρώμην αὐτῷ δεικνύναι, ὅτι οἴοιτο
D μὲν εἶναι σοφός, εἴη δ' οὔ. ἐντεῦθεν οὖν τούτῳ
τε ἀπηχθόμην καὶ πολλοῖς τῶν παρόντων, πρὸς
ἐμαυτὸν δ' οὖν ἀπιὼν ἐλογιζόμην, ὅτι τούτου
μὲν τοῦ ἀνθρώπου ἐγὼ σοφώτερός εἰμι· κινδυνεύει
μὲν γὰρ ἡμῶν οὐδέτερος οὐδὲν καλὸν κἀγαθὸν
εἰδέναι, ἀλλ' οὗτος μὲν οἴεταί τι εἰδέναι οὐκ
εἰδώς, ἐγὼ δέ, ὥσπερ οὖν οὐκ οἶδα, οὐδὲ οἴομαι·
ἔοικα γοῦν τούτου γε σμικρῷ τινι αὐτῷ τούτῳ
σοφώτερος εἶναι, ὅτι ἃ μὴ οἶδα οὐδὲ οἴομαι
εἰδέναι. ἐντεῦθεν ἐπ' ἄλλον ᾖα τῶν ἐκείνου
E δοκούντων σοφωτέρων εἶναι, καί μοι ταὐτὰ ταῦτα
ἔδοξε· καὶ ἐνταῦθα κἀκείνῳ καὶ ἄλλοις πολλοῖς
ἀπηχθόμην.

7. Μετὰ ταῦτ' οὖν ἤδη ἐφεξῆς ᾖα, αἰσθανόμε-
νος μὲν καὶ λυπούμενος καὶ δεδιὼς ὅτι ἀπηχθα-
νόμην, ὅμως δὲ ἀναγκαῖον ἐδόκει εἶναι τὸ τοῦ
θεοῦ περὶ πλείστου ποιεῖσθαι· ἰτέον οὖν σκο-
ποῦντι τὸν χρησμόν, τί λέγει, ἐπὶ ἅπαντας τούς
τι δοκοῦντας εἰδέναι. καὶ νὴ τὸν κύνα, ὦ ἄνδρες
22 Ἀθηναῖοι· δεῖ γὰρ πρὸς ὑμᾶς τἀληθῆ λέγειν·
ἦ μὴν ἐγὼ ἔπαθόν τι τοιοῦτον· οἱ μὲν μάλιστα
εὐδοκιμοῦντες ἔδοξάν μοι ὀλίγου δεῖν τοῦ πλείστου

ἐνδεεῖς εἶναι ζητοῦντι κατὰ τὸν θεόν, ἄλλοι δὲ
δοκοῦντες φαυλότεροι ἐπιεικέστεροι εἶναι ἄνδρες
πρὸς τὸ φρονίμως ἔχειν. δεῖ δὴ ὑμῖν τὴν ἐμὴν
πλάνην ἐπιδεῖξαι ὥσπερ πόνους τινὰς πονοῦντος,
ἵνα μοι καὶ ἀνέλεγκτος ἡ μαντεία γένοιτο. μετὰ
γὰρ τοὺς πολιτικοὺς ᾖα ἐπὶ τοὺς ποιητὰς τούς
τε τῶν τραγῳδιῶν καὶ τοὺς τῶν διθυράμβων
B καὶ τοὺς ἄλλους, ὡς ἐνταῦθα ἐπ᾽ αὐτοφώρῳ
καταληψόμενος ἐμαυτὸν ἀμαθέστερον ἐκείνων
ὄντα. ἀναλαμβάνων οὖν αὐτῶν τὰ ποιήματα,
ἅ μοι ἐδόκει μάλιστα πεπραγματεῦσθαι αὐτοῖς,
διηρώτων ἂν αὐτούς, τί λέγοιεν, ἵν᾽ ἅμα τι καὶ
μανθάνοιμι παρ᾽ αὐτῶν. αἰσχύνομαι οὖν ὑμῖν
εἰπεῖν, ὦ ἄνδρες, τἀληθῆ· ὅμως δὲ ῥητέον. ὡς
ἔπος γὰρ εἰπεῖν ὀλίγου αὐτῶν ἅπαντες οἱ παρ-
όντες ἂν βέλτιον ἔλεγον περὶ ὧν αὐτοὶ ἐπεποιή-
κεσαν. ἔγνων οὖν καὶ περὶ τῶν ποιητῶν ἐν
C ὀλίγῳ τοῦτο, ὅτι οὐ σοφίᾳ ποιοῖεν ἃ ποιοῖεν,
ἀλλὰ φύσει τινὶ καὶ ἐνθουσιάζοντες, ὥσπερ οἱ
θεομάντεις καὶ οἱ χρησμῳδοί· καὶ γὰρ οὗτοι
λέγουσι μὲν πολλὰ καὶ καλά, ἴσασιν δὲ οὐδὲν
ὧν λέγουσι. τοιοῦτόν τί μοι ἐφάνησαν πάθος
καὶ οἱ ποιηταὶ πεπονθότες· καὶ ἅμα ᾐσθόμην
αὐτῶν διὰ τὴν ποίησιν οἰομένων καὶ τἆλλα
σοφωτάτων εἶναι ἀνθρώπων, ἃ οὐκ ἦσαν. ἀπῇα
οὖν καὶ ἐντεῦθεν τῷ αὐτῷ οἰόμενος περιγεγονέναι
ᾧπερ καὶ τῶν πολιτικῶν.

8. Τελευτῶν οὖν ἐπὶ τοὺς χειροτέχνας ᾖα·
D ἐμαυτῷ γὰρ ξυνῄδη οὐδὲν ἐπισταμένῳ, ὡς ἔπος
εἰπεῖν, τούτους δέ γ᾽ ᾔδη ὅτι εὑρήσοιμι πολλὰ

καὶ καλὰ ἐπισταμένους. καὶ τούτου μὲν οὐκ
ἐψεύσθην, ἀλλ' ἠπίσταντο ἃ ἐγὼ οὐκ ἠπιστάμην
καί μου ταύτῃ σοφώτεροι ἦσαν. ἀλλ', ὦ ἄνδρες
'Αθηναῖοι, ταὐτόν μοι ἔδοξαν ἔχειν ἁμάρτημα, ὅπερ
καὶ οἱ ποιηταί, καὶ οἱ ἀγαθοὶ δημιουργοί· διὰ
τὸ τὴν τέχνην καλῶς ἐξεργάζεσθαι ἕκαστος
ἠξίου καὶ τἆλλα τὰ μέγιστα σοφώτατος εἶναι,
καὶ αὐτῶν αὕτη ἡ πλημμέλεια ἐκείνην τὴν
σοφίαν ἀπέκρυπτεν· ὥστ' ἐμὲ ἐμαυτὸν ἀνερωτᾶν
E ὑπὲρ τοῦ χρησμοῦ, πότερα δεξαίμην ἂν οὕτω
ὥσπερ ἔχω ἔχειν, μήτε τι σοφὸς ὢν τὴν ἐκείνων
σοφίαν μήτε ἀμαθὴς τὴν ἀμαθίαν, ἢ ἀμφότερα
ἃ ἐκεῖνοι ἔχουσιν ἔχειν. ἀπεκρινάμην οὖν ἐμαυτῷ
καὶ τῷ χρησμῷ, ὅτι μοι λυσιτελοῖ ὥσπερ ἔχω
ἔχειν.
9. 'Εκ ταυτησὶ δὴ τῆς ἐξετάσεως, ὦ ἄνδρες
23 'Αθηναῖοι, πολλαὶ μὲν ἀπέχθειαί μοι γεγόνασι
καὶ οἷαι χαλεπώταται καὶ βαρύταται, ὥστε
πολλὰς διαβολὰς ἀπ' αὐτῶν γεγονέναι, ὄνομα
δὲ τοῦτο λέγεσθαι, σοφὸς εἶναι. οἴονται γάρ με
ἑκάστοτε οἱ παρόντες ταῦτα αὐτὸν εἶναι σοφόν,
ἃ ἂν ἄλλον ἐξελέγξω· τὸ δὲ κινδυνεύει, ὦ ἄνδρες,
τῷ ὄντι ὁ θεὸς σοφὸς εἶναι, καὶ ἐν τῷ χρησμῷ
τούτῳ τοῦτο λέγειν, ὅτι ἡ ἀνθρωπίνη σοφία
ὀλίγου τινὸς ἀξία ἐστὶν καὶ οὐδενός· καὶ φαίνεται
τοῦτ' οὐ λέγειν τὸν Σωκράτη, προσκεχρῆσθαι
B δὲ τῷ ἐμῷ ὀνόματι, ἐμὲ παράδειγμα ποιούμενος,
ὥσπερ ἂν εἰ εἴποι, ὅτι οὗτος ὑμῶν, ὦ ἄνθρωποι,
σοφώτατός ἐστιν, ὅστις ὥσπερ Σωκράτης ἔγνωκεν
ὅτι οὐδενὸς ἄξιός ἐστι τῇ ἀληθείᾳ πρὸς σοφίαν.
Ταῦτ' οὖν ἐγὼ μὲν ἔτι καὶ νῦν περιιὼν ζητῶ

καὶ ἐρευνῶ κατὰ τὸν θεόν, καὶ τῶν ἀστῶν καὶ
ξένων ἄν τινα οἴωμαι σοφὸν εἶναι· καὶ ἐπειδάν
μοι μὴ δοκῇ, τῷ θεῷ βοηθῶν ἐνδείκνυμαι ὅτι
οὐκ ἔστι σοφός. καὶ ὑπὸ ταύτης τῆς ἀσχολίας
οὔτε τι τῶν τῆς πόλεως πρᾶξαί μοι σχολὴ
γέγονεν ἄξιον λόγου οὔτε τῶν οἰκείων, ἀλλ' ἐν
C πενίᾳ μυρίᾳ εἰμὶ διὰ τὴν τοῦ θεοῦ λατρείαν.

10. Πρὸς δὲ τούτοις οἱ νέοι μοι ἐπακολου-
θοῦντες, οἷς μάλιστα σχολή ἐστιν, οἱ τῶν πλου-
σιωτάτων, αὐτόματοι χαίρουσιν ἀκούοντες ἐξε-
ταζομένων τῶν ἀνθρώπων, καὶ αὐτοὶ πολλάκις
ἐμὲ μιμοῦνται, εἶτα ἐπιχειροῦσιν ἄλλους ἐξετά-
ζειν· κἄπειτα, οἶμαι, εὑρίσκουσι πολλὴν ἀφθονίαν
οἰομένων μὲν εἰδέναι τι ἀνθρώπων, εἰδότων δὲ
ὀλίγα ἢ οὐδέν. ἐντεῦθεν οὖν οἱ ὑπ' αὐτῶν
ἐξεταζόμενοι ἐμοὶ ὀργίζονται, ἀλλ' οὐχ αὑτοῖς,
καὶ λέγουσιν ὡς Σωκράτης τίς ἐστι μιαρώτατος
D καὶ διαφθείρει τοὺς νέους· καὶ ἐπειδάν τις αὐτοὺς
ἐρωτᾷ, ὅ τι ποιῶν καὶ ὅ τι διδάσκων, ἔχουσι μὲν
οὐδὲν εἰπεῖν, ἀλλ' ἀγνοοῦσιν, ἵνα δὲ μὴ δοκῶσιν
ἀπορεῖν, τὰ κατὰ πάντων τῶν φιλοσοφούντων
πρόχειρα ταῦτα λέγουσιν, ὅτι τὰ μετέωρα καὶ
τὰ ὑπὸ γῆς, καὶ θεοὺς μὴ νομίζειν, καὶ τὸν ἥττω
λόγον κρείττω ποιεῖν. τὰ γὰρ ἀληθῆ, οἴομαι,
οὐκ ἂν ἐθέλοιεν λέγειν, ὅτι κατάδηλοι γίγνονται
προσποιούμενοι μὲν εἰδέναι, εἰδότες δὲ οὐδέν.
E ἅτε οὖν, οἶμαι, φιλότιμοι ὄντες καὶ σφοδροὶ καὶ
πολλοί, καὶ ξυντεταγμένως καὶ πιθανῶς λέγοντες
περὶ ἐμοῦ, ἐμπεπλήκασιν ὑμῶν τὰ ὦτα καὶ πάλαι
καὶ σφοδρῶς διαβάλλοντες. ἐκ τούτων καὶ

Μέλητός μοι ἐπέθετο καὶ Ἄνυτος καὶ Λύκων,
Μέλητος μὲν ὑπὲρ τῶν ποιητῶν ἀχθόμενος,
Ἄνυτος δὲ ὑπὲρ τῶν δημιουργῶν καὶ τῶν πολι-
24 τικῶν, Λύκων δὲ ὑπὲρ τῶν ῥητόρων· ὥστε, ὅπερ
ἀρχόμενος ἐγὼ ἔλεγον, θαυμάζοιμ' ἄν, εἰ οἷός τ'
εἴην ἐγὼ ὑμῶν ταύτην τὴν διαβολὴν ἐξελέσθαι ἐν
οὕτως ὀλίγῳ χρόνῳ οὕτω πολλὴν γεγονυῖαν. ταῦτ'
ἔστιν ὑμῖν, ὦ ἄνδρες Ἀθηναῖοι, τἀληθῆ, καὶ ὑμᾶς
οὔτε μέγα οὔτε μικρὸν ἀποκρυψάμενος ἐγὼ λέγω
οὐδ' ὑποστειλάμενος. καίτοι οἶδα σχεδόν, ὅτι
τοῖς αὐτοῖς ἀπεχθάνομαι· ὃ καὶ τεκμήριον, ὅτι
ἀληθῆ λέγω καὶ ὅτι αὕτη ἐστὶν ἡ διαβολὴ ἡ
ἐμὴ καὶ τὰ αἴτια ταῦτά ἐστιν. καὶ ἐάν τε νῦν
B ἐάν τε αὖθις ζητήσητε ταῦτα, οὕτως εὑρήσετε.

11. Περὶ μὲν οὖν ὧν οἱ πρῶτοί μου κατήγοροι
κατηγόρουν αὕτη ἐστὶν ἱκανὴ ἀπολογία πρὸς
ὑμᾶς. πρὸς δὲ Μέλητον τὸν ἀγαθόν τε καὶ
φιλόπολιν, ὥς φησι, καὶ τοὺς ὑστέρους μετὰ
ταῦτα πειράσομαι ἀπολογεῖσθαι. αὖθις γὰρ δή,
ὥσπερ ἑτέρων τούτων ὄντων κατηγόρων, λάβωμεν
αὖ τὴν τούτων ἀντωμοσίαν. ἔχει δέ πως ὧδε·
Σωκράτη φησὶν ἀδικεῖν τούς τε νέους διαφθείροντα
καὶ θεοὺς οὓς ἡ πόλις νομίζει οὐ νομίζοντα, ἕτερα
C δὲ δαιμόνια καινά. τὸ μὲν δὴ ἔγκλημα τοιοῦτόν
ἐστιν· τούτου δὲ τοῦ ἐγκλήματος ἓν ἕκαστον
ἐξετάσωμεν. φησὶ γὰρ δὴ τοὺς νέους ἀδικεῖν με
διαφθείροντα. ἐγὼ δέ γε, ὦ ἄνδρες Ἀθηναῖοι,
ἀδικεῖν φημι Μέλητον, ὅτι σπουδῇ χαριεντίζεται,
ῥᾳδίως εἰς ἀγῶνα καθιστὰς ἀνθρώπους, περὶ πραγ-
μάτων προσποιούμενος σπουδάζειν καὶ κήδεσθαι,

ὧν οὐδὲν τούτῳ πώποτε ἐμέλησεν. ὡς δὲ τοῦτο
οὕτως ἔχει, πειράσομαι καὶ ὑμῖν ἐπιδεῖξαι.
12. Καί μοι δεῦρο, ὦ Μέλητε, εἰπέ· ἄλλο τι ἢ
D περὶ πολλοῦ ποιεῖ, ὅπως ὡς βέλτιστοι οἱ νεώτεροι
ἔσονται; Ἔγωγε. Ἴθι δή νυν εἰπὲ τούτοις, τίς
αὐτοὺς βελτίους ποιεῖ. δῆλον γὰρ ὅτι οἶσθα,
μέλον γέ σοι. τὸν μὲν γὰρ διαφθείροντα ἐξευρών,
ὡς φῄς, ἐμὲ εἰσάγεις τουτοισὶ καὶ κατηγορεῖς· τὸν
δὲ δὴ βελτίους ποιοῦντα ἴθι εἰπὲ καὶ μήνυσον
αὐτοῖς, τίς ἐστιν. ὁρᾷς, ὦ Μέλητε, ὅτι σιγᾷς καὶ
οὐκ ἔχεις εἰπεῖν; καίτοι οὐκ αἰσχρόν σοι δοκεῖ
εἶναι καὶ ἱκανὸν τεκμήριον οὗ δὴ ἐγὼ λέγω, ὅτι
σοι οὐδὲν μεμέληκεν; ἀλλ' εἰπέ, ὦ 'γαθέ, τίς
E αὐτοὺς ἀμείνους ποιεῖ; Οἱ νόμοι. Ἀλλ' οὐ τοῦτο
ἐρωτῶ, ὦ βέλτιστε, ἀλλὰ τίς ἄνθρωπος, ὅστις
πρῶτον καὶ αὐτὸ τοῦτο οἶδε, τοὺς νόμους. Οὗτοι
ὦ Σώκρατες, οἱ δικασταί. Πῶς λέγεις, ὦ Μέλητε;
οἵδε τοὺς νέους παιδεύειν οἷοί τέ εἰσι καὶ βελτίους
ποιοῦσιν; Μάλιστα. Πότερον ἅπαντες, ἢ οἱ μὲν
αὐτῶν, οἱ δ' οὔ; Ἅπαντες. Εὖ γε νὴ τὴν Ἥραν
λέγεις, καὶ πολλὴν ἀφθονίαν τῶν ὠφελούντων. τί
25 δὲ δή; οἵδε οἱ ἀκροαταὶ βελτίους ποιοῦσιν ἢ οὔ;
Καὶ οὗτοι. Τί δὲ οἱ βουλευταί; Καὶ οἱ βουλευταί.
Ἀλλ' ἄρα, ὦ Μέλητε, μὴ οἱ ἐν τῇ ἐκκλησίᾳ, οἱ
ἐκκλησιασταί, διαφθείρουσι τοὺς νεωτέρους; ἢ
κἀκεῖνοι βελτίους ποιοῦσιν ἅπαντες; Κἀκεῖνοι.
Πάντες ἄρα, ὡς ἔοικεν, Ἀθηναῖοι καλοὺς κἀγαθοὺς
ποιοῦσι πλὴν ἐμοῦ, ἐγὼ δὲ μόνος διαφθείρω. οὕτω
λέγεις; Πάνυ σφόδρα ταῦτα λέγω. Πολλήν γ'

ἐμοῦ κατέγνωκας δυστυχίαν. καί μοι ἀπόκριναι·
ἢ καὶ περὶ ἵππους οὕτω σοι δοκεῖ ἔχειν; οἱ μὲν
B βελτίους ποιοῦντες αὐτοὺς πάντες ἄνθρωποι εἶναι,
εἷς δέ τις ὁ διαφθείρων; ἢ τοὐναντίον τούτου πᾶν
εἷς μέν τις ὁ βελτίους οἷός τ' ὢν ποιεῖν ἢ πάνυ
ὀλίγοι, οἱ ἱππικοί· οἱ δὲ πολλοὶ ἐάνπερ ξυνῶσι καὶ
χρῶνται ἵπποις, διαφθείρουσιν; οὐχ οὕτως ἔχει,
ὦ Μέλητε, καὶ περὶ ἵππων καὶ τῶν ἄλλων ἁπάν-
των ζῴων; πάντως δήπου, ἐάν τε σὺ καὶ Ἄνυτος
οὐ φῆτε ἐάν τε φῆτε· πολλὴ γὰρ ἄν τις εὐδαιμονία
εἴη περὶ τοὺς νέους, εἰ εἷς μὲν μόνος αὐτοὺς
διαφθείρει, οἱ δ' ἄλλοι ὠφελοῦσιν. ἀλλὰ γάρ,
C ὦ Μέλητε, ἱκανῶς ἐπιδείκνυσαι, ὅτι οὐδεπώ-
ποτε ἐφρόντισας τῶν νέων, καὶ σαφῶς ἀποφαίνεις
τὴν σαυτοῦ ἀμέλειαν, ὅτι οὐδέν σοι μεμέληκεν
περὶ ὧν ἐμὲ εἰσάγεις.

13. Ἔτι δὲ ἡμῖν εἰπέ, ὦ πρὸς Διὸς Μέλητε,
πότερον ἔστιν οἰκεῖν ἄμεινον ἐν πολίταις χρηστοῖς
ἢ πονηροῖς; ὦ τᾶν, ἀπόκριναι· οὐδὲν γάρ τοι
χαλεπὸν ἐρωτῶ. οὐχ οἱ μὲν πονηροὶ κακόν τι
ἐργάζονται τοὺς ἀεὶ ἐγγυτάτω ἑαυτῶν ὄντας, οἱ δ'
ἀγαθοὶ ἀγαθόν τι; Πάνυ γε. Ἔστιν οὖν ὅστις
D βούλεται ὑπὸ τῶν ξυνόντων βλάπτεσθαι μᾶλλον
ἢ ὠφελεῖσθαι; ἀπόκριναι, ὦ ἀγαθέ· καὶ γὰρ ὁ
νόμος κελεύει ἀποκρίνεσθαι. ἔσθ' ὅστις βούλεται
βλάπτεσθαι; Οὐ δῆτα. Φέρε δή, πότερον ἐμὲ
εἰσάγεις δεῦρο ὡς διαφθείροντα τοὺς νεωτέρους
καὶ πονηροτέρους ποιοῦντα ἑκόντα ἢ ἄκοντα;
Ἑκόντα ἔγωγε. Τί δῆτα, ὦ Μέλητε; τοσοῦτον σὺ
ἐμοῦ σοφώτερος εἶ τηλικούτου ὄντος τηλικόσδε
ὤν, ὥστε σὺ μὲν ἔγνωκας ὅτι οἱ μὲν κακοὶ κακόν
E τι ἐργάζονται ἀεὶ τοὺς μάλιστα πλησίον ἑαυτῶν,

οἱ δὲ ἀγαθοὶ ἀγαθόν· ἐγὼ δὲ δὴ εἰς τοσοῦτον
ἀμαθίας ἥκω, ὥστε καὶ τοῦτ᾽ ἀγνοῶ, ὅτι, ἐάν τινα
μοχθηρὸν ποιήσω τῶν ξυνόντων, κινδυνεύσω κακόν
τι λαβεῖν ἀπ᾽ αὐτοῦ, ὥστε τοῦτο τὸ τοσοῦτον
κακὸν ἑκὼν ποιῶ, ὡς φῄς σύ; ταῦτα ἐγώ σοι οὐ
πείθομαι, ὦ Μέλητε, οἶμαι δὲ οὐδὲ ἄλλον ἀνθρώ-
26 πων οὐδένα· ἀλλ᾽ ἢ οὐ διαφθείρω, ἢ εἰ διαφθείρω,
ἄκων, ὥστε σύ γε κατ᾽ ἀμφότερα ψεύδει. εἰ δὲ
ἄκων διαφθείρω, τῶν τοιούτων καὶ ἀκουσίων
ἁμαρτημάτων οὐ δεῦρο νόμος εἰσάγειν ἐστίν, ἀλλὰ
ἰδίᾳ λαβόντα διδάσκειν καὶ νουθετεῖν· δῆλον γὰρ
ὅτι, ἐὰν μάθω, παύσομαι ὅ γε ἄκων ποιῶ. σὺ δὲ
ξυγγενέσθαι μέν μοι καὶ διδάξαι ἔφυγες καὶ οὐκ
ἠθέλησας, δεῦρο δὲ εἰσάγεις, οἷ νόμος ἐστὶν
εἰσάγειν τοὺς κολάσεως δεομένους, ἀλλ᾽ οὐ μαθή-
σεως.

14. Ἀλλὰ γάρ, ὦ ἄνδρες Ἀθηναῖοι, τοῦτο μὲν
δῆλον ἤδη ἐστίν, ὃ ἐγὼ ἔλεγον, ὅτι Μελήτῳ τού-
B των οὔτε μέγα οὔτε μικρὸν πώποτε ἐμέλησεν.
ὅμως δὲ δὴ λέγε ἡμῖν, πῶς με φῂς διαφθείρειν, ὦ
Μέλητε, τοὺς νεωτέρους; ἢ δηλον δὴ ὅτι κατὰ τὴν
γραφήν, ἣν ἐγράψω, θεοὺς διδάσκοντα μὴ νομίζειν
οὓς ἡ πόλις νομίζει, ἕτερα δὲ δαιμόνια καινά; οὐ
ταῦτα λέγεις, ὅτι διδάσκων διαφθείρω; Πάνυ μὲν
οὖν σφόδρα ταῦτα λέγω. Πρὸς αὐτῶν τοίνυν, ὦ
C Μέλητε, τούτων τῶν θεῶν, ὧν νῦν ὁ λόγος ἐστίν,
εἰπὲ ἔτι σαφέστερον καὶ ἐμοὶ καὶ τοῖς ἀνδράσιν
τούτοις. ἐγὼ γὰρ οὐ δύναμαι μαθεῖν, πότερον
λέγεις διδάσκειν με νομίζειν εἶναί τινας θεούς, καὶ
αὐτὸς ἄρα νομίζω εἶναι θεούς, καὶ οὐκ εἰμὶ τὸ
παράπαν ἄθεος οὐδὲ ταύτῃ ἀδικῶ, οὐ μέντοι

οὕσπερ γε ἡ πόλις, ἀλλὰ ἑτέρους, καὶ τοῦτ᾽ ἔστιν
ὅ μοι ἐγκαλεῖς, ὅτι ἑτέρους· ἢ παντάπασί με φῂς
οὔτε αὐτὸν νομίζειν θεοὺς τούς τε ἄλλους ταῦτα
διδάσκειν. Ταῦτα λέγω, ὡς τὸ παράπαν οὐ νομίζεις
θεούς. Ὦ θαυμάσιε Μέλητε, ἵνα τί ταῦτα λέγεις;
D οὐδὲ ἥλιον οὐδὲ σελήνην ἄρα νομίζω θεοὺς εἶναι,
ὥσπερ οἱ ἄλλοι ἄνθρωποι; Μὰ Δί᾽, ὦ ἄνδρες δικα-
σταί, ἐπεὶ τὸν μὲν ἥλιον λίθον φησὶν εἶναι, τὴν δὲ
σελήνην γῆν. Ἀναξαγόρου οἴει κατηγορεῖν, ὦ
φίλε Μέλητε, καὶ οὕτω καταφρονεῖς τῶνδε καὶ
οἴει αὐτοὺς ἀπείρους γραμμάτων εἶναι, ὥστε οὐκ
εἰδέναι, ὅτι τὰ Ἀναξαγόρου βιβλία τοῦ Κλαζο-
μενίου γέμει τούτων τῶν λόγων; καὶ δὴ καὶ οἱ
νέοι ταῦτα παρ᾽ ἐμοῦ μανθάνουσιν, ἃ ἔξεστιν
E ἐνίοτε, εἰ πάνυ πολλοῦ, δραχμῆς ἐκ τῆς ὀρχήστρας
πριαμένοις Σωκράτους καταγελᾶν, ἐὰν προσποιῆ-
ται ἑαυτοῦ εἶναι, ἄλλως τε καὶ οὕτως ἄτοπα ὄντα.
ἀλλ᾽, ὦ πρὸς Διός, οὑτωσί σοι δοκῶ οὐδένα νομί-
ζειν θεὸν εἶναι; Οὐ μέντοι μὰ Δία οὐδ᾽ ὁπωστιοῦν.
Ἄπιστός γ᾽ εἶ, ὦ Μέλητε, καὶ ταῦτα μέντοι, ὡς
ἐμοὶ δοκεῖς, σαυτῷ. ἐμοὶ γὰρ δοκεῖ οὑτοσί, ὦ
ἄνδρες Ἀθηναῖοι, πάνυ εἶναι ὑβριστὴς καὶ ἀκό-
λαστος, καὶ ἀτεχνῶς τὴν γραφὴν ταύτην ὕβρει
τινὶ καὶ ἀκολασίᾳ καὶ νεότητι γράψασθαι. ἔοικεν
27 γὰρ ὥσπερ αἴνιγμα ξυντιθέντι διαπειρωμένῳ, ἆρα
γνώσεται Σωκράτης ὁ σοφὸς δὴ ἐμοῦ χαριεντιζο-
μένου καὶ ἐναντί᾽ ἐμαυτῷ λέγοντος, ἢ ἐξαπατήσω
αὐτὸν καὶ τοὺς ἄλλους τοὺς ἀκούοντας; οὗτος γὰρ
ἐμοὶ φαίνεται τὰ ἐναντία λέγειν αὐτὸς ἑαυτῷ ἐν
τῇ γραφῇ, ὥσπερ ἂν εἰ εἴποι· ἀδικεῖ Σωκράτης

θεοὺς οὐ νομίζων, ἀλλὰ θεοὺς νομίζων. καίτοι
τοῦτό ἐστι παίζοντος.

15. Ξυνεπισκέψασθε δή, ὦ ἄνδρες, ᾗ μοι φαί-
νεται ταῦτα λέγειν· σὺ δὲ ἡμῖν ἀπόκριναι, ὦ
B Μέλητε· ὑμεῖς δέ, ὅπερ κατ' ἀρχὰς ὑμᾶς παρῃτη-
σάμην, μέμνησθέ μοι μὴ θορυβεῖν, ἐὰν ἐν τῷ
εἰωθότι τρόπῳ τοὺς λόγους ποιῶμαι. Ἔστιν ὅστις
ἀνθρώπων, ὦ Μέλητε, ἀνθρώπεια μὲν νομίζει
πράγματ' εἶναι, ἀνθρώπους δὲ οὐ νομίζει; ἀπο-
κρινέσθω, ὦ ἄνδρες, καὶ μὴ ἄλλα καὶ ἄλλα θορυ-
βείτω. ἔσθ' ὅστις ἵππους μὲν οὐ νομίζει, ἱππικὰ
δὲ πράγματα; ἢ αὐλητὰς μὲν οὐ νομίζει εἶναι,
αὐλητικὰ δὲ πράγματα; οὐκ ἔστιν, ὦ ἄριστε
ἀνδρῶν· εἰ μὴ σὺ βούλει ἀποκρίνασθαι, ἐγὼ σοὶ
λέγω καὶ τοῖς ἄλλοις τουτοισί. ἀλλὰ τὸ ἐπὶ
C τούτῳ γε ἀπόκριναι· ἔσθ' ὅστις δαιμόνια μεν
νομίζει πράγματ' εἶναι, δαίμονας δὲ οὐ νομίζει;
Οὐκ ἔστιν. Ὡς ὤνησας, ὅτι μόγις ἀπεκρίνω ὑπὸ
τουτωνὶ ἀναγκαζόμενος. οὐκοῦν δαιμόνια μὲν φῄς
με καὶ νομίζειν καὶ διδάσκειν, εἴτ' οὖν καινὰ εἴτε
παλαιά· ἀλλ' οὖν δαιμόνιά γε νομίζω κατὰ τὸν
σὸν λόγον, καὶ ταῦτα καὶ διωμόσω ἐν τῇ ἀντι-
γραφῇ. εἰ δὲ δαιμόνια νομίζω, καὶ δαίμονας δή-
που πολλὴ ἀνάγκη νομίζειν μέ ἐστιν· οὐχ οὕτως
ἔχει; ἔχει δή· τίθημι γάρ σε ὁμολογοῦντα,
ἐπειδὴ οὐκ ἀποκρίνει. τοὺς δὲ δαίμονας οὐχὶ ἤτοι
D θεούς γε ἡγούμεθα ἢ θεῶν παῖδας; φῂς ἢ οὔ;
Πάνυ γε. Οὐκοῦν εἴπερ δαίμονας ἡγοῦμαι, ὡς σὺ
φῄς, εἰ μὲν θεοί τινές εἰσιν οἱ δαίμονες, τοῦτ' ἂν
εἴη ὃ ἐγώ φημί σε αἰνίττεσθαι καὶ χαριεντίζεσθαι,
θεοὺς οὐχ ἡγούμενον φάναι ἐμὲ θεοὺς αὖ ἡγεῖσθαι

πάλιν, ἐπειδήπερ γε δαίμονας ἡγοῦμαι· εἰ δ' αὖ
οἱ δαίμονες θεῶν παῖδές εἰσιν νόθοι τινὲς ἢ ἐκ
νυμφῶν ἢ ἔκ τινων ἄλλων, ὧν δὴ καὶ λέγονται,
τίς ἂν ἀνθρώπων θεῶν μὲν παῖδας ἡγοῖτο
εἶναι, θεοὺς δὲ μή; ὁμοίως γὰρ ἂν ἄτοπον εἴη,
E ὥσπερ ἂν εἴ τις ἵππων μὲν παῖδας ἡγοῖτο καὶ
ὄνων, τοὺς ἡμιόνους, ἵππους δὲ καὶ ὄνους μὴ
ἡγοῖτο εἶναι. ἀλλ', ὦ Μέλητε, οὐκ ἔστιν
ὅπως σὺ οὐχὶ ἀποπειρώμενος ἡμῶν ἐγράψω
τὴν γραφὴν ταύτην ἢ ἀπορῶν ὅτι ἐγκαλοῖς
ἐμοὶ ἀληθὲς ἀδίκημα· ὅπως δὲ σύ τινα πείθοις
ἂν καὶ σμικρὸν νοῦν ἔχοντα ἀνθρώπων, ὡς
τοῦ αὐτοῦ ἐστιν καὶ δαιμόνια καὶ θεῖα ἡγεῖσθαι,
καὶ αὖ τοῦ αὐτοῦ μήτε δαίμονας μήτε θεοὺς μήτε
28 ἥρωας, οὐδεμία μηχανή ἐστιν.

16. Ἀλλὰ γάρ, ὦ ἄνδρες Ἀθηναῖοι, ὡς μὲν ἐγὼ
οὐκ ἀδικῶ κατὰ τὴν Μελήτου γραφήν, οὐ πολλῆς
μοι δοκεῖ εἶναι ἀπολογίας, ἀλλὰ ἱκανὰ καὶ ταῦτα·
ὃ δὲ καὶ ἐν τοῖς ἔμπροσθεν ἔλεγον, ὅτι πολλή μοι
ἀπέχθεια γέγονεν καὶ πρὸς πολλούς, εὖ ἴστε ὅτι
ἀληθές ἐστιν. καὶ τοῦτ' ἔστιν ὃ ἐμὲ αἱρήσει,
ἐάνπερ αἱρῇ, οὐ Μέλητος οὐδὲ Ἄνυτος, ἀλλ' ἡ τῶν
πολλῶν διαβολή τε καὶ φθόνος. ἃ δὴ πολλοὺς
καὶ ἄλλους καὶ ἀγαθοὺς ἄνδρας ᾕρηκεν, οἶμαι δὲ
B καὶ αἱρήσειν· οὐδὲν δὲ δεινόν, μὴ ἐν ἐμοὶ στῇ. ἴσως
δ' ἂν οὖν εἴποι τις· εἶτ' οὐκ αἰσχύνει, ὦ Σώκρατες,
τοιοῦτον ἐπιτήδευμα ἐπιτηδεύσας, ἐξ οὗ κινδυνεύεις
νυνὶ ἀποθανεῖν; ἐγὼ δὲ τούτῳ ἂν δίκαιον λόγον

ἀντείποιμι, ὅτι οὐ καλῶς λέγεις, ὦ ἄνθρωπε, εἰ
οἴει δεῖν κίνδυνον ὑπολογίζεσθαι τοῦ ζῆν ἢ
τεθνάναι ἄνδρα, ὅτου τι καὶ σμικρὸν ὄφελός ἐστιν,
ἀλλ' οὐκ ἐκεῖνο μόνον σκοπεῖν, ὅταν πράττῃ,
πότερα δίκαια ἢ ἄδικα πράττει, καὶ ἀνδρὸς
ἀγαθοῦ ἔργα ἢ κακοῦ. φαῦλοι γὰρ ἂν τῷ γε σῷ
C λόγῳ εἶεν τῶν ἡμιθέων ὅσοι ἐν Τροίᾳ τετελευτή-
κασιν οἵ τε ἄλλοι καὶ ὁ τῆς Θέτιδος υἱός, ὃς
τοσοῦτον τοῦ κινδύνου κατεφρόνησεν παρὰ τὸ
αἰσχρόν τι ὑπομεῖναι, ὥστε ἐπειδὴ εἶπεν ἡ μήτηρ
αὐτῷ προθυμουμένῳ Ἕκτορα ἀποκτεῖναι, θεὸς
οὖσα, οὑτωσί πως, ὡς ἐγὼ οἶμαι· ὦ παῖ, εἰ τιμωρή-
σεις Πατρόκλῳ τῷ ἑταίρῳ τὸν φόνον καὶ Ἕκτορα
ἀποκτενεῖς, αὐτὸς ἀποθανεῖ· αὐτίκα γάρ τοι,
φησί, μεθ' Ἕκτορα πότμος ἑτοῖμος· ὁ δὲ ταῦτα
ἀκούσας τοῦ μὲν θανάτου καὶ τοῦ κινδύνου ὠλιγώ-
D ρησε, πολὺ δὲ μᾶλλον δείσας τὸ ζῆν κακὸς ὢν καὶ
τοῖς φίλοις μὴ τιμωρεῖν, αὐτίκα, φησί, τεθναίην
δίκην ἐπιθεὶς τῷ ἀδικοῦντι, ἵνα μὴ ἐνθάδε μένω
καταγέλαστος παρὰ νηυσὶ κορωνίσιν ἄχθος ἀρού-
ρης. μὴ αὐτὸν οἴει φροντίσαι θανάτου καὶ κιν-
δύνου; οὕτω γὰρ ἔχει, ὦ ἄνδρες Ἀθηναῖοι, τῇ
ἀληθείᾳ· οὗ ἄν τις ἑαυτὸν τάξῃ ἡγησάμενος
βέλτιστον εἶναι ἢ ὑπ' ἄρχοντος ταχθῇ, ἐνταῦθα
δεῖ, ὡς ἐμοὶ δοκεῖ, μένοντα κινδυνεύειν, μηδὲν ὑπο-
λογιζόμενον μήτε θάνατον μήτε ἄλλο μηδὲν πρὸ
τοῦ αἰσχροῦ.

17. Ἐγὼ οὖν δεινὰ ἂν εἴην εἰργασμένος, ὦ
E ἄνδρες Ἀθηναῖοι, εἰ, ὅτε μέν με οἱ ἄρχοντες ἔταт-
τον, οὓς ὑμεῖς εἵλεσθε ἄρχειν μου, καὶ ἐν Ποτιδαίᾳ
καὶ ἐν Ἀμφιπόλει καὶ ἐπὶ Δηλίῳ, τότε μὲν οὗ

ἐκεῖνοι ἔταττον ἔμενον ὥσπερ καὶ ἄλλος τις καὶ
ἐκινδύνευον ἀποθανεῖν, τοῦ δὲ θεοῦ τάττοντος, ὡς
ἐγὼ ᾠήθην τε καὶ ὑπέλαβον, φιλοσοφοῦντά με
δεῖν ζῆν καὶ ἐξετάζοντα ἐμαυτὸν καὶ τοὺς ἄλλους,
29 ἐνταῦθα δὲ φοβηθεὶς ἢ θάνατον ἢ ἄλλο ὁτιοῦν
πρᾶγμα λίποιμι τὴν τάξιν. δεινὸν τἂν εἴη, καὶ ὡς
ἀληθῶς τότ' ἄν με δικαίως εἰσάγοι τις εἰς δικα-
στήριον, ὅτι οὐ νομίζω θεοὺς εἶναι ἀπειθῶν τῇ
μαντείᾳ καὶ δεδιὼς θάνατον καὶ οἰόμενος σοφὸς
εἶναι οὐκ ὤν. τὸ γάρ τοι θάνατον δεδιέναι, ὦ
ἄνδρες, οὐδὲν ἄλλο ἐστὶν ἢ δοκεῖν σοφὸν εἶναι
μὴ ὄντα· δοκεῖν γὰρ εἰδέναι ἐστὶν ἃ οὐκ οἶδεν.
οἶδε μὲν γὰρ οὐδεὶς τὸν θάνατον οὐδ' εἰ
τυγχάνει τῷ ἀνθρώπῳ πάντων μέγιστον ὂν τῶν
ἀγαθῶν, δεδίασι δ' ὡς εὖ εἰδότες ὅτι μέγιστον τῶν
B κακῶν ἐστι. καὶ τοῦτο πῶς οὐκ ἀμαθία ἐστὶν
αὕτη ἡ ἐπονείδιστος, ἡ τοῦ οἴεσθαι εἰδέναι ἃ οὐκ
οἶδεν; ἐγὼ δ', ὦ ἄνδρες, τούτῳ καὶ ἐνταῦθα ἴσως
διαφέρω τῶν πολλῶν ἀνθρώπων, καὶ εἰ δή τῳ
σοφώτερός του φαίην εἶναι, τούτῳ ἄν, ὅτι οὐκ
εἰδὼς ἱκανῶς περὶ τῶν ἐν Ἅιδου οὕτω καὶ οἴομαι
οὐκ εἰδέναι· τὸ δὲ ἀδικεῖν καὶ ἀπειθεῖν τῷ βελ-
τίονι, καὶ θεῷ καὶ ἀνθρώπῳ, ὅτι κακὸν καὶ αἰσχρόν
ἐστιν οἶδα. πρὸ οὖν τῶν κακῶν, ὧν οἶδα ὅτι
κακά ἐστιν, ἃ μὴ οἶδα εἰ ἀγαθὰ ὄντα τυγχάνει
οὐδέποτε φοβήσομαι οὐδὲ φεύξομαι· ὥστε οὐδ' εἴ
C με νῦν ὑμεῖς ἀφίετε Ἀνύτῳ ἀπιστήσαντες, ὃς ἔφη
ἢ τὴν ἀρχὴν οὐ δεῖν ἐμὲ δεῦρο εἰσελθεῖν ἤ, ἐπειδὴ
εἰσῆλθον, οὐχ οἷόν τ' εἶναι τὸ μὴ ἀποκτεῖναί με,
λέγων πρὸς ὑμᾶς ὡς, εἰ διαφευξοίμην, ἤδη ἂν
ὑμῶν οἱ υἱεῖς ἐπιτηδεύοντες ἃ Σωκράτης διδάσκει
πάντες παντάπασι διαφθαρήσονται,—εἴ μοι πρὸς

ταῦτα εἴποιτε· ὦ Σώκρατες, νῦν μὲν Ἀνύτῳ οὐ
πεισόμεθα, ἀλλ' ἀφίεμέν σε, ἐπὶ τούτῳ μέντοι,
ἐφ' ᾧτε μηκέτι ἐν ταύτῃ τῇ ζητήσει διατρίβειν
μηδὲ φιλοσοφεῖν· ἐὰν δὲ ἁλῷς ἔτι τοῦτο πράττων,
D ἀποθανεῖ· εἰ οὖν με, ὅπερ εἶπον, ἐπὶ τούτοις
ἀφίοιτε, εἴποιμ' ἂν ὑμῖν ὅτι ἐγὼ ὑμᾶς, ἄνδρες
Ἀθηναῖοι, ἀσπάζομαι μὲν καὶ φιλῶ, πείσομαι δὲ
μᾶλλον τῷ θεῷ ἢ ὑμῖν, καὶ ἕωσπερ ἂν ἐμπνέω καὶ
οἷός τε ὦ, οὐ μὴ παύσωμαι φιλοσοφῶν καὶ ὑμῖν
παρακελευόμενός τε καὶ ἐνδεικνύμενος ὅτῳ ἂν ἀεὶ
ἐντυγχάνω ὑμῶν, λέγων οἷάπερ εἴωθα, ὅτι, ὦ
ἄριστε ἀνδρῶν, Ἀθηναῖος ὤν, πόλεως τῆς μεγίστης
καὶ εὐδοκιμωτάτης εἰς σοφίαν καὶ ἰσχύν, χρη-
μάτων μὲν οὐκ αἰσχύνει ἐπιμελούμενος, ὅπως σοι
E ἔσται ὡς πλεῖστα, καὶ δόξης καὶ τιμῆς, φρονήσεως
δὲ καὶ ἀληθείας καὶ τῆς ψυχῆς, ὅπως ὡς βελτίστη
ἔσται, οὐκ ἐπιμελεῖ οὐδὲ φροντίζεις; καὶ ἐάν τις
ὑμῶν ἀμφισβητῇ καὶ φῇ ἐπιμελεῖσθαι, οὐκ εὐθὺς
ἀφήσω αὐτὸν οὐδ' ἄπειμι, ἀλλ' ἐρήσομαι αὐτὸν
καὶ ἐξετάσω καὶ ἐλέγξω, καὶ ἐάν μοι μὴ δοκῇ
κεκτῆσθαι ἀρετήν, φάναι δέ, ὀνειδιῶ, ὅτι τὰ
30 πλείστου ἄξια περὶ ἐλαχίστου ποιεῖται, τὰ δὲ
φαυλότερα περὶ πλείονος. ταῦτα καὶ νεωτέρῳ καὶ
πρεσβυτέρῳ, ὅτῳ ἂν ἐντυγχάνω, ποιήσω, καὶ ξένῳ
καὶ ἀστῷ, μᾶλλον δὲ τοῖς ἀστοῖς, ὅσῳ μου ἐγγυ-
τέρω ἐστὲ γένει. ταῦτα γὰρ κελεύει ὁ θεός, εὖ
ἴστε, καὶ ἐγὼ οἴομαι οὐδέν πω ὑμῖν μεῖζον ἀγαθὸν
γενέσθαι ἐν τῇ πόλει ἢ τὴν ἐμὴν τῷ θεῷ ὑπηρεσίαν.
οὐδὲν γὰρ ἄλλο πράττων ἐγὼ περιέρχομαι ἢ
πείθων ὑμῶν καὶ νεωτέρους καὶ πρεσβυτέρους
μήτε σωμάτων ἐπιμελεῖσθαι μήτε χρημάτων
B πρότερον μηδὲ οὕτω σφόδρα ὡς τῆς ψυχῆς,

ὅπως ὡς ἀρίστη ἔσται, λέγων, ὅτι οὐκ ἐκ
χρημάτων ἀρετὴ γίγνεται, ἀλλ' ἐξ ἀρετῆς
χρήματα καὶ τὰ ἄλλα ἀγαθὰ τοῖς ἀνθρώποις
ἅπαντα καὶ ἰδίᾳ καὶ δημοσίᾳ. εἰ μὲν οὖν ταῦτα
λέγων διαφθείρω τοὺς νέους, ταῦτ' ἂν εἴη βλαβερά·
εἰ δέ τίς μέ φησιν ἄλλα λέγειν ἢ ταῦτα, οὐδὲν
λέγει. πρὸς ταῦτα, φαίην ἄν, ὦ 'Αθηναῖοι, ἢ
πείθεσθε 'Ανύτῳ ἢ μή, καὶ ἢ ἀφίετε ἢ μὴ ἀφίετε,
ὡς ἐμοῦ οὐκ ἂν ποιήσοντος ἄλλα, οὐδ' εἰ μέλλω
C πολλάκις τεθνάναι.

18. Μὴ θορυβεῖτε, ἄνδρες 'Αθηναῖοι, ἀλλ'
ἐμμείνατέ μοι οἷς ἐδεήθην ὑμῶν, μὴ θορυβεῖν ἐφ'
οἷς ἂν λέγω, ἀλλ' ἀκούειν· καὶ γάρ, ὡς ἐγὼ οἶμαι,
ὀνήσεσθε ἀκούοντες. μέλλω γὰρ οὖν ἄττα ὑμῖν
ἐρεῖν καὶ ἄλλα, ἐφ' οἷς ἴσως βοήσεσθε· ἀλλὰ
μηδαμῶς ποιεῖτε τοῦτο. εὖ γὰρ ἴστε, ἐὰν ἐμὲ
ἀποκτείνητε τοιοῦτον ὄντα, οἷον ἐγὼ λέγω, οὐκ
ἐμὲ μείζω βλάψετε ἢ ὑμᾶς αὐτούς· ἐμὲ μὲν γὰρ
οὐδὲν ἂν βλάψειεν οὔτε Μέλητος οὔτε ῎Ανυτος·
D οὐδὲ γὰρ ἂν δύναιτο· οὐ γὰρ οἴομαι θεμιτὸν εἶναι
ἀμείνονι ἀνδρὶ ὑπὸ χείρονος βλάπτεσθαι. ἀπο-
κτείνειε μέντ' ἂν ἴσως ἢ ἐξελάσειεν ἢ ἀτιμώσειεν·
ἀλλὰ ταῦτα οὗτος μὲν ἴσως οἴεται καὶ ἄλλος τίς
που μεγάλα κακά, ἐγὼ δ' οὐκ οἴομαι, ἀλλὰ πολὺ
μᾶλλον ποιεῖν ἃ οὗτος νυνὶ ποιεῖ, ἄνδρα ἀδίκως
ἐπιχειρεῖν ἀποκτιννύναι. νῦν οὖν, ὦ ἄνδρες 'Αθη-
ναῖοι, πολλοῦ δέω ἐγὼ ὑπὲρ ἐμαυτοῦ ἀπολογεῖσθαι,
ὥς τις ἂν οἴοιτο, ἀλλὰ ὑπὲρ ὑμῶν, μή τι ἐξαμάρ-
τητε περὶ τὴν τοῦ θεοῦ δόσιν ὑμῖν ἐμοῦ καταψη-
E φισάμενοι. ἐὰν γὰρ ἐμὲ ἀποκτείνητε, οὐ ῥαδίως
ἄλλον τοιοῦτον εὑρήσετε, ἀτεχνῶς, εἰ καὶ γελοιό-

τερον εἰπεῖν, προσκείμενον τῇ πόλει, ὥσπερ
ἵππῳ μεγάλῳ μὲν καὶ γενναίῳ, ὑπὸ μεγέθους δὲ
νωθεστέρῳ καὶ δεομένῳ ἐγείρεσθαι ὑπὸ μύωπός
τινος· οἷον δή μοι δοκεῖ ὁ θεὸς ἐμὲ τῇ πόλει
προστεθεικέναι τοιοῦτόν τινα, ὃς ὑμᾶς ἐγείρων
31 καὶ πείθων καὶ ὀνειδίζων ἕνα ἕκαστον οὐδὲν
παύομαι τὴν ἡμέραν ὅλην πανταχοῦ προσκαθίζων.
τοιοῦτος οὖν ἄλλος οὐ ῥᾳδίως ὑμῖν γενήσεται, ὦ
ἄνδρες, ἀλλ' ἐὰν ἐμοὶ πείθησθε, φείσεσθέ μου·
ὑμεῖς δ' ἴσως τάχ' ἂν ἀχθόμενοι, ὥσπερ οἱ νυστά-
ζοντες ἐγειρόμενοι, κρούσαντες ἄν με, πειθόμενοι
Ἀνύτῳ, ῥᾳδίως ἂν ἀποκτείναιτε, εἶτα τὸν λοιπὸν
βίον καθεύδοντες διατελοῖτε ἄν, εἰ μή τινα ἄλλον
ὁ θεὸς ὑμῖν ἐπιπέμψειεν κηδόμενος ὑμῶν. ὅτι δ'
ἐγὼ τυγχάνω ὢν τοιοῦτος, οἷος ὑπὸ τοῦ θεοῦ τῇ
B πόλει δεδόσθαι, ἐνθένδε ἂν κατανοήσαιτε· οὐ γὰρ
ἀνθρωπίνῳ ἔοικε τὸ ἐμὲ τῶν μὲν ἐμαυτοῦ ἁπάντων
ἠμεληκέναι καὶ ἀνέχεσθαι τῶν οἰκείων ἀμελου-
μένων τοσαῦτα ἤδη ἔτη, τὸ δὲ ὑμέτερον πράττειν
ἀεί, ἰδίᾳ ἑκάστῳ προσιόντα ὥσπερ πατέρα ἢ
ἀδελφὸν πρεσβύτερον, πείθοντα ἐπιμελεῖσθαι
ἀρετῆς. καὶ εἰ μέν τι ἀπὸ τούτων ἀπέλαυον καὶ
μισθὸν λαμβάνων ταῦτα παρεκελευόμην, εἶχεν
ἄν τινα λόγον· νῦν δὲ ὁρᾶτε δὴ καὶ αὐτοί, ὅτι οἱ
κατήγοροι τἆλλα πάντα ἀναισχύντως οὕτω κατη-
γοροῦντες τοῦτό γε οὐχ οἷοί τε ἐγένοντο ἀπ-
C αναισχυντῆσαι παρασχόμενοι μάρτυρα, ὡς ἐγώ
ποτέ τινα ἢ ἐπραξάμην μισθὸν ἢ ᾔτησα. ἱκανὸν

γάρ, οἶμαι, ἐγὼ παρέχομαι τὸν μάρτυρα, ὡς ἀληθῆ
λέγω, τὴν πενίαν.

19. Ἴσως ἂν οὖν δόξειεν ἄτοπον εἶναι, ὅτι δὴ
ἐγὼ ἰδίᾳ μὲν ταῦτα ξυμβουλεύω περιιὼν καὶ
πολυπραγμονῶ, δημοσίᾳ δὲ οὐ τολμῶ ἀναβαίνων
εἰς τὸ πλῆθος τὸ ὑμέτερον ξυμβουλεύειν τῇ πόλει.
τούτου δὲ αἴτιόν ἐστιν ὃ ὑμεῖς ἐμοῦ πολλάκις
D ἀκηκόατε πολλαχοῦ λέγοντος, ὅτι μοι θεῖόν τι καὶ
δαιμόνιον γίγνεται, ὃ δὴ καὶ ἐν τῇ γραφῇ ἐπικω-
μῳδῶν Μέλητος ἐγράψατο· ἐμοὶ δὲ τοῦτ᾿ ἔστιν
ἐκ παιδὸς ἀρξάμενον φωνή τις γιγνομένη, ἣ ὅταν
γένηται, ἀεὶ ἀποτρέπει με τοῦτο ὃ ἂν μέλλω
πράττειν, προτρέπει δὲ οὔποτε· τοῦτ᾿ ἔστιν ὅ μοι
ἐναντιοῦται τὰ πολιτικὰ πράττειν. καὶ παγκάλως
γέ μοι δοκεῖ ἐναντιοῦσθαι· εὖ γὰρ ἴστε, ὦ ἄνδρες
᾿Αθηναῖοι, εἰ ἐγὼ ἐπεχείρησα πράττειν τὰ πολι-
τικὰ πράγματα, πάλαι ἂν ἀπολώλη καὶ οὔτ᾿
E ἂν ὑμᾶς ὠφελήκη οὐδὲν οὔτ᾿ ἂν ἐμαυτόν. καί μοι
μὴ ἄχθεσθε λέγοντι τἀληθῆ· οὐ γὰρ ἔστιν ὅστις
ἀνθρώπων σωθήσεται οὔτε ὑμῖν οὔτε ἄλλῳ πλήθει
οὐδενὶ γνησίως ἐναντιούμενος καὶ διακωλύων
πολλὰ ἄδικα καὶ παράνομα ἐν τῇ πόλει γίγνεσθαι,
32 ἀλλ᾿ ἀναγκαῖόν ἐστι τὸν τῷ ὄντι μαχούμενον ὑπὲρ
τοῦ δικαίου, καὶ εἰ μέλλει ὀλίγον χρόνον σωθή-
σεσθαι, ἰδιωτεύειν ἀλλὰ μὴ δημοσιεύειν.

20. Μεγάλα δ᾿ ἔγωγε ὑμῖν τεκμήρια παρέξομαι
τούτων, οὐ λόγους, ἀλλ᾿ ὃ ὑμεῖς τιμᾶτε, ἔργα.
ἀκούσατε δή μου τὰ ἐμοὶ ξυμβεβηκότα, ἵνα εἰδῆτε,
ὅτι οὐδ᾿ ἂν ἑνὶ ὑπεικάθοιμι παρὰ τὸ δίκαιον δείσας
θάνατον, μὴ ὑπείκων δὲ ἅμ᾿ ἂν καὶ ἀπολοίμην.

ἐρῶ δὲ ὑμῖν φορτικὰ μὲν καὶ δικανικά, ἀληθῆ δέ.
B ἐγὼ γάρ, ὦ Ἀθηναῖοι, ἄλλην μὲν ἀρχὴν οὐδεμίαν
πώποτε ἦρξα ἐν τῇ πόλει, ἐβούλευσα δέ· καὶ
ἔτυχεν ἡμῶν ἡ φυλὴ πρυτανεύουσα, ὅτε ὑμεῖς
τοὺς δέκα στρατηγοὺς τοὺς οὐκ ἀνελομένους τοὺς
ἐκ τῆς ναυμαχίας ἐβούλεσθε ἁθρόους κρίνειν,
παρανόμως ὡς ἐν τῷ ὑστέρῳ χρόνῳ πᾶσιν ὑμῖν
ἔδοξε. τότ' ἐγὼ μόνος τῶν πρυτάνεων ἠναντιώθην
ὑμῖν μηδὲν ποιεῖν παρὰ τοὺς νόμους· καὶ ἑτοί-
μων ὄντων ἐνδεικνύναι με καὶ ἀπάγειν τῶν ῥη-
τόρων, καὶ ὑμῶν κελευόντων καὶ βοώντων, μετὰ
C τοῦ νόμου καὶ τοῦ δικαίου ᾤμην μᾶλλόν με δεῖν
διακινδυνεύειν ἢ μεθ' ὑμῶν γενέσθαι μὴ δίκαια
βουλευομένων, φοβηθέντα δεσμὸν ἢ θάνατον. καὶ
ταῦτα μὲν ἦν ἔτι δημοκρατουμένης τῆς πόλεως·
ἐπειδὴ δὲ ὀλιγαρχία ἐγένετο, οἱ τριάκοντα αὖ
μεταπεμψάμενοί με πέμπτον αὐτὸν εἰς τὴν θόλον
προσέταξαν ἀγαγεῖν ἐκ Σαλαμῖνος Λέοντα τὸν
Σαλαμίνιον, ἵνα ἀποθάνοι· οἷα δὴ καὶ ἄλλοις
ἐκεῖνοι πολλοῖς πολλὰ προσέταττον, βουλόμενοι
ὡς πλείστους ἀναπλῆσαι αἰτιῶν· τότε μέντοι
D ἐγὼ οὐ λόγῳ ἀλλ' ἔργῳ αὖ ἐνεδειξάμην, ὅτι ἐμοὶ
θανάτου μὲν μέλει, εἰ μὴ ἀγροικότερον ἦν εἰπεῖν,
οὐδ' ὁτιοῦν, τοῦ δὲ μηδὲν ἄδικον μηδ' ἀνόσιον ἐργά-
ζεσθαι, τούτου δὲ τὸ πᾶν μέλει. ἐμὲ γὰρ ἐκείνη ἡ
ἀρχὴ οὐκ ἐξέπληξεν οὕτως ἰσχυρὰ οὖσα, ὥστε
ἄδικόν τι ἐργάσασθαι, ἀλλ' ἐπειδὴ ἐκ τῆς θόλου
ἐξήλθομεν, οἱ μὲν τέτταρες ᾤχοντο εἰς Σαλαμῖνα
καὶ ἤγαγον Λέοντα, ἐγὼ δὲ ᾠχόμην ἀπιὼν οἴκαδε.
καὶ ἴσως ἂν διὰ ταῦτα ἀπέθανον, εἰ μὴ ἡ ἀρχὴ

E διὰ ταχέων κατελύθη· καὶ τούτων ὑμῖν ἔσονται
πολλοὶ μάρτυρες.
21. Ἆρ᾽ οὖν ἄν με οἴεσθε τοσάδε ἔτη διαγε-
νέσθαι, εἰ ἔπραττον τὰ δημόσια, καὶ πράττων
ἀξίως ἀνδρὸς ἀγαθοῦ ἐβοήθουν τοῖς δικαίοις καί,
ὥσπερ χρή, τοῦτο περὶ πλείστου ἐποιούμην;
πολλοῦ γε δεῖ, ὦ ἄνδρες Ἀθηναῖοι. οὐδὲ γὰρ ἂν
33 ἄλλος ἀνθρώπων οὐδείς. ἀλλ᾽ ἐγὼ διὰ παντὸς
τοῦ βίου δημοσίᾳ τε, εἴ πού τι ἔπραξα, τοιοῦτος
φανοῦμαι, καὶ ἰδίᾳ ὁ αὐτὸς οὗτος, οὐδενὶ πώποτε
ξυγχωρήσας οὐδὲν παρὰ τὸ δίκαιον οὔτε ἄλλῳ
οὔτε τούτων οὐδενί, οὓς οἱ διαβάλλοντες ἐμέ φασιν
ἐμοὺς μαθητὰς εἶναι. ἐγὼ δὲ διδάσκαλος μὲν
οὐδενὸς πώποτ᾽ ἐγενόμην· εἰ δέ τίς μου λέγοντος
καὶ τὰ ἐμαυτοῦ πράττοντος ἐπιθυμεῖ ἀκούειν, εἴτε
νεώτερος εἴτε πρεσβύτερος, οὐδενὶ πώποτε ἐφθό-
B νησα, οὐδὲ χρήματα μὲν λαμβάνων διαλέγομαι
μὴ λαμβάνων δὲ οὔ, ἀλλ᾽ ὁμοίως καὶ πλουσίῳ
καὶ πένητι παρέχω ἐμαυτὸν ἐρωτᾶν, καὶ ἐάν τις
βούληται ἀποκρινόμενος ἀκούειν ὧν ἂν λέγω.
καὶ τούτων ἐγὼ εἴτε τις χρηστὸς γίγνεται εἴτε
μή, οὐκ ἂν δικαίως τὴν αἰτίαν ὑπέχοιμι, ὧν μήτε
ὑπεσχόμην μηδενὶ μηδὲν πώποτε μάθημα μήτε
ἐδίδαξα· εἰ δέ τίς φησι παρ᾽ ἐμοῦ πώποτέ τι
μαθεῖν ἢ ἀκοῦσαι ἰδίᾳ ὅ τι μὴ καὶ οἱ ἄλλοι πάντες,
εὖ ἴστε, ὅτι οὐκ ἀληθῆ λέγει.
22. Ἀλλὰ διὰ τί δή ποτε μετ᾽ ἐμοῦ χαίρουσί
C τινες πολὺν χρόνον διατρίβοντες; ἀκηκόατε, ὦ
ἄνδρες Ἀθηναῖοι· πᾶσαν ὑμῖν τὴν ἀλήθειαν ἐγὼ
εἶπον· ὅτι ἀκούοντες χαίρουσιν ἐξεταζομένοις τοῖς
οἰομένοις μὲν εἶναι σοφοῖς, οὖσι δ᾽ οὔ· ἔστι γὰρ οὐκ
ἀηδές. ἐμοὶ δὲ τοῦτο, ὡς ἐγώ φημι, προστέτακται

ὑπὸ τοῦ θεοῦ πραττεῖν καὶ ἐκ μαντείων καὶ ἐξ
ἐνυπνίων καὶ παντὶ τρόπῳ, ᾧπέρ τίς ποτε καὶ
ἄλλη θεία μοῖρα ἀνθρώπῳ καὶ ὁτιοῦν προσέταξε
πράττειν. ταῦτα, ὦ Ἀθηναῖοι, καὶ ἀληθῆ ἐστιν
καὶ εὐέλεγκτα. εἰ γὰρ δὴ ἔγωγε τῶν νέων τοὺς
D μὲν διαφθείρω, τοὺς δὲ διέφθαρκα, χρῆν δήπου,
εἴτε τινὲς αὐτῶν πρεσβύτεροι γενόμενοι ἔγνωσαν
ὅτι νέοις οὖσιν αὐτοῖς ἐγὼ κακὸν πώποτέ τι
ξυνεβούλευσα, νυνὶ αὐτοὺς ἀναβαίνοντας ἐμοῦ
κατηγορεῖν καὶ τιμωρεῖσθαι· εἰ δὲ μὴ αὐτοὶ ἤθελον,
τῶν οἰκείων τινὰς τῶν ἐκείνων, πατέρας καὶ ἀδελ-
φοὺς καὶ ἄλλους τοὺς προσήκοντας, εἴπερ ὑπ᾽
ἐμοῦ τι κακὸν ἐπεπόνθεσαν αὐτῶν οἱ οἰκεῖοι, νῦν
μεμνῆσθαι. πάντως δὲ πάρεισιν αὐτῶν πολλοὶ
ἐνταυθοῖ, οὓς ἐγὼ ὁρῶ, πρῶτον μὲν Κρίτων
E οὑτοσί, ἐμὸς ἡλικιώτης καὶ δημότης, Κριτοβούλου
τοῦδε πατήρ, ἔπειτα Λυσανίας ὁ Σφήττιος, Αἰ-
σχίνου τοῦδε πατήρ, ἔτι Ἀντιφῶν ὁ Κηφισιεὺς
οὑτοσί, Ἐπιγένους πατήρ· ἄλλοι τοίνυν οὗτοι,
ὧν οἱ ἀδελφοὶ ἐν ταύτῃ τῇ διατριβῇ γεγόνασιν,
Νικόστρατος ὁ Θεοζοτίδου, ἀδελφὸς Θεοδότου—
καὶ ὁ μὲν Θεόδοτος τετελεύτηκεν, ὥστε οὐκ ἂν
ἐκεῖνός γε αὐτοῦ καταδεηθείη—,καὶ Πάραλος
ὅδε ὁ Δημοδόκου, οὗ ἦν Θεάγης ἀδελφός. ὅδε δὲ
34 Ἀδείμαντος ὁ Ἀρίστωνος, οὗ ἀδελφὸς οὑτοσὶ
Πλάτων, καὶ Αἰαντόδωρος, οὗ Ἀπολλόδωρος ὅδε
ἀδελφός. καὶ ἄλλους πολλοὺς ἐγὼ ἔχω ὑμῖν
εἰπεῖν, ὧν τινα ἐχρῆν μάλιστα μὲν ἐν τῷ
ἑαυτοῦ λόγῳ παρασχέσθαι Μέλητον μάρτυρα· εἰ

δὲ τότε ἐπελάθετο, νῦν παρασχέσθω, ἐγὼ παρα-
χωρῶ, καὶ λεγέτω, εἴ τι ἔχει τοιοῦτον. ἀλλὰ
τούτου πᾶν τοὐναντίον εὑρήσετε, ὦ ἄνδρες, πάντας
ἐμοὶ βοηθεῖν ἑτοίμους τῷ διαφθείροντι, τῷ κακὰ
ἐργαζομένῳ τοὺς οἰκείους αὐτῶν, ὥς φασι Μέ-
B λητος καὶ Ἄνυτος. αὐτοὶ μὲν γὰρ οἱ διεφθαρ-
μένοι τάχ' ἂν λόγον ἔχοιεν βοηθοῦντες· οἱ δὲ
ἀδιάφθαρτοι, πρεσβύτεροι ἤδη ἄνδρες, οἱ τούτων
προσήκοντες, τίνα ἄλλον ἔχουσι λόγον βοηθοῦντες
ἐμοὶ ἀλλ' ἢ τὸν ὀρθόν τε καὶ δίκαιον, ὅτι ξυνίσασι
Μελήτῳ μὲν ψευδομένῳ, ἐμοὶ δὲ ἀληθεύοντι;

23. Εἶεν δή, ὦ ἄνδρες· ἃ μὲν ἐγὼ ἔχοιμ' ἂν
ἀπολογεῖσθαι, σχεδόν ἐστι ταῦτα καὶ ἄλλα ἴσως
τοιαῦτα. τάχα δ' ἄν τις ὑμῶν ἀγανακτήσειεν
C ἀναμνησθεὶς ἑαυτοῦ, εἰ ὁ μὲν καὶ ἐλάττω τουτουὶ
τοῦ ἀγῶνος ἀγῶνα ἀγωνιζόμενος ἐδεήθη τε καὶ
ἱκέτευσε τοὺς δικαστὰς μετὰ πολλῶν δακρύων,
παιδία τε αὑτοῦ ἀναβιβασάμενος, ἵνα ὅ τι μάλιστα
ἐλεηθείη, καὶ ἄλλους τῶν οἰκείων καὶ φίλων πολ-
λούς, ἐγὼ δὲ οὐδὲν ἄρα τούτων ποιήσω, καὶ ταῦτα
κινδυνεύων, ὡς ἂν δόξαιμι, τὸν ἔσχατον κίνδυνον.
τάχ' οὖν τις ταῦτα ἐννοήσας αὐθαδέστερον ἂν
πρός με σχοίη, καὶ ὀργισθεὶς αὐτοῖς τούτοις θεῖτο
ἂν μετ' ὀργῆς τὴν ψῆφον. εἰ δή τις ὑμῶν οὕτως
D ἔχει,—οὐκ ἀξιῶ μὲν γὰρ ἔγωγε· εἰ δ' οὖν, ἐπιεικῆ
ἄν μοι δοκῶ πρὸς τοῦτον λέγειν λέγων ὅτι
ἐμοί, ὦ ἄριστε, εἰσὶν μέν πού τινες καὶ οἰκεῖοι·
καὶ γὰρ τοῦτο αὐτὸ τὸ τοῦ Ὁμήρου, οὐδ' ἐγὼ ἀπὸ
δρυὸς οὐδ' ἀπὸ πέτρης πέφυκα, ἀλλ' ἐξ ἀνθρώπων,
ὥστε καὶ οἰκεῖοί μοί εἰσι καὶ υἱεῖς, ὦ ἄνδρες Ἀθη-
ναῖοι, τρεῖς, εἷς μὲν μειράκιον ἤδη, δύο δὲ παιδία·

ἀλλ' ὅμως οὐδένα αὐτῶν δεῦρο ἀναβιβασάμενος
δεήσομαι ὑμῶν ἀποψηφίσασθαι. τί δὴ οὖν οὐδὲν
τούτων ποιήσω; οὐκ αὐθαδιζόμενος, ὦ Ἀθηναῖοι,
E οὐδ' ὑμᾶς ἀτιμάζων, ἀλλ' εἰ μὲν θαρραλέως ἐγὼ
ἔχω πρὸς θάνατον ἢ μή, ἄλλος λόγος, πρὸς δ'
οὖν δόξαν καὶ ἐμοὶ καὶ ὑμῖν καὶ ὅλῃ τῇ πόλει οὔ
μοι δοκεῖ καλὸν εἶναι ἐμὲ τούτων οὐδὲν ποιεῖν καὶ
τηλικόνδε ὄντα καὶ τοῦτο τοὔνομα ἔχοντα, εἴτ' οὖν
ἀληθὲς εἴτ' οὖν ψεῦδος· ἀλλ' οὖν δεδογμένον γέ ἐστι
35 τῷ Σωκράτει διαφέρειν τινὶ τῶν πολλῶν ἀνθρώπων.
εἰ οὖν ὑμῶν οἱ δοκοῦντες διαφέρειν εἴτε σοφίᾳ εἴτε
ἀνδρείᾳ εἴτε ἄλλῃ ᾑτινιοῦν ἀρετῇ τοιοῦτοι ἔσονται,
αἰσχρὸν ἂν εἴη· οἵουσπερ ἐγὼ πολλάκις ἑώρακά
τινας, ὅταν κρίνωνται, δοκοῦντας μέν τι εἶναι,
θαυμάσια δὲ ἐργαζομένους, ὡς δεινόν τι οἰομένους
πείσεσθαι, εἰ ἀποθανοῦνται, ὥσπερ ἀθανάτων
ἐσομένων, ἂν ὑμεῖς αὐτοὺς μὴ ἀποκτείνητε· οἳ ἐμοὶ
δοκοῦσιν αἰσχύνην τῇ πόλει περιάπτειν, ὥστ' ἄν
τινα καὶ τῶν ξένων ὑπολαβεῖν ὅτι οἱ διαφέροντες
B Ἀθηναίων εἰς ἀρετήν, οὓς αὐτοὶ ἑαυτῶν ἔν τε ταῖς
ἀρχαῖς καὶ ταῖς ἄλλαις τιμαῖς προκρίνουσιν,
οὗτοι γυναικῶν οὐδὲν διαφέρουσι. ταῦτα γάρ, ὦ
ἄνδρες Ἀθηναῖοι, οὔτε ἡμᾶς χρὴ ποιεῖν τοὺς
δοκοῦντας καὶ ὁπῃοῦν τι εἶναι, οὔτ', ἂν ἡμεῖς
ποιῶμεν, ὑμᾶς ἐπιτρέπειν, ἀλλὰ τοῦτο αὐτὸ ἐνδεί-
κνυσθαι, ὅτι πολὺ μᾶλλον καταψηφιεῖσθε τοῦ τὰ
ἐλεεινὰ ταῦτα δράματα εἰσάγοντος καὶ καταγέ-
λαστον τὴν πόλιν ποιοῦντος ἢ τοῦ ἡσυχίαν
ἄγοντος.

24. Χωρὶς δὲ τῆς δόξης, ὦ ἄνδρες, οὐδὲ δί-
C καιόν μοι δοκεῖ εἶναι δεῖσθαι τοῦ δικαστοῦ οὐδὲ
δεόμενον ἀποφεύγειν, ἀλλὰ διδάσκειν καὶ πείθειν.

οὐ γὰρ ἐπὶ τούτῳ κάθηται ὁ δικαστής, ἐπὶ τῷ
καταχαρίζεσθαι τὰ δίκαια, ἀλλ' ἐπὶ τῷ κρί-
νειν ταῦτα· καὶ ὀμώμοκεν οὐ χαριεῖσθαι οἷς ἂν
δοκῇ αὐτῷ, ἀλλὰ δικάσειν κατὰ τοὺς νόμους.
οὔκουν χρὴ οὔτε ἡμᾶς ἐθίζειν ὑμᾶς ἐπιορκεῖν
οὔθ' ὑμᾶς ἐθίζεσθαι· οὐδέτεροι γὰρ ἂν ἡμῶν
εὐσεβοῖεν. μὴ οὖν ἀξιοῦτέ με, ὦ ἄνδρες
Ἀθηναῖοι, τοιαῦτα δεῖν πρὸς ὑμᾶς πράττειν, ἃ
μήτε ἡγοῦμαι καλὰ εἶναι μήτε δίκαια μήτε ὅσια,
D ἄλλως τε μέντοι νὴ Δία καὶ ἀσεβείας φεύγοντα
ὑπὸ Μελήτου τουτουΐ. σαφῶς γὰρ ἄν, εἰ πείθοιμι
ὑμᾶς καὶ τῷ δεῖσθαι βιαζοίμην ὀμωμοκότας,
θεοὺς ἂν διδάσκοιμι μὴ ἡγεῖσθαι ὑμᾶς εἶναι, καὶ
ἀτεχνῶς ἀπολογούμενος κατηγοροίην ἂν ἐμαυτοῦ,
ὡς θεοὺς οὐ νομίζω. ἀλλὰ πολλοῦ δεῖ οὕτως
ἔχειν· νομίζω τε γάρ, ὦ ἄνδρες Ἀθηναῖοι, ὡς
οὐδεὶς τῶν ἐμῶν κατηγόρων, καὶ ὑμῖν ἐπιτρέπω
καὶ τῷ θεῷ κρῖναι περὶ ἐμοῦ ὅπῃ μέλλει ἐμοί τε
ἄριστα εἶναι καὶ ὑμῖν.

E 25. Τὸ μὲν μὴ ἀγανακτεῖν, ὦ ἄνδρες Ἀθηναῖοι,
36 ἐπὶ τούτῳ τῷ γεγονότι, ὅτι μου κατεψηφίσασθε,
ἄλλα τέ μοι πολλὰ ξυμβάλλεται, καὶ οὐκ ἀνέλ-
πιστόν μοι γέγονεν τὸ γεγονὸς τοῦτο, ἀλλὰ πολὺ
μᾶλλον θαυμάζω ἑκατέρων τῶν ψήφων τὸν γεγο-
νότα ἀριθμόν. οὐ γὰρ ᾤόμην ἔγωγε οὕτω παρ'
ὀλίγον ἔσεσθαι, ἀλλὰ παρὰ πολύ· νῦν δέ, ὡς
ἔοικεν, εἰ τριάκοντα μόναι μετέπεσον τῶν ψήφων,
ἀποπεφεύγη ἄν. Μέλητον μὲν οὖν, ὡς ἐμοὶ δοκῶ,
καὶ νῦν ἀποπέφευγα, καὶ οὐ μόνον ἀποπέφευγα,
ἀλλὰ παντὶ δῆλον τοῦτό γε, ὅτι, εἰ μὴ ἀνέβη

Ἄνυτος καὶ Λύκων κατηγορήσοντες ἐμοῦ, κἂν
B ὦφλε χιλίας δραχμάς, οὐ μεταλαβὼν τὸ πέμπτον
μέρος τῶν ψήφων.

26. Τιμᾶται δ' οὖν μοι ὁ ἀνὴρ θανάτου. εἶεν·
ἐγὼ δὲ δὴ τίνος ὑμῖν ἀντιτιμήσομαι, ὦ ἄνδρες
Ἀθηναῖοι; ἢ δῆλον ὅτι τῆς ἀξίας; τί οὖν; τί
ἄξιός εἰμι παθεῖν ἢ ἀποτῖσαι, ὅ τι μαθὼν ἐν τῷ
βίῳ οὐχ ἡσυχίαν ἦγον, ἀλλ' ἀμελήσας ὧνπερ
οἱ πολλοί, χρηματισμοῦ τε καὶ οἰκονομίας καὶ
στρατηγιῶν καὶ δημηγοριῶν καὶ τῶν ἄλλων ἀρχῶν
καὶ ξυνωμοσιῶν καὶ στάσεων τῶν ἐν τῇ πόλει
γιγνομένων, ἡγησάμενος ἐμαυτὸν τῷ ὄντι ἐπιει-
C κέστερον εἶναι ἢ ὥστε εἰς ταῦτ' ἰόντα σῴζεσθαι,
ἐνταῦθα μὲν οὐκ ᾖα, οἷ ἐλθὼν μήτε ὑμῖν μήτε
ἐμαυτῷ ἔμελλον μηδὲν ὄφελος εἶναι, ἐπὶ δὲ τὸ
ἰδίᾳ ἕκαστον ἰὼν εὐεργετεῖν τὴν μεγίστην εὐερ-
γεσίαν, ὡς ἐγώ φημι, ἐνταῦθα ᾖα, ἐπιχειρῶν
ἕκαστον ὑμῶν πείθειν μὴ πρότερον μήτε τῶν
ἑαυτοῦ μηδενὸς ἐπιμελεῖσθαι, πρὶν ἑαυτοῦ ἐπιμε-
ληθείη, ὅπως ὡς βέλτιστος καὶ φρονιμώτατος
ἔσοιτο, μήτε τῶν τῆς πόλεως, πρὶν αὐτῆς τῆς
πόλεως, τῶν τε ἄλλων οὕτω κατὰ τὸν αὐτὸν
τρόπον ἐπιμελεῖσθαι· τί οὖν εἰμι ἄξιος παθεῖν
D τοιοῦτος ὤν; ἀγαθόν τι, ὦ ἄνδρες Ἀθηναῖοι,
εἰ δεῖ γε κατὰ τὴν ἀξίαν τῇ ἀληθείᾳ τιμᾶσθαι·
καὶ ταῦτά γε ἀγαθὸν τοιοῦτον, ὅ τι ἂν πρέποι
ἐμοί. τί οὖν πρέπει ἀνδρὶ πένητι εὐεργέτῃ,
δεομένῳ ἄγειν σχολὴν ἐπὶ τῇ ὑμετέρᾳ παρακε-
λεύσει; οὐκ ἔσθ' ὅ τι μᾶλλον, ὦ ἄνδρες Ἀθηναῖοι,
πρέπει οὕτως, ὡς τὸν τοιοῦτον ἄνδρα ἐν πρυτανείῳ
σιτεῖσθαι, πολύ γε μᾶλλον ἢ εἴ τις ὑμῶν ἵππῳ ἢ

ξυνωρίδι ἢ ζεύγει νενίκηκεν Ὀλυμπίασιν. ὁ μὲν γὰρ
ὑμᾶς ποιεῖ εὐδαίμονας δοκεῖν εἶναι, ἐγὼ δὲ εἶναι·
E καὶ ὁ μὲν τροφῆς οὐδὲν δεῖται, ἐγὼ δὲ δέομαι.
εἰ οὖν δεῖ με κατὰ τὸ δίκαιον τῆς ἀξίας τιμᾶσθαι,
37 τούτου τιμῶμαι, ἐν πρυτανείῳ σιτήσεως.

27. Ἴσως οὖν ὑμῖν καὶ ταυτὶ λέγων παρα-
πλησίως δοκῶ λέγειν ὥσπερ περὶ τοῦ οἴκτου
καὶ τῆς ἀντιβολήσεως, ἀπαυθαδιζόμενος· τὸ δὲ
οὐκ ἔστιν, ὦ Ἀθηναῖοι, τοιοῦτον, ἀλλὰ τοιόνδε
μᾶλλον. πέπεισμαι ἐγὼ ἑκὼν εἶναι μηδένα ἀδι-
κεῖν ἀνθρώπων, ἀλλὰ ὑμᾶς τοῦτο οὐ πείθω·
ὀλίγον γὰρ χρόνον ἀλλήλοις διειλέγμεθα· ἐπεί,
ὡς ἐγῷμαι, εἰ ἦν ὑμῖν νόμος, ὥσπερ καὶ ἄλλοις
B ἀνθρώποις, περὶ θανάτου μὴ μίαν ἡμέραν μόνον
κρίνειν, ἀλλὰ πολλάς, ἐπείσθητε ἄν· νῦν δ᾽ οὐ
ῥᾴδιον ἐν χρόνῳ ὀλίγῳ μεγάλας διαβολὰς ἀπο-
λύεσθαι. πεπεισμένος δὴ ἐγὼ μηδένα ἀδικεῖν
πολλοῦ δέω ἐμαυτόν γε ἀδικήσειν καὶ κατ᾽
ἐμαυτοῦ ἐρεῖν αὐτός, ὡς ἄξιός εἰμί του κακοῦ
καὶ τιμήσεσθαι τοιούτου τινὸς ἐμαυτῷ. τί δείσας;
ἢ μὴ πάθω τοῦτο, οὗ Μέλητός μοι τιμᾶται,
ὅ φημι οὐκ εἰδέναι οὔτ᾽ εἰ ἀγαθὸν οὔτ᾽ εἰ κακόν
ἐστιν; ἀντὶ τούτου δὴ ἕλωμαι ὧν εὖ οἶδ᾽ ὅτι
κακῶν ὄντων, τοῦ τιμησάμενος; πότερον δεσμοῦ;
C καὶ τί με δεῖ ζῆν ἐν δεσμωτηρίῳ, δουλεύοντα τῇ
ἀεὶ καθισταμένῃ ἀρχῇ; ἀλλὰ χρημάτων, καὶ
δεδέσθαι, ἕως ἂν ἐκτίσω; ἀλλὰ ταὐτόν μοί
ἐστιν, ὅπερ νῦν δὴ ἔλεγον· οὐ γὰρ ἔστι μοι
χρήματα, ὁπόθεν ἐκτίσω. ἀλλὰ δὴ φυγῆς τιμή-
σωμαι; ἴσως γὰρ ἄν μοι τούτου τιμήσαιτε.
πολλὴ μέντ᾽ ἄν με φιλοψυχία ἔχοι, εἰ οὕτως

ἀλόγιστός εἰμι, ὥστε μὴ δύνασθαι λογίζεσθαι,
ὅτι ὑμεῖς μὲν ὄντες πολῖταί μου οὐχ οἷοί τε
D ἐγένεσθε ἐνεγκεῖν τὰς ἐμὰς διατριβὰς καὶ τοὺς
λόγους, ἀλλ' ὑμῖν βαρύτεραι γεγόνασιν καὶ
ἐπιφθονώτεραι, ὥστε ζητεῖτε αὐτῶν νυνὶ ἀπαλ-
λαγῆναι, ἄλλοι δὲ ἄρα αὐτὰς οἴσουσι ῥᾳδίως;
πολλοῦ γε δεῖ, ὦ Ἀθηναῖοι. καλὸς οὖν ἄν
μοι ὁ βίος εἴη ἐξελθόντι τηλικῷδε ἀνθρώπῳ
ἄλλην ἐξ ἄλλης πόλεως ἀμειβομένῳ καὶ ἐξελαυ-
νομένῳ ζῆν. εὖ γὰρ οἶδ' ὅτι, ὅποι ἂν ἔλθω,
λέγοντος ἐμοῦ ἀκροάσονται οἱ νέοι ὥσπερ ἐνθάδε·
κἂν μὲν τούτους ἀπελαύνω, οὗτοι ἐμὲ αὐτοὶ
ἐξελῶσι, πείθοντες τοὺς πρεσβυτέρους· ἐὰν δὲ
E μὴ ἀπελαύνω, οἱ τούτων πατέρες τε καὶ οἰκεῖοι
δι' αὐτοὺς τούτους.

28. Ἴσως οὖν ἄν τις εἴποι· σιγῶν δὲ καὶ
ἡσυχίαν ἄγων, ὦ Σώκρατες, οὐχ οἷός τ' ἔσει ἡμῖν
ἐξελθὼν ζῆν; τουτὶ δή ἐστι πάντων χαλεπώτατον
πεῖσαί τινας ὑμῶν. ἐάν τε γὰρ λέγω, ὅτι τῷ
θεῷ ἀπειθεῖν τοῦτ' ἐστὶν καὶ διὰ τοῦτο ἀδύνατον
ἡσυχίαν ἄγειν, οὐ πείσεσθέ μοι ὡς εἰρωνευομένῳ·
38 ἐάν τ' αὖ λέγω, ὅτι καὶ τυγχάνει μέγιστον
ἀγαθὸν ὂν ἀνθρώπῳ τοῦτο, ἑκάστης ἡμέρας περὶ
ἀρετῆς τοὺς λόγους ποιεῖσθαι καὶ τῶν ἄλλων,
περὶ ὧν ὑμεῖς ἐμοῦ ἀκούετε διαλεγομένου καὶ
ἐμαυτὸν καὶ ἄλλους ἐξετάζοντος, ὁ δὲ ἀνεξέταστος
βίος οὐ βιωτὸς ἀνθρώπῳ, ταῦτα δ' ἔτι ἧττον
πείσεσθέ μοι λέγοντι. τὰ δὲ ἔχει μὲν οὕτως,
ὡς ἐγώ φημι, ὦ ἄνδρες, πείθειν δὲ οὐ ῥᾴδιον.
καὶ ἐγὼ ἅμα οὐκ εἴθισμαι ἐμαυτὸν ἀξιοῦν κακοῦ
οὐδενός. εἰ μὲν γὰρ ἦν μοι χρήματα, ἐτιμησάμην
B ἂν χρημάτων ὅσα ἔμελλον ἐκτίσειν· οὐδὲν γὰρ

ἂν ἐβλάβην· νῦν δὲ οὐ γὰρ ἔστιν, εἰ μὴ ἄρα
ὅσον ἂν ἐγὼ δυναίμην ἐκτῖσαι, τοσούτου βού-
λεσθέ μοι τιμῆσαι. ἴσως δ' ἂν δυναίμην ἐκτῖσαι
ὑμῖν μνᾶν ἀργυρίου· τοσούτου οὖν τιμῶμαι.
Πλάτων δὲ ὅδε, ὦ ἄνδρες Ἀθηναῖοι, καὶ Κρίτων
καὶ Κριτόβουλος καὶ Ἀπολλόδωρος κελεύουσί
με τριάκοντα μνῶν τιμήσασθαι, αὐτοὶ δ' ἐγ-
γυᾶσθαι· τιμῶμαι οὖν τοσούτου, ἐγγυηταὶ δὲ
C ὑμῖν ἔσονται τοῦ ἀργυρίου οὗτοι ἀξιόχρεῳ.

29. Οὐ πολλοῦ γ' ἕνεκα χρόνου, ὦ ἄνδρες
Ἀθηναῖοι, ὄνομα ἕξετε καὶ αἰτίαν ὑπὸ τῶν
βουλομένων τὴν πόλιν λοιδορεῖν, ὡς Σωκράτη
ἀπεκτόνατε, ἄνδρα σοφόν· φήσουσι γὰρ δή με
σοφὸν εἶναι, εἰ καὶ μή εἰμι, οἱ βουλόμενοι ὑμῖν
ὀνειδίζειν. εἰ οὖν περιεμείνατε ὀλίγον χρόνον,
ἀπὸ τοῦ αὐτομάτου ἂν ὑμῖν τοῦτο ἐγένετο· ὁρᾶτε
γὰρ δὴ τὴν ἡλικίαν, ὅτι πόρρω ἤδη ἐστὶ τοῦ
βίου, θανάτου δὲ ἐγγύς. λέγω δὲ τοῦτο οὐ πρὸς
D πάντας ὑμᾶς, ἀλλὰ πρὸς τοὺς ἐμοῦ καταψη-
φισαμένους θάνατον. λέγω δὲ καὶ τόδε πρὸς
τοὺς αὐτοὺς τούτους. ἴσως με οἴεσθε, ὦ ἄνδρες,
ἀπορίᾳ λόγων ἑαλωκέναι τοιούτων, οἷς ἂν ὑμᾶς
ἔπεισα, εἰ ᾤμην δεῖν ἅπαντα ποιεῖν καὶ λέγειν,
ὥστε ἀποφυγεῖν τὴν δίκην. πολλοῦ γε δεῖ. ἀλλ'
ἀπορίᾳ μὲν ἑάλωκα, οὐ μέντοι λόγων, ἀλλὰ
τόλμης καὶ ἀναισχυντίας καὶ τοῦ ἐθέλειν λέγειν
πρὸς ὑμᾶς τοιαῦτα, οἷ' ἂν ὑμῖν ἥδιστα ἦν ἀκούειν,
θρηνοῦντός τέ μου καὶ ὀδυρομένου καὶ ἄλλα
E ποιοῦντος καὶ λέγοντος πολλὰ καὶ ἀνάξια ἐμοῦ,
ὡς ἐγώ φημι· οἷα δὴ καὶ εἴθισθε ὑμεῖς τῶν ἄλλων
ἀκούειν. ἀλλ' οὔτε τότε ᾠήθην δεῖν ἕνεκα τοῦ

κινδύνου πρᾶξαι οὐδὲν ἀνελεύθερον, οὔτε νῦν
μοι μεταμέλει οὕτως ἀπολογησαμένῳ, ἀλλὰ πολὺ
μᾶλλον αἱροῦμαι ὧδε ἀπολογησάμενος τεθνάναι ἢ
ἐκείνως ζῆν. οὔτε γὰρ ἐν δίκῃ οὔτ' ἐν πολέμῳ οὔτ'
39 ἐμὲ οὔτ' ἄλλον οὐδένα δεῖ τοῦτο μηχανᾶσθαι, ὅπως
ἀποφεύξεται πᾶν ποιῶν θάνατον. καὶ γὰρ ἐν
ταῖς μάχαις πολλάκις δῆλον γίγνεται, ὅτι τό
γε ἀποθανεῖν ἄν τις ἐκφύγοι καὶ ὅπλα ἀφεὶς
καὶ ἐφ' ἱκετείαν τραπόμενος τῶν διωκόντων· καὶ
ἄλλαι μηχαναὶ πολλαί εἰσιν ἐν ἑκάστοις τοῖς
κινδύνοις, ὥστε διαφεύγειν θάνατον, ἐάν τις τολμᾷ
πᾶν ποιεῖν καὶ λέγειν. ἀλλὰ μὴ οὐ τοῦτ' ᾖ
χαλεπόν, ὦ ἄνδρες, θάνατον ἐκφυγεῖν, ἀλλὰ πολὺ
χαλεπώτερον πονηρίαν· θᾶττον γὰρ θανάτου θεῖ.
B καὶ νῦν ἐγὼ μὲν ἅτε βραδὺς ὢν καὶ πρεσβύτης
ὑπὸ τοῦ βραδυτέρου ἑάλων, οἱ δ' ἐμοὶ κατήγοροι
ἅτε δεινοὶ καὶ ὀξεῖς ὄντες ὑπὸ τοῦ θάττονος,
τῆς κακίας. καὶ νῦν ἐγὼ μὲν ἄπειμι ὑφ' ὑμῶν
θανάτου δίκην ὄφλων, οὗτοι δ' ὑπὸ τῆς ἀληθείας
ὠφληκότες μοχθηρίαν καὶ ἀδικίαν. καὶ ἔγωγε
τῷ τιμήματι ἐμμένω καὶ οὗτοι. ταῦτα μέν που
ἴσως οὕτως καὶ ἔδει σχεῖν, καὶ οἶμαι αὐτὰ μετρίως
ἔχειν.
C 30. Τὸ δὲ δὴ μετὰ τοῦτο ἐπιθυμῶ ὑμῖν χρησ-
μῳδῆσαι, ὦ καταψηφισάμενοί μου· καὶ γάρ
εἰμι ἤδη ἐνταῦθα, ἐν ᾧ μάλιστα ἄνθρωποι χρησ-
μῳδοῦσιν, ὅταν μέλλωσιν ἀποθανεῖσθαι. φημὶ
γάρ, ὦ ἄνδρες, οἳ ἐμὲ ἀπεκτόνατε, τιμωρίαν ὑμῖν
ἥξειν εὐθὺς μετὰ τὸν ἐμὸν θάνατον πολὺ χαλε-
πωτέραν νὴ Δία ἢ οἵαν ἐμὲ ἀπεκτόνατε· νῦν
γὰρ τοῦτο εἴργασθε οἰόμενοι ἀπαλλάξεσθαι τοῦ
διδόναι ἔλεγχον τοῦ βίου, τὸ δὲ ὑμῖν πολὺ ἐναντίον

ἀποβήσεται, ὡς ἐγώ φημι. πλείους ἔσονται ὑμᾶς
D οἱ ἐλέγχοντες, οὓς νῦν ἐγὼ κατεῖχον, ὑμεῖς δὲ
οὐκ ᾐσθάνεσθε· καὶ χαλεπώτεροι ἔσονται ὅσῳ
νεώτεροί εἰσιν, καὶ ὑμεῖς μᾶλλον ἀγανακτήσετε.
εἰ γὰρ οἴεσθε ἀποκτείνοντες ἀνθρώπους ἐπισχήσειν
τοῦ ὀνειδίζειν τινὰ ὑμῖν ὅτι οὐκ ὀρθῶς ζῆτε, οὐκ
ὀρθῶς διανοεῖσθε· οὐ γὰρ ἔσθ' αὕτη ἡ ἀπαλλαγὴ
οὔτε πάνυ δυνατὴ οὔτε καλή, ἀλλ' ἐκείνη καὶ
καλλίστη καὶ ῥᾴστη, μὴ τοὺς ἄλλους κολούειν,
ἀλλ' ἑαυτὸν παρασκευάζειν ὅπως ἔσται ὡς
βέλτιστος. ταῦτα μὲν οὖν ὑμῖν τοῖς καταψηφι-
E σαμένοις μαντευσάμενος ἀπαλλάττομαι.

31. Τοῖς δὲ ἀποψηφισαμένοις ἡδέως ἂν διαλε-
χθείην ὑπὲρ τοῦ γεγονότος τουτουῒ πράγματος,
ἐν ᾧ οἱ ἄρχοντες ἀσχολίαν ἄγουσι καὶ οὔπω
ἔρχομαι οἷ ἐλθόντα με δεῖ τεθνάναι. ἀλλά μοι,
ὦ ἄνδρες, παραμείνατε τοσοῦτον χρόνον· οὐδὲν
γὰρ κωλύει διαμυθολογῆσαι πρὸς ἀλλήλους,
40 ἕως ἔξεστιν. ὑμῖν γὰρ ὡς φίλοις οὖσιν ἐπιδεῖξαι
ἐθέλω τὸ νυνί μοι ξυμβεβηκὸς τί ποτε νοεῖ. ἐμοὶ
γάρ, ὦ ἄνδρες δικασταί—ὑμᾶς γὰρ δικαστὰς
καλῶν ὀρθῶς ἂν καλοίην—θαυμάσιόν τι γέγονεν.
ἡ γὰρ εἰωθυῖά μοι μαντικὴ ἡ τοῦ δαιμονίου ἐν
μὲν τῷ πρόσθεν χρόνῳ παντὶ πάνυ πυκνὴ ἀεὶ
ἦν καὶ πάνυ ἐπὶ σμικροῖς ἐναντιουμένη, εἴ τι
μέλλοιμι μὴ ὀρθῶς πράξειν· νυνὶ δὲ ξυμβέβηκέ
μοι, ἅπερ ὁρᾶτε καὶ αὐτοί, ταυτὶ ἅ γε δὴ οἰηθείη
ἄν τις καὶ νομίζεται ἔσχατα κακῶν εἶναι. ἐμοὶ δὲ
B οὔτε ἐξιόντι ἕωθεν οἴκοθεν ἠναντιώθη τὸ τοῦ
θεοῦ σημεῖον, οὔτε ἡνίκα ἀνέβαινον ἐνταυθοῖ

ἐπὶ τὸ δικαστήριον, οὔτε ἐν τῷ λόγῳ οὐδαμοῦ
μέλλοντί τι ἐρεῖν· καίτοι ἐν ἄλλοις λόγοις
πολλαχοῦ δή με ἐπέσχε λέγοντα μεταξύ· νῦν
δὲ οὐδαμοῦ περὶ ταύτην τὴν πρᾶξιν οὔτ' ἐν ἔργῳ
οὐδενὶ οὔτ' ἐν λόγῳ ἠναντίωταί μοι. τί οὖν αἴτιον
εἶναι ὑπολαμβάνω; ἐγὼ ὑμῖν ἐρῶ· κινδυνεύει γάρ
μοι τὸ ξυμβεβηκὸς τοῦτο ἀγαθὸν γεγονέναι, καὶ
οὐκ ἔσθ' ὅπως ἡμεῖς ὀρθῶς ὑπολαμβάνομεν,
C ὅσοι οἰόμεθα κακὸν εἶναι τὸ τεθνάναι. μέγα μοι
τεκμήριον τούτου γέγονεν· οὐ γὰρ ἔσθ' ὅπως
οὐκ ἠναντιώθη ἄν μοι τὸ εἰωθὸς σημεῖον, εἰ μή
τι ἔμελλον ἐγὼ ἀγαθὸν πράξειν.

32. Ἐννοήσωμεν δὲ καὶ τῇδε, ὡς πολλὴ ἐλπίς
ἐστιν ἀγαθὸν αὐτὸ εἶναι· δυοῖν γὰρ θάτερόν ἐστιν
τὸ τεθνάναι· ἢ γὰρ οἷον μηδὲν εἶναι μηδὲ αἴ-
σθησιν μηδεμίαν μηδενὸς ἔχειν τὸν τεθνεῶτα, ἢ
κατὰ τὰ λεγόμενα μεταβολή τις τυγχάνει οὖσα
καὶ μετοίκησις τῇ ψυχῇ τοῦ τόπου τοῦ ἐνθένδε
εἰς ἄλλον τόπον. καὶ εἴτε μηδεμία αἴσθησίς
D ἐστιν, ἀλλ' οἷον ὕπνος, ἐπειδάν τις καθεύδων μηδ'
ὄναρ μηδὲν ὁρᾷ, θαυμάσιον κέρδος ἂν εἴη ὁ
θάνατος. ἐγὼ γὰρ ἂν οἶμαι, εἴ τινα ἐκλεξάμενον
δέοι ταύτην τὴν νύκτα, ἐν ᾗ οὕτω κατέδαρθεν,
ὥστε μηδὲ ὄναρ ἰδεῖν, καὶ τὰς ἄλλας νύκτας τε
καὶ ἡμέρας τὰς τοῦ βίου τοῦ ἑαυτοῦ ἀντιπαρα-
θέντα ταύτῃ τῇ νυκτὶ δέοι σκεψάμενον εἰπεῖν,
πόσας ἄμεινον καὶ ἥδιον ἡμέρας καὶ νύκτας
ταύτης τῆς νυκτὸς βεβίωκεν ἐν τῷ ἑαυτοῦ βίῳ,
οἶμαι ἂν μὴ ὅτι ἰδιώτην τινά, ἀλλὰ τὸν μέγαν
E βασιλέα εὐαριθμήτους ἂν εὑρεῖν αὐτὸν ταύτας
πρὸς τὰς ἄλλας ἡμέρας καὶ νύκτας. εἰ οὖν

τοιοῦτον ὁ θάνατός ἐστιν, κέρδος ἔγωγε λέγω·
καὶ γὰρ οὐδὲν πλείων ὁ πᾶς χρόνος φαίνεται
οὕτω δὴ εἶναι ἢ μία νύξ. εἰ δ' αὖ οἷον ἀποδη-
μῆσαί ἐστιν ὁ θάνατος ἐνθένδε εἰς ἄλλον τόπον,
καὶ ἀληθῆ ἐστιν τὰ λεγόμενα, ὡς ἄρα ἐκεῖ εἰσιν
ἅπαντες οἱ τεθνεῶτες, τί μεῖζον ἀγαθὸν τούτου
εἴη ἄν, ὦ ἄνδρες δικασταί; εἰ γάρ τις ἀφικόμενος
41 εἰς Ἅιδου, ἀπαλλαγεὶς τούτων τῶν φασκόντων
δικαστῶν εἶναι, εὑρήσει τοὺς ἀληθῶς δικαστάς,
οἵπερ καὶ λέγονται ἐκεῖ δικάζειν, Μίνως τε καὶ
Ῥαδάμανθυς καὶ Αἰακὸς καὶ Τριπτόλεμος καὶ
ἄλλοι ὅσοι τῶν ἡμιθέων δίκαιοι ἐγένοντο ἐν τῷ
ἑαυτῶν βίῳ, ἆρα φαύλη ἂν εἴη ἡ ἀποδημία; ἢ αὖ
Ὀρφεῖ ξυγγενέσθαι καὶ Μουσαίῳ καὶ Ἡσιόδῳ
καὶ Ὁμήρῳ ἐπὶ πόσῳ ἄν τις δέξαιτ' ἂν ὑμῶν;
ἐγὼ μὲν γὰρ πολλάκις θέλω τεθνάναι, εἰ ταῦτ'
ἔστιν ἀληθῆ· ἐπεὶ ἔμοιγε καὶ αὐτῷ θαυμαστὴ ἂν
B εἴη ἡ διατριβὴ αὐτόθι, ὁπότε ἐντύχοιμι Παλα-
μήδει καὶ Αἴαντι τῷ Τελαμῶνος καὶ εἴ τις ἄλλος
τῶν παλαιῶν διὰ κρίσιν ἄδικον τέθνηκεν, ἀντι-
παραβάλλοντι τὰ ἐμαυτοῦ πάθη πρὸς τὰ ἐκείνων,
ὡς ἐγὼ οἶμαι, οὐκ ἂν ἀηδὴς εἴη. καὶ δὴ τὸ
μέγιστον, τοὺς ἐκεῖ ἐξετάζοντα καὶ ἐρευνῶντα
ὥσπερ τοὺς ἐνταῦθα διάγειν, τίς αὐτῶν σοφός
ἐστιν καὶ τίς οἴεται μέν, ἔστιν δ' οὔ. ἐπὶ πόσῳ
δ' ἄν τις, ὦ ἄνδρες δικασταί, δέξαιτο ἐξετάσαι
τὸν ἐπὶ Τροίαν ἀγαγόντα τὴν πολλὴν στρατιὰν
C ἢ Ὀδυσσέα ἢ Σίσυφον, ἢ ἄλλους μυρίους ἄν τις
εἴποι καὶ ἄνδρας καὶ γυναῖκας; οἷς ἐκεῖ διαλέ-
γεσθαι καὶ ξυνεῖναι καί ἐξετάζειν ἀμήχανον ἂν
εἴη εὐδαιμονίας. πάντως οὐ δήπου τούτου γε
ἕνεκα οἱ ἐκεῖ ἀποκτείνουσι· τά τε γὰρ ἄλλα

εὐδαιμονέστεροί εἰσιν οἱ ἐκεῖ τῶν ἐνθάδε, καὶ ἤδη
τὸν λοιπὸν χρόνον ἀθάνατοί εἰσιν, εἴπερ γε τὰ
λεγόμενα ἀληθῆ ἐστιν.

33. Ἀλλὰ καὶ ὑμᾶς χρή, ὦ ἄνδρες δικασταί,
εὐέλπιδας εἶναι πρὸς τὸν θάνατον, καὶ ἕν τι τοῦτο
D διανοεῖσθαι ἀληθές, ὅτι οὐκ ἔστιν ἀνδρὶ ἀγαθῷ
κακὸν οὐδὲν οὔτε ζῶντι οὔτε τελευτήσαντι, οὐδὲ
ἀμελεῖται ὑπὸ θεῶν τὰ τούτου πράγματα. οὐδὲ τὰ
ἐμὰ νῦν ἀπὸ τοῦ αὐτομάτου γέγονεν, ἀλλά μοι
δῆλόν ἐστι τοῦτο, ὅτι ἤδη τεθνάναι καὶ ἀπηλ-
λάχθαι πραγμάτων βέλτιον ἦν μοι. διὰ τοῦτο
καὶ ἐμὲ οὐδαμοῦ ἀπέτρεψεν τὸ σημεῖον, καὶ ἔγωγε
τοῖς καταψηφισαμένοις μου καὶ τοῖς κατηγόροις
οὐ πάνυ χαλεπαίνω. καίτοι οὐ ταύτῃ τῇ διανοίᾳ
κατεψηφίζοντό μου καὶ κατηγόρουν, ἀλλ' οἰό-
E μενοι βλάπτειν· τοῦτο αὐτοῖς ἄξιον μέμφεσθαι.
τοσόνδε μέντοι αὐτῶν δέομαι· τοὺς υἱεῖς μου,
ἐπειδὰν ἡβήσωσι, τιμωρήσασθε, ὦ ἄνδρες, ταὐτὰ
ταῦτα λυποῦντες, ἅπερ ἐγὼ ὑμᾶς ἐλύπουν, ἐὰν
ὑμῖν δοκῶσιν ἢ χρημάτων ἢ ἄλλου του πρότερον
ἐπιμελεῖσθαι ἢ ἀρετῆς, καὶ ἐὰν δοκῶσί τι εἶναι
μηδὲν ὄντες, ὀνειδίζετε αὐτοῖς, ὥσπερ ἐγὼ ὑμῖν,
ὅτι οὐκ ἐπιμελοῦνται ὧν δεῖ, καὶ οἴονταί τι εἶναι
ὄντες οὐδενὸς ἄξιοι. καὶ ἐὰν ταῦτα ποιῆτε, δίκαια
42 πεπονθὼς ἐγὼ ἔσομαι ὑφ' ὑμῶν αὐτός τε καὶ οἱ
υἱεῖς. ἀλλὰ γὰρ ἤδη ὥρα ἀπιέναι, ἐμοὶ μὲν ἀπο-
θανουμένῳ, ὑμῖν δὲ βιωσομένοις· ὁπότεροι δὲ
ἡμῶν ἔρχονται ἐπὶ ἄμεινον πρᾶγμα, ἄδηλον παντὶ
πλὴν ἢ τῷ θεῷ.

BIBLIOGRAFIA

ARANHA, Maria Lúcia de Arruda; MARTINS, Maria Helena Pires. *Filosofando: introdução à filosofia*. São Paulo: Ed. Moderna, 1999.

ARISTÓFANES. *As nuvens*. In "Os Pensadores" Sócrates. São Paulo: Abril Cultural, 1980.

BENOIT, Hector. *Sócrates: o nascimento da razão negativa*. São Paulo: Ed. Moderna, 1996.

CORBISIER. Roland. *Enciclopédia filosófica*. Petrópolis: Vozes, 1974.

DURANT, Will. *A história da filosofia*. Rio de Janeiro: Nova Cultural, 2000.

PLATÃO. *Defesa de Sócrates*. In "Os Pensadores" Sócrates. São Paulo: Abril Cultural, 1980.

_______. *Apologia de Sócrates*. Trad. Maria Lacerda de Moura. São Paulo: Athena Editora. S/d.

_______. *Diálogos* e *A república*. Trad. Leonel Vallandro. Rio de Janeiro: Ediouro, 2000.

REALE, Giovanni; ANTISERI, Dario. *História da Filosofia*, vol. I, São Paulo: Ed. Paulus, 1990.

WATANABE, Lygia Araujo. *Platão por mitos e hipóteses*. São Paulo: Moderna, 1995.

WILLIAMS, Bernard. *Platão: a invenção da filosofia*. São Paulo: UNESP, 2000.

XENOFONTE. *Ditos e feitos memoráveis de Sócrates*. In. "Os Pensadores" Sócrates. São Paulo: Abril Cultural, 1980.

TEXTO DA *APOLOGIA* EM GREGO:

Loeb Classical Library: Volume 1 — PLATO — *Euthyphro, Apology, Crito, Phaedro, Phaedrus*. Harvard University Press — Cambridge, Massachussets — London, England. First published 1914. (Texto baseado no estabelecido por Schanz.)

O BANQUETE

INTRODUÇÃO

MARIA APARECIDA DE OLIVEIRA*

O Banquete insere-se na tradição literária de um diálogo dentro do outro, isto é, sua narrativa inicia-se com um diálogo que logo se desdobra em outro. Dessa maneira, o primeiro diálogo remete o leitor ao presente dos interlocutores da obra, em seguida eles nos encaminham para outro diálogo que ocorreu no passado. O segundo diálogo é conhecido por meio de um relato pertencente a uma tradição oral que se revela transmissora de conhecimento, um dado característico da cultura grega, que por muito tempo serviu-se da oralidade em vez da escrita para transmitir seus valores e práticas culturais. Por isso, *O Banquete* aproxima-se mais de uma narrativa em prosa que em forma de diálogo.

O espaço em que ocorrem os diálogos é a casa de Agatão, poeta trágico que realiza um festim para comemorar o primeiro lugar obtido com sua peça em um concurso. Tal disputa ocorreu no Festival das Leneias, ou Festa dos Tonéis de Vinho, que, no Período Arcaico, eram realizadas em meados de janeiro, com uma procissão e sacrifícios. Somente no Período Clássico, após 450 a.C., os concursos dramáticos foram incorporados a essas festividades. Calcula-se que Agatão tenha participado do festival realizado em 416 a.C., no entanto, é dito no diálogo que o poeta trágico não se

---

* Pós-doutora em Letras Clássicas pela Universidade de São Paulo. Professora visitante no Programa de Pós-Graduação em Letras Clássicas da Universidade de São Paulo. Autora de *Plutarco Historiador: Análise das Biografias Espartanas*, Edusp, 2006 e de *Plutarco e Roma: O Mundo Grego no Império*, Edusp. 2014.

encontra mais na cidade de Atenas, e sabe-se que ele a deixou em 406 a.C. e que a morte de Sócrates ocorreu em 399 a.C. Portanto, os anos de 405 a 399 a.C. representam o arco temporal possível para que o diálogo tenha acontecido, porém a sua escrita é datada de 380 a.C.

A narrativa platônica começa com um conhecido de Apolodoro, Glauco, solicitando que ele lhe conte os diálogos realizados durante o banquete ocorrido na casa de Agatão, de onde conhecemos os dois primeiros personagens do primeiro diálogo. Para a surpresa de Glauco, Apolodoro lhe diz que não estava presente no banquete, pois ainda era criança à época de sua realização. Então Apolodoro, discípulo ardoroso de Sócrates, conta a Glauco que soube de seu conteúdo por intermédio de Aristodemo, mas que ele também havia conversado com Sócrates para que ele confirmasse o que foi dito por Aristodemo, dado que confere legitimidade a sua reprodução do diálogo. Após situar Glauco temporalmente e sobre as circunstâncias como conheceu os discursos proferidos pelos presentes no banquete, Glauco e Apolodoro iniciam sua conversa enquanto caminham até a cidade.

Apolodoro então relata a Glauco alguns pequenos episódios anteriores aos discursos, além dos que sucederam no próprio banquete entre um discurso e outro. O primeiro dos sete discursos proferidos para elogiar e louvar Eros, tema sugerido por Erixímaco, foi o de Fedro. O orador exalta a origem de Eros, pela qual é admirado por homens e deuses, em razão de sua primordialidade, por ser o deus mais velho de todos. Na sua visão, Eros incita a realização de bens, sendo o mais importante deles a relação de amor entre o amante e o amado, uma vez que o amor orienta os que desejam viver uma vida honesta. O dado mais interessante no discurso de Fedro é que o amor de Eros acontece a despeito da origem familiar, dos títulos que se ostentam ou da riqueza que se possui. Assim, guiado por Eros, a finalidade do amor é inspirar os amantes a práticas de ações belas e boas.

Pausânias é o segundo a tecer um discurso elogioso a Eros. O orador inicia seu discurso criticando o de Fedro, o que podemos afirmar que é a tônica de sua fala. Primeiro, ele destaca que Eros não é único, tal como afirmara Fedro, e o adverte de que Eros não atua sozinho, visto que é inseparável da deusa Afrodite, e que há duas deusas, a Urânia ou Celeste e a Pandemo ou Popular. Como Eros acompanha Afrodite, por conseguinte, também há dois Eros, o Urânio e o Pandemo. Este está relacionado ao amor vulgar, que acontece ao acaso, típico dos homens comuns, preocupados apenas com os prazeres sexuais, enquanto aquele objetiva viver eternamente ao lado do ser amado, nunca o engana e não se deixa levar por prazeres imediatos. Assim, nem todo Eros é belo e louvável, porque o deus só se torna detentor dessas qualidades quando inspira um amor que é belo e louvável. Ao contrário de Fedro, Pausânias afirma que a ação bela e boa deve se fundamentar na justiça, não no amor.

Proponente do tema debatido, Erixímaco é o terceiro a discursar no banquete de Agatão. O orador começa seu discurso dizendo que Pausânias não soube concluir a sua fala e que o seu propósito é completar o que foi dito anteriormente. Para Erixímaco, as almas dos homens não são as únicas a serem contempladas com a presença de Eros, mas também a dos animais, a de todos aqueles que brotam da terra, e está ainda em toda a natureza. Por sua formação na arte médica, o orador estabelece um paralelo entre a saúde e a doença para explicar que há dois Eros na natureza: um desperta um amor no corpo são, e outro, no doente. Dessa maneira, o amor busca a harmonia entre os contrários, dentro de uma visão em que os opostos se procuram para que se estabeleça o equilíbrio de seus corpos, tal como os sons dissonantes que compõem uma música.

O quarto discurso é de Aristófanes, famoso comediógrafo grego. O ponto em que se centra esse orador é o desconhecimento humano sobre o poder de Eros e, para explicar melhor a sua assertiva, relata aos presentes o mito da natureza humana, com o intuito de esclarecer as transformações pelas quais ela passou. Aristófanes conta, então, que havia três sexos: o masculino, o feminino e o andrógino, todos tinham a forma esférica, com quatro mãos e quatro pernas, duas faces iguais em uma só cabeça, viradas, sobre um pescoço redondo. Esses homens esféricos eram robustos, vigorosos e corajosos e, por essas qualidades, decidiram dominar o Olimpo e tomar o poder de Zeus. Ciente desse plano, o deus supremo passou a refletir sobre como puniria esses seres. Após pensar muito, Zeus decide parti-los ao meio para reduzir o seu poder e mantê-los vivos para que cultuassem os deuses, mas a partilha desses humanos também resulta na constante busca da parte que lhes falta. E Aristófanes explica que o amor é o desejo e ânsia pela busca dessa unidade primordial.

O anfitrião do banquete é dono do quinto discurso. Agatão inicia sua fala criticando os que já haviam proferido seus elogios a Eros. No seu ponto de vista, nenhum de seus companheiros examinou a natureza de Eros. Eles se equivocaram ao analisar os benefícios que o deus traz aos amantes sem conhecer a sua essência. Portanto, os oradores anteriores não louvaram nem elogiaram Eros, mas sim suas dádivas, e somente reconheceram como felizes os homens que foram tocados pelo deus. O tragediógrafo ainda discorda de Fedro e afirma que Eros é o deus mais jovem, que sua juventude é eterna e, além disso, é um deus delicado, pois não caminha pela terra, vive suspenso sobre as cabeças dos homens. Agatão afirma que a justiça, a temperança e a coragem são as características marcantes de Eros, que representam a sua natureza.

O discurso considerado mais importante deste diálogo é o de Sócrates, o sexto orador a se pronunciar. O filósofo abre seu elogio afirmando que reproduzirá um discurso ouvido de Diotima, uma mulher natural da cidade de Mantineia, considerada por ele sábia e a quem atribui todo o seu conhecimento sobre o amor. Sócrates começa dando razão a Agatão sobre a questão de que primeiro se deve analisar a natureza e os atributos de Eros, e explica que o método mais fácil para demonstrar seu ponto de vista é o interrogativo, o que ele aprendeu com a própria Diotima. O filósofo sustenta que Eros é uma divindade (*daímōn*) que intermedia a comunicação entre os deuses e os homens, quando conta aos presentes o mito de seu nascimento. Segundo ele, o deus nasceu de Poros (Recurso) e de Penia (Pobreza), por isso vive na miséria como sua mãe e dá atenção a tudo o que é belo e gracioso, como seu pai. Assim o deus oscila entre a sabedoria e a tolice.

O último a discursar é Alcibíades, que não participava do banquete e ainda chegou completamente embriagado ao festim. O rapaz mostra-se perdidamente apaixonado por Sócrates e pouco fala sobre Eros. Ele dedica suas palavras à exaltação do amado e, ao mesmo tempo, destila seu ciúme com palavras ofensivas por seu amado estar sentado ao lado de belos homens. Dessa maneira, Alcibíades descreve a trajetória de Sócrates para se tornar um homem virtuoso, que representa o pensamento platônico sobre os caminhos que o amante tem de trilhar para alcançar a moderação e ser belo em si, o que o torna um ser preparado para exercer a virtude.

Em um tom jocoso, visto que se encontra embriagado, o belo Alcibíades também critica Sócrates por julgar que ele não lhe dedica a atenção necessária, que o seu amor por ele é desdenhado, que o filósofo se mostra amável e solícito a todos os belos, queixando-se que ele sempre procura sentar-se ao lado deles. Após as queixas de Alcibíades, os presentes são surpreendidos por membros do Cômos — uma festa dórica com cortejos de canto e dança em honra aos deuses —, que invadem o recinto e dispersam os presentes, encerrando a série de discursos elogiosos de Eros. É interessante notar que Platão, por meio das palavras de Alcibíades, demonstra o quanto o amante é regido pelas paixões e como o ciúme é algo tão forte e dominante nele, visto que Alcibíades não consegue conter seu sentimento diante dos presentes.

Assim, pode-se observar que *O Banquete* é um diálogo dedicado ao elogio e ao louvor de Eros. Platão, com toda a sua maestria literária e filosófica, serve-se de excertos poéticos, narrativas míticas, conceitos da arte médica e de teorias filosóficas para examinar e definir a natureza e os atributos de Eros, ao mesmo tempo questionando e analisando esse sentimento singular chamado amor. Por sua riqueza narrativa, *O Banquete* é uma obra convidativa, que desperta no leitor reflexões e sentimentos únicos, configurando-se como um texto obrigatório para os amantes de uma boa leitura.

O BANQUETE*

172a APOLODORO

— Penso que não estou despreparado a respeito do que me perguntais. E há pouco, quando vinha de minha casa em Falero[1] para a cidade, um conhecido atrás de mim viu-me e de longe me chamou, brincando: "Falereu![2] Ei, Apolodoro,[3] não me esperas?". E eu parei e o esperei. E ele continuou: "Apolodoro, há pouco eu te procurava porque queria saber sobre a reunião de Agatão,[4] Sócrates,[5] Alcibíades[6] e

b os outros, que então estavam presentes no banquete,[7] e a respeito de quais foram os seus discursos sobre o amor. Pois alguém me contou que os ouviu de Fênix, filho de Filipo, e disse que tu também os conhecias. Mas ele nada podia dizer com clareza. Conta-me tu, pois és o mais apropriado para relatar as palavras do teu companheiro". E ele continuou: "Antes disso, dize-me, estiveste presente nessa reunião ou não?". E eu respondi: "Certamente, parece que nada te narrou

c de exato o teu narrador, se pensas que a reunião sobre a qual me perguntas aconteceu recentemente, de sorte que eu estivesse presente". Ele disse: "Penso, sim". E eu repliquei: "Como, Glauco?[8] Não sabes que há muitos anos Agatão não vem aqui, e que desde

---

* A presente tradução foi realizada com base no texto grego estabelecido por John Burnet em *Platonis Opera*, volume II, da série Oxford Classical Texts, publicada pela Oxford University Press, no ano de 1973, cuja primeira edição é de 1901.

que eu convivo com Sócrates e me preocupo em saber a cada dia o que ele diz ou faz não tem três anos ainda?

173a Antes disso, dando voltas por aí, ao acaso, e pensando que fazia algo importante, eu era mais infeliz que qualquer outro, não menos que tu agora, que pensas que deves fazer qualquer coisa menos filosofar". E ele disse: "Não zombes. Dize quando ocorreu essa reunião". E eu respondi: "Quando ainda éramos crianças, quando Agatão venceu com sua primeira tragédia, no dia seguinte ao que ele e os seus coreutas[9] haviam realizado o sacrifício pela vitória no festival". E ele replicou: "Então isso foi há muito tempo, como parece. Mas quem te contou? O próprio Sócrates?".

b Eu respondi: "Não, por Zeus,[10] mas sim quem contou a Fênix. Foi um certo Aristodemo[11] de Cidateneu,[12] um homem baixo, sempre descalço, que estava presente na reunião e que entre os demais era o mais apaixonado por Sócrates naquele tempo, creio eu. No entanto, já perguntei a Sócrates sobre algumas coisas que ouvi dele, e ele confirmou o que me fora dito".

"Por que não me contas? A estrada para a cidade é completamente adequada para os que nela viajam tanto falar como ouvir".

Assim, enquanto caminhávamos, conversamos sobre isso,

c de sorte que, como disse no início, não estou despreparado. Então, se isso deve ser contado a vós também, preciso fazê-lo. Aliás, quando algumas palavras sobre filosofia eu mesmo digo ou ouço de outros, além de pensar na sua utilidade, alegro-me imensamente. Mas, quando são sobre outros assuntos, sobretudo os vossos, dos ricos e negociantes, eu me irrito e tenho piedade de vós, meus companheiros, que pensais fazer algo importante,

d quando não fazeis nada. Talvez acreditais que eu seja um infeliz, e suponho que vós pensais que isso é verdade. No entanto, quanto a vós, eu não suponho, mas sei com certeza.

COMPANHEIRO

— És sempre o mesmo, Apolodoro! Sempre falas mal de ti mesmo e dos outros, e parece-me que simplesmente pensas que todos são infelizes, exceto Sócrates, a começar por ti mesmo. Por que te consideram terno, eu mesmo não sei; pois em tuas palavras sempre és assim, ficas irritado contigo e com os outros, exceto com Sócrates.

APOLODORO

— Meu caro, quer dizer então que, por pensar assim sobre mim e sobre vós, estou louco e deliro?

COMPANHEIRO—

— Não vale a pena brigar por isso agora, Apolodoro; mas, quanto ao que te pedíamos, não ajas de outro modo, conta quais foram os discursos.

APOLODORO

— Eles foram mais ou menos os seguintes —

174a desde o início, do modo como Aristodemo me contava, também eu tentarei contar.

Ele disse que encontrou Sócrates banhado e calçando sandálias, o que era raro, e perguntou aonde ia tão bonito.

E Sócrates respondeu: — Ao jantar de Agatão. Pois ontem evitei as celebrações de sua vitória, por temer a multidão; mas concordei em estar presente hoje. Embe-lezei-me para isso, a fim de ir belo à casa de um belo. Mas e tu — ele disse —,

b irias ao jantar, apesar de não ter sido convidado?

E eu respondi: — Se assim quiseres.

— Então vem comigo — disse Sócrates —, e corrompamos o provérbio, mudando-o para "ao jantar de Agatão, os bons vão espontaneamente".[13] Homero[14] se arrisca não só a destruir, mas também a transgredir esse provérbio: fez de Agamêmnon[15] um varão especialmente bom

c na guerra e Menelau[16] um "débil lanceiro", e, enquanto Agamêmnon fazia um sacrifício e se alimentava, ele imaginou Menelau chegando sem convite ao banquete, um pior na refeição de um melhor.

Ao ouvir essas palavras, Aristodemo disse: — Não como tu dizes, Sócrates, e sim como disse Homero, correrei o risco de ir sem convite, como um insignificante, ao banquete de um homem sábio. Vê, já que estás me levando, se terás uma desculpa, pois não aceitarei

d ir sem convite, mas aceito ir como teu convidado.

— Nós dois juntos — disse Sócrates —, pondo-nos a caminho,[17] decidiremos o que dizer. Agora vamos.

Aristodemo contou que, após terem conversado sobre tais assuntos, partiram. Sócrates, que andava absorto pelo caminho, ficava para trás. Quando Aristodemo parava para esperá-lo, Sócrates pedia-lhe que seguisse adiante. Quando estava na casa

e de Agatão, Aristodemo disse que encontrou a porta aberta e que ali lhe aconteceu algo engraçado. Um escravo logo saiu da casa e veio ao seu encontro para conduzi-lo aonde os demais estavam sentados, quando os encontrou a ponto de jantar. Então, logo que Agatão o viu, disse: — Aristodemo, chegas em boa hora para jantares conosco! Se vieste por causa de algum outro assunto, deixa-o para outra ocasião, que ontem te procurei para te convidar, mas não consegui encontrar-te. Mas onde está Sócrates?

Aristodemo contou-me que olhou para trás e em parte alguma viu Sócrates, que devia acompanhá-lo. Então disse a Agatão que vinha com Sócrates, que o convidara para o jantar.

— Ele fez bem — Agatão disse. — Mas onde ele está?

175a — Há pouco ele vinha atrás de mim; mas eu mesmo estou admirado. Onde ele poderia estar?

— Não vais procurar e trazer Sócrates, escravo? — Agatão perguntou. — E ele continuou: — E tu, Aristodemo, reclina-te[18] ao lado de Erixímaco.[19]

E Aristodemo disse que um escravo lavou seus pés para que se sentasse à mesa, e que outro escravo veio anunciar que "esse Sócrates se retirou e ficou parado em frente à porta dos vizinhos. Por mais que o chame, não quer entrar".

— É estranho o que dizes — Agatão replicou. — Por que não o chamas? E não o deixes escapar!

b E Aristodemo disse: — De forma alguma; deixai-o. Esse é um hábito que ele tem. Algumas vezes ele se retira onde quer que se encontre e fica parado.[20] Ele chegará logo, penso. Então, não o perturbeis; deixai-o.

— Bem, então façamos assim, se é o que preferes — disse Agatão. — Escravos, atendei a todos. Trazei tudo o que quiserdes, visto que

ninguém vos vigiará — o que eu jamais fiz. Pensai que fui convidado por vós ao jantar, assim como os
c outros, e prestai vossos serviços, a fim de que nós vos elogiemos.

Aristodemo disse que eles começaram a jantar, mas Sócrates não aparecia. Agatão ordenou muitas vezes que fossem buscar Sócrates, mas Aristodemo não permitia. Então, ele chegou não muito tempo depois, como era seu costume, mais ou menos quando eles estavam na metade do jantar. E Aristodemo contou que Agatão, que estava só e reclinado no último lugar, disse: — Aqui, Sócrates, reclina-te ao meu lado[21] e conta-me a sábia ideia
d que tiveste na porta da frente. É evidente que tiveste uma grande ideia, pois não te retirarias antes disso.

E Sócrates sentou-se e disse: — Seria bom, Agatão, se a sabedoria fosse algo dessa natureza, de sorte que escorresse do nosso lado mais cheio para o mais vazio, sempre que entrássemos em contato um com o outro, como a água nas taças, que por um fio de lã escorre da mais cheia para a mais vazia. Se assim é
e a sabedoria, em muito me honra reclinar-me junto a ti, pois penso que ao teu lado serei preenchido por muita e bela sabedoria. A minha seria insignificante, ou duvidosa como um sonho, mas a tua é brilhante e muito capaz de progresso, que desde a tua juventude tão fortemente resplandeceu e se tornou manifesta anteontem diante de mais de trinta mil testemunhas gregas.[22]

— És um atrevido, Sócrates — Agatão disse. — Quanto a isso, mais tarde tu e eu decidiremos sobre nossa sabedoria, e Dioniso[23] será juiz.[24] Agora dedica-te primeiro ao jantar.

176a Depois disso, Aristodemo contou que Sócrates reclinou-se e jantou com os demais. E eles fizeram libações, após hinearem ao deus e fazer o resto que é de costume,[25] e em seguida se voltaram para a bebida. Ele disse que então Pausânias[26] começou a proferir um discurso deste teor: — Muito bem! Homens, qual o modo mais cômodo de bebermos? Eu vos digo que, por mim, estou muito indisposto pela bebida de ontem e preciso de um descanso. Penso que também a maioria de vós, pois estáveis presentes ontem. Vede
b então como seria mais cômodo beber.

Aristófanes então disse: — É sensato o que dizes, Pausânias, para que bebamos com mais comedimento; pois eu mesmo sou um dos que mergulharam nela ontem.

Após ouvir isso, Erixímaco, filho de Acúmeno, disse: — De fato, falais com sensatez. E ainda necessito ouvir de um de vós se Agatão tem condição de beber.

— Não tenho condição nenhuma — disse ele. — Nem mesmo eu me sinto forte.

c — Seria um presente de Hermes[27] para nós — disse Erixímaco —, tanto para mim como para Aristodemo, Fedro[28] e os demais, se vós, os mais capazes de beber, renunciardes agora; nós sempre somos incapazes. Excluo Sócrates do discurso, pois ele é capaz de ambas as coisas, de sorte que ele se contentará com qualquer coisa que fizermos. Além disso, parece-me que nenhum dos presentes está disposto a beber muito vinho, então, se eu dissesse a verdade sobre a embriaguez, seria menos desagradável. Na minha opinião,

d pelo que me foi evidenciado pela medicina, a embriaguez é algo penoso para os homens; eu mesmo não a desejaria, nem aconselharia outro a beber, ainda mais quando se está com a cabeça pesada pelo dia anterior.

— Sem dúvida — interrompeu-o Fedro de Mirrinote.[29] — Eu costumo obedecer-te, sobretudo quando falas sobre medicina. E agora, se deliberarem bem, também os demais te obedecerão.

e Após ouvirem isso, todos consentiram que celebrariam a presente reunião não para se embriagar, mas que simplesmente beberiam por prazer.

— Visto então — disse Erixímaco — que isso foi aprovado, de beber o quanto cada um quiser, que nada seja forçado; depois, proponho que a flautista que há pouco entrou dê um adeus, tocando flauta para si mesma, ou, se quiser, para as mulheres lá dentro, e que nós nos reunamos hoje com discursos; discursos os quais, se preferis, quero vos propor.

177a Todos disseram que queriam e o exortaram a fazer sua proposta. Então Erixímaco falou: — O início do meu discurso é como a Melanipe[30] de Eurípides,[31] pois não é meu discurso, mas o de Fedro que vou relatar. Fedro a todo o momento irritado me diz:

"Não é impressionante, Erixímaco, que outros deuses tenham hinos e peãs compostos por poetas, e a Eros,[32] que é um deus tão antigo e poderoso, jamais nem sequer um só dos
b poetas existentes compôs um encômio? Se quiseres, examina os bons sofistas. Eles escrevem elogios em prosa a Héracles[33] e outros, tal como o excelente Pródico[34] — e isso não é menos espantoso, mas eu já encontrei um livro de um sábio, no qual o sal teve um elogio admirável por sua utilidade,[35] e outras coisas dessa natureza
c com frequência poderias ver elogiadas — e a Eros nenhum homem teve a coragem de dignamente hinear. Tão importante deus é assim negligenciado". Parece-me que Fedro fala com sensatez. Com isso, eu desejo trazer a minha contribuição e agradá-lo, nas circunstâncias presentes; parece-me conveniente que nós, os presentes, louvemos o deus. Então, se
d estiverdes de acordo, temos o tema para nossos discursos, pois me parece que cada um de nós precisa proferir um discurso laudatório a Eros, da esquerda para a direita, e que seja o mais belo possível. Que Fedro comece, uma vez que está situado no primeiro lugar e é o pai do discurso.

— Ninguém, Erixímaco — Sócrates disse —, votará contrário a ti. Pois nem eu, que afirmo que não sei nenhuma outra coisa senão os assuntos do amor, não posso dizer não, nem Agatão,
e nem Pausânias, nem certamente Aristófanes,[36] cuja inteira ocupação está em torno de Dioniso e Afrodite,[37] e nenhum outro desses que vejo aqui. No entanto, não há igualdade de condições para nós que estamos colocados nos últimos lugares; mas, se os que estão à frente falarem o suficiente e bem, nós ficaremos satisfeitos. Começa, Fedro, faz seu elogio de Eros e boa sorte.

Todos os outros concordavam com isso e
178a pediam o mesmo que Sócrates. De tudo o que cada um disse, nem Aristodemo se lembrava muito, nem, por minha vez, eu me lembro de tudo o que ele me disse; mas as coisas mais importantes e os discursos de cada um deles que me pareceram mais dignos de menção, eu vos direi.

Em primeiro lugar, como digo, Aristodemo contou-me que Fedro começou a falar mais ou menos assim: que era um grande deus Eros e admirado entre os homens e os deuses por muitos motivos, sobretudo por seu nascimento. Por ser entre eles

b o mais antigo deus é digno de honra, e prova disso é que os pais de Eros não existem nem são mencionados por ninguém, nem por um homem comum, nem por um poeta, mas Hesíodo[38] afirma que primeiro nasceu Caos[39]

em seguida
Geia[40] *de amplo seio, o assento sempre seguro de todos, e Eros*[41]

E com Hesíodo está também concorde Acusilau[42] que depois do Caos nasceram estes dois, Geia e Eros. Parmênides,[43] quanto ao seu nascimento, afirma:

de todos os deuses concebeu[44] *primeiro Eros.*[45]

c Assim, muitos concordam que Eros é o mais antigo entre eles. Por ser o mais antigo, é a causa dos maiores bens para nós. Eu não sei dizer se há para alguém jovem um bem maior que um bom amante, e para um bom amante um bem maior que um bom amado. Pois o que deve guiar os homens por toda a sua vida, ao menos aos que têm a intenção de viver bem, não é o parentesco, nem as honras, nem a riqueza, nem nenhuma outra coisa senão o amor. Nada é capaz de fazer tanto bem

d como o amor. E o que é isto que digo? A vergonha diante das coisas feias, o desejo de honra diante das coisas belas; pois sem isso nem uma cidade nem um indivíduo realiza grandes e belas obras. Portanto, eu digo que um homem que ama, se fosse pego fazendo algo feio ou sofrendo algo de outro sem se defender, por covardia, nem se visto pelo pai, nem por seus companheiros, nem por

e qualquer outro, não sentiria tanta dor como se fosse visto pela pessoa amada. Isso é o mesmo que vemos também na pessoa amada, que de modo especial sente vergonha quando se vê em algum ato vergonhoso diante de quem ama. Se houvesse uma cidade ou um exército de amantes e amados, o melhor modo de administrar seria manter distância de toda vergonha e emular

179a o bom comportamento um do outro; e se lutarem uns ao lado dos outros, venceriam, mesmo sendo poucos, por assim dizer, todos os homens. Pois se um homem que ama fosse visto pela pessoa amada abandonando a fileira ou largando o escudo, menos irresoluto se mostraria que se fosse visto por qualquer outra pessoa. Preferiria morrer. E se abandonar a pessoa amada ou não a socorrer no perigo — ninguém é tão covarde que o próprio Eros não o inspire para a virtude e o iguale ao mais corajoso por natureza.

b Sem nenhum artifício, o que Homero disse, que "o deus inspira força a alguns heróis", Eros proporciona aos amantes, como se originado de si mesmos.

Somente os amantes se dispõem a morrer por quem amam, e não apenas os homens, mas também as mulheres. Quanto a isso, também a filha de Pélias,[46] Alceste,[47] oferece suficiente testemunho a favor desse argumento aos gregos, visto que foi a única que quis morrer por seu marido, mesmo tendo ele pai

c e mãe, os quais ela ultrapassou em afeto, a ponto de mostrá-los como estranhos ao filho, eles, que eram parentes apenas no nome; e quando ela assim procedeu, realizou um belo feito não somente aos homens mas também aos deuses, já que muitos realizaram belas ações, mas os deuses concederam a poucos o privilégio de permitir que a alma retornasse do Hades,[48] mas concederam a ela por estarem

d satisfeitos com seu feito; assim também os deuses honram sobretudo o zelo e a virtude no amor. Mas Orfeu,[49] filho de Eagro,[50] eles mandaram de volta do Hades sem conseguir nada, mostrando-lhe um fantasma da sua mulher, pela qual viera, mas não a entregaram, porque o consideravam fraco. Como citaredo que era, não teve a coragem de morrer por amor como Alceste; ao contrário, tentou por todos os meios entrar vivo no Hades. Em consequência disso, eles lhe impuseram um castigo e fizeram com que sua morte ocorresse pelas mãos das mulheres;

e não o honraram como a Aquiles,[51] filho de Tétis,[52] que enviaram às Ilhas dos Bem-Aventurados.[53] Ele soube pela mãe que morreria se matasse Heitor[54] e que voltaria para casa e morreria velho se escolhesse não o matar, e mesmo assim teve a ousadia de preferir, quando socorreu seu amante Pátroclo[55] e

180a o vingou, não somente morrer por ele mas também morrer porque ele já estava morto. Por isso os deuses, profundamente satisfeitos, honraram-no com distinção, porque ele tinha tanta estima pelo seu amante. Ésquilo[56] fala à toa quando afirma que Aquiles amava Pátroclo, que ele não somente era mais belo que Pátroclo como também excedia em beleza todos os heróis, apesar de imberbe e muito mais jovem, como disse Homero. Na realidade, os deuses honram mais essa virtude no

b amor; ficam mais maravilhados, admiram e o recompensam quando o amado ama o seu amante do que quando o amante ao amado. Porque o que ama é mais divino que o amado, pois ele é possuído por um deus. Por isso também eles honraram mais Aquiles que Alceste, enviando-o às Ilhas dos Bem-Aventurados.

Assim, eu digo que Eros, dentre os deuses, é o mais antigo, o mais honrado e o mais poderoso para aquisição da virtude e da felicidade entre os homens, vivos e mortos.

c Tal foi mais ou menos o discurso que Fedro proferiu, Aristodemo me disse. Depois de Fedro houve alguns outros dos quais Aristodemo não se lembrava muito bem; passando-os, relatou-me o discurso de Pausânias. Este disse:

— Não me parece belo, Fedro, o modo como nos foi proposto o discurso; o convite para elogiar Eros foi simples demais. Pois, se Eros fosse um só, o discurso teria bastado, mas, na realidade, ele não é um só; não sendo um só, é mais correto primeiro

d dizer qual se deve elogiar. Tentarei consertar a situação e dizer a qual Eros se deve elogiar, para então fazê-lo de modo digno. Pois todos sabemos que não há Afrodite sem Eros. Então, se Afrodite fosse uma, um também seria Eros; já que há duas, é necessário que existam dois Eros. Como não são duas deusas? Uma, certamente, a mais velha e sem mãe, é filha de Urano,[57] e a chamamos também de Urânia; a outra, mais nova, é filha de Zeus e Dione[58]

e e a chamamos de Pandemo.[59] É necessário então que chamemos de Pandemo o Eros que colabora com esta, e o outro, de Urânio. É claro que se deve elogiar todos os deuses, bem como tentar dizer o que cabe a cada um pela sorte. Pois toda ação é assim: realizada por si mesma, nem bela nem feia.

181a Por exemplo, dentre as coisas que agora nós fazemos, beber, cantar, conversar, não há nada intrinsecamente belo, mas sim na ação, como é feita, e como tal resulta; se é feita bem e corretamente, resulta bela; se não é feita corretamente, resulta feia. E assim também é o amor, e Eros não é todo ele belo nem digno de ser elogiado, mas o que nos conduz ao amar belamente.

O Eros de Afrodite Pandemo, em verdade, é

b popular e realiza o que lhe acontece; esse é o que os homens ordinários amam. E os tais amam, em primeiro lugar, não menos as mulheres que os jovens, e amam mais os corpos que as almas; além disso, como são capazes dos atos mais tolos, olham para o ato sem se preocupar se procedem de maneira bela ou não; por conseguinte, agem como bem entendem e pouco se importam se o que fazem é bom ou não. Pois esse é o amor da deusa mais jovem,

c em cujo nascimento participa tanto o feminino como o masculino. O outro é o da Urânia, que, em primeiro lugar, não participa do feminino, mas somente do masculino — e esse é o amor dos jovens —; segundo, é a mais velha, isenta de violência; por isso os inspirados por esse amor se voltam ao masculino e afeiçoam-se ao que é mais forte por natureza e possui mais inteligência. Também se pode reconhecer nessa mesma pederastia os que são autenticamente

d movidos por esse amor; pois não amam os jovens, a não ser quando começam a ter alguma inteligência, que começa a nascer junto com a barba. Pois estão preparados, penso, os que começam desde então, a amar pela vida toda e a viver juntos, mas não para enganar, depois de pegar um jovem por sua falta de entendimento, e ir embora rindo dele e avançando sobre outro. Seria preciso uma lei para que proibisse

e amar os jovens, a fim de que não desperdicem muita atenção com algo incerto; pois o fim dos jovens é desconhecido, no que concerne ao vício e à virtude do corpo e da alma. Os homens bons estabelecem de bom grado essa lei para si mesmos, mas seria preciso ainda obrigar os amantes populares a algo dessa natureza, como também, na medida do que nos for possível,

182a as mulheres livres. Pois esses são os que cometeram a infâmia, a ponto de alguns ousarem dizer que é vergonhoso conceder favores aos amantes. E o dizem prestando atenção neles, vendo sua falta de tato e de justiça, pois a ação feita com ordem e norma não pode com justiça receber censura.

Além disso, a lei sobre o amor em outras cidades é fácil de entender, pois é definida de maneira simples. Mas a daqui,
b e também a da Lacedemônia,[60] é complexa. Na Élide,[61] com efeito, e entre os beócios, e onde os homens não falam, simplesmente está instituído que é belo conceder favores aos amantes, e ninguém poderá dizer, nem jovem nem velho, que isso é vergonhoso, penso, para que não tenham aborrecimentos ao tentar persuadir os jovens pela palavra, por não serem capazes de falar; na Iônia[62] e em muitos outros lugares, entre os que habitam sob o domínio dos bárbaros, está instituído que isso é vergonhoso. Entre os bárbaros, por causa das tiranias, isso é vergonhoso, como também
c a filosofia e o gosto pela ginástica; já que, penso eu, não convém aos governantes que pensamentos elevados nasçam entre os seus governados, nem amizades e sociedades sólidas, o que de fato mais que todas as outras coisas costuma inspirar o amor. Na prática, os tiranos daqui[63] aprenderam isso; pois o amor de Aristogíton[64] e a amizade de Harmódio,[65] que se tornaram firmes, destruíram o seu poder. Portanto, onde foi instituído que é vergonhoso
d conceder favores aos amantes, isso se deve à maldade dos que assim determinaram, à ambição dos governantes e à covardia dos governados; e onde simplesmente se instituiu que é belo, foi por causa da ociosidade da alma dos legisladores. Aqui, algo muito mais belo que foi instituído e, como eu disse, não é fácil entender. Pensa-se que é mais belo amar abertamente que em surdina, sobretudo os mais nobres e melhores, ainda que sejam mais feios que outros, e, por outro lado, o estímulo geral aos amantes é admirável, não é considerado vergonhoso; se a conquista é bem-sucedida, a todos parece bela, do contrário, a todos parece algo feio,
e e na tentativa de fazer uma conquista, a lei concedeu aos amantes a oportunidade de serem elogiados por realizar ações assombrosas, que, se visassem qualquer outro objetivo,
183a colheriam as maiores censuras da filosofia — pois, se alguém quisesse receber dinheiro de alguém, ou ter um cargo público, ou

algum outro poder, recursos estes que os amantes utilizam com seus amados quando tentam conquistá-los, pronunciando juramentos, dormindo em suas portas, querendo servir-lhes, fazendo coisas que nem mesmo um escravo faria, seria impedido tanto pelos amigos como pelos inimigos,

b porque uns o censurariam por adulação e servilismo, outros o admoestariam e o envergonhariam por isso — mas no amante que faz coisas assim há graça, e lhe é permitido pela lei agir sem censura, como se realizasse uma ação belíssima; e o que é mais estranho, como diz a maioria, é que, quando faz seus juramentos, somente ele obtém o perdão dos deuses se transgredi-los, pois dizem que o juramento de amor não existe; assim,

c os deuses e os homens permitem ao amante fazer tudo, como diz a lei daqui. Com isso, poder-se-ia pensar que é considerado belíssimo nesta cidade ser amante e ser amigo dos amantes. Entretanto, quando os pais não permitem aos amados conversar com os amantes e contratam pedagogos,[66] os quais encarregam de fazer com que sua vontade seja cumprida, ainda que seus coetâneos e companheiros os censurarem se veem algo assim acontecer; e os que insultam, por sua vez,

d não impedem os mais velhos nem os censuram por não falar com correção, alguém, por outro lado, em tal circunstância, poderia pensar que o oposto disso é considerado vergonhoso aqui. O que há, penso, é o seguinte: não é algo simples, como foi dito no início, que em si não é belo nem feio, mas se bem feito é belo, se feito vergonhosamente é feio. Então, é vergonhoso conceder favores a um maldoso que age mal, enquanto é belo conceder favores a um honesto. É malvado aquele amante popular,

e que ama mais o corpo que a alma; não é estável, porque ama uma coisa que não é duradoura. À medida que murcha a flor do corpo que ele amava, ele "vai embora voando", desonrando promessas e muitas palavras. Mas aquele que é amante de um caráter honrado permanece pela vida toda, porque se une ao que é duradouro. De fato, a nossa lei quer

184a provar isso bem e belamente, para agradar a uns e afugentar outros. Por isso é que ela incita os amantes a perseguir e os amados a fugir, arbitrando e colocando à prova qual dos dois é o amante e qual é o amado. Assim, por essa razão, considera-se vergonhoso, em primeiro lugar, deixar-se conquistar logo, pois o passar do tempo atesta bem muitas coisas; em seguida, é infame aquele que se deixa conquistar pelo dinheiro e pelos poderes políticos,

b quer tenha sido intimidado e cedido aos maus-tratos, quer seja beneficiado em dinheiro ou pelas práticas políticas, quer porque não as despreze; pois nenhuma dessas coisas é segura ou estável, e delas não pode nascer sequer a amizade. Um único caminho resta pela nossa lei, se o amado tem a intenção de agradar o seu amante. De acordo com nossa lei, é lícito portar-se voluntariamente como escravo

c do amado, sem que isso seja considerado adulação ou algo repreensível; além dessa, resta somente uma outra forma de servidão voluntária, não censurável: a que se baseia na virtude. Pois está estabelecido entre nós que, se alguém quer servir a outro, pensando que assim se tornará uma pessoa melhor, mais sábia ou mais virtuosa, essa servidão voluntária não é uma vergonha nem uma adulação. Deve-se aproximar essas duas leis ao mesmo princípio, o do amor aos jovens e

d o do amor à sabedoria e às outras virtudes, se houver a intenção de que resulte em algo belo que o amado conceda favores ao amante. Quando o amante e o amado alcançam o mesmo princípio, cada um tendo a sua lei, um servindo ao amado que lhe agrada, em tudo o que for justo, o outro ajudando quem o ajuda a se tornar sábio e bom, em tudo o que for justo; um agindo em prol da inteligência

e e das demais virtudes, o outro em necessidade de melhorar quanto a sua educação e sabedoria; apenas assim, quando essas leis se encontram em um único princípio, coincide ser belo agradar o amado. Nessa circunstância, também não é vergonhoso ser enganado, mas em qualquer outra, sim. Pois se alguém,

185a após agradar um amante apenas por sua riqueza, com o objetivo de tornar-se rico, fosse enganado e não recebesse dinheiro, porque o amante revelou-se pobre, em nada seria menos vergonhoso; pois parece que tal tipo mostra sua verdadeira natureza, alguém que por dinheiro serviria a qualquer um e se submeteria a qualquer coisa, e isso não é belo. Conforme esse mesmo argumento, também quando alguém agradar a quem é bom, para que ele mesmo se torne melhor pela amizade do amante, se for enganado, e revelada a maldade daquele

b e a virtude que ele não possui, do mesmo modo, belo seria o engano; parece que também esse indivíduo mostrou sua verdadeira natureza: por causa da virtude e para se tornar melhor, faria qualquer coisa por qualquer um, e isso é o que há de mais belo. Assim, em tudo é completamente belo agradar pela virtude. Esse é o amor da deusa celeste, celeste também ele, e é de muito valor para a cidade e para os indivíduos, porque obriga o amante e o amado a prestar muita atenção

c em si mesmos e no outro em prol da virtude; e todos os outros amores são da outra, da deusa popular. Esta é, Fedro, a contribuição que lhe dou sobre Eros — concluiu ele, como de improviso.

E tendo Pausânias parado por um momento — pois assim os sábios me ensinaram a falar, em termos iguais —, Aristodemo me disse que Aristófanes tomaria a palavra, mas, por excesso de comida ou por alguma outra razão, teve um ataque de soluço, que o impediu,

d e então se dirigiu ao médico Erixímaco, que se reclinava próximo a ele: — Erixímaco, justo é que cesses o meu soluço ou que fales por mim, até que eu me recomponha. E Erixímaco lhe respondeu:

— Farei ambas as coisas. Falarei em teu lugar, e tu, quando parares com o soluço, falarás no meu. Enquanto eu falo, podes prender a respiração para ver se para o teu soluço; caso não, gargareja

e com água. Mas, se assim tão forte, pega algo com o que possas irritar teu nariz e espirrar; se fizeres isso uma ou duas vezes, ainda que o soluço seja muito forte, parará.

— Não poderás falar primeiro — disse Aristófanes —, eu é que falarei.

Então Erixímaco disse:

— Parece-me então que é necessário, já que Pausânias começou bem o seu discurso, mas não o

186a concluiu satisfatoriamente, que eu ponha um fim no discurso. Quanto a Eros ser duplo, parece-me que isso foi bem definido; mas não existe somente nas almas dos homens e para as coisas belas, mas também em muitos outros lugares e para muitas outras coisas, nos corpos de todos os animais, nas plantas que nascem na terra e, por assim dizer, em todas as coisas existentes, parece-me que tenho observado isso na medicina, a nossa

b arte; como o deus é grande e admirável e em tudo está presente, tanto nos assuntos humanos como nos divinos. Começarei falando da medicina, a fim de que honremos a nossa arte. Pois a natureza dos corpos tem este duplo Eros: o saudável e o doente, por consenso, diferente e desigual, e o que é desigual deseja e ama os desiguais. Portanto, um é o amor no que está saudável, e outro é o amor no que está doente. De fato, é tal como Pausânias há pouco dizia, que agradar aos homens bons é belo

c e aos licenciosos é feio, assim também no corpo há coisas boas e saudáveis, e agradá-las é belo e necessário, e isso é o que recebe o nome de medicina, mas às coisas más e doentes deve-se desagradar, se alguém tiver a intenção de ser um profissional. Pois é a medicina, para falar resumidamente, a ciência dos assuntos amorosos do corpo no que diz respeito à repleção e à evacuação, e aquele que distingue neles o amor

d belo e o vergonhoso, esse é o mais hábil médico, bem como aquele que é capaz de transformá-los, de modo que se possua um tipo de amor em vez do outro; e é um bom profissional o que sabe fazer nascer o amor naqueles em que não há, mas em que deve haver, bem como o remover, quando há. Pois deve ser capaz de transformar os elementos inimigos existentes no corpo em elementos amigos e fazer com que se amem uns aos outros. Os mais inimigos são os mais contrários, o frio e o quente, o amargo e o doce, o seco e o úmido,

e e assim por diante; por ter sabido infundir amor e concórdia neles, o nosso ancestral Asclépio,[67] como dizem estes poetas[68] aqui, como eu também acredito, fundou a nossa arte. Então, a medicina, como digo, é toda comandada

187a por esse deus, assim como a ginástica e a agricultura; e também a música, pois é evidente para qualquer um que preste um pouco de atenção que o mesmo pode ser dito em relação a ela, como talvez também Heráclito[69] queira dizer, visto que não se expressa bem em suas palavras. O uno, ele diz, "discordando em si mesmo, consigo mesmo concorda,[70] como a harmonia do arco e da lira".[71] É absurdo afirmar que uma harmonia seja discordante ou que provenha do que é discordante. Talvez quisesse dizer o seguinte: que anteriormente provinha do discordante,

b do agudo e do grave, que logo em seguida se tornaram concordes graças à arte musical. Pois não há dúvida de que não poderia haver harmonia entre o agudo e o grave se fossem provenientes de elementos discordantes. Pois a harmonia é uma consonância, e a consonância é uma concordância — e concordância vinda de coisas discordantes, enquanto discordam, é algo impossível; e, por outro lado, o que é discordante e não concorda é impossível de harmonizar — como o ritmo do rápido e

c do lento, que antes eram divergentes e depois se tornaram concordes. A concordância entre todos esses elementos, como lá foi a medicina, aqui é a música que se sobrepõe, incutindo amor e concórdia uns pelos outros; e, por sua vez, a música é, em relação à harmonia e ao ritmo, a ciência dos assuntos amorosos. No próprio arranjo da harmonia e do ritmo não é nada difícil reconhecer os assuntos do amor, e não há em nenhum lugar aqui o duplo amor. Mas, quando é preciso que os homens utilizem

d o ritmo e a harmonia, ou os compõem, o que chamam de composição musical, ou usam corretamente melodias e metros já compostos, o que chamam de educação, o que é de fato difícil, nesse momento é preciso um bom profissional. Pois novamente surge o mesmo argumento, que tanto os homens disciplinados como os que jamais o foram devem agradar e proteger o seu amor para que se tornem mais disciplinados, e esse amor é o belo, o celeste,

e o Eros da musa Urânia;[72] o de Polímnia,[73] por outro lado, é o popular, que se deve trazer com cautela para que se colha o seu prazer e não se introduza nenhuma licenciosidade, do mesmo modo como na nossa arte é importante fazer bom uso dos apetites da arte culinária, para colher o seu prazer sem doença. Na música, na medicina e em todas as outras questões, tanto humanas como divinas, na medida do possível, deve-se vigiar os dois Eros, pois há ambos nelas.

188a Visto que até mesmo a composição das estações do ano está repleta deles, quando acontece um amor moderado entre os contrários que acabei de mencionar, como o quente e o frio, o seco e o úmido, e se obtêm uma harmonia e uma fusão moderada, ele traz prosperidade e saúde aos homens, aos animais e às plantas e não causa nenhum dano; mas quando Eros, desmesurado, torna-se mais forte nas estações do ano, danifica e destrói muitas coisas.

b Assim costumam nascer as pestes, bem como muitas e variadas doenças de animais e plantas; geadas, granizos e pragas de plantações nascem do excesso, da desordem de tais amores, cujo conhecimento do curso dos astros e das outras estações se chama astronomia. Todos os sacrifícios e as coisas que a mântica[74] regula — e neles se dá o acordo entre deuses

c e homens — não são sobre outra coisa senão a proteção e a cura de Eros. Toda impiedade costuma nascer se alguém não agrada ao Eros moderado nem o honra e o respeita em toda ação, mas ao outro, tanto em relação aos pais, vivos ou mortos, como em relação aos deuses; por isso se convencionou que cabe à mântica vigiar e curar os amores, assim como é ela também

d artífice da amizade entre deuses e homens, pelo conhecimento dos assuntos amorosos que, entre os homens, se inclinam para a lei divina e a piedade.

Assim, múltiplo e grande, ou melhor, onipresente, em geral, é todo Eros, mas aquele que em torno das coisas boas se manifesta, com a temperança e a justiça, tanto em nós como nos deuses, esse tem o maior poder e nos proporciona toda felicidade para que possamos conviver uns com os outros e sermos amigos uns dos outros e dos que são mais poderosos que nós, os deuses. Talvez

e também eu, ao elogiar Eros, esteja deixando muitas coisas por dizer, mas não voluntariamente. Mas, se deixei de dizer algo, é teu trabalho, Aristófanes, completar; ou, se tens em mente elogiar o deus de outro modo, elogia, já que o teu soluço acabou.

189a Então Aristodemo me contou que, interrompendo-o, Aristófanes disse:

— Sim, acabou, mas não antes de eu espirrar, o que me fez pensar, não sem espanto, se meu corpo deseja tais barulhos e cócegas, como é o espirro, para manter-se em ordem; pois muito rápido parou, depois que eu lhe apliquei o espirro.

E Erixímaco lhe disse:

— Meu caro Aristófanes, vê o que fazes. Gracejas quando estás prestes a falar, e me obrigas a atentar para o caso de dizeres algo risível.

b Aristófanes, rindo, disse:

— Falas sensatamente, Erixímaco, que não esteja dito por mim o que foi dito. Mas não me vigies, porque receio que eu não vá dizer nada risível — pois isso seria um benefício e algo característico da nossa musa —, mas sim algo ridículo.

— Depois de atirar a pedra, Aristófanes, pensas que escaparás! Mas toma cuidado com tuas palavras — respondeu Erixímaco. —

c Se me parecer bom o que dirás, entretanto, eu te liberarei.

— Sem dúvida, Erixímaco — disse Aristófanes —, tenho em mente falar de modo diferente de como tu e Pausânias falaram. Pois parece-me que os homens não perceberam inteiramente o poder do amor, visto que, se tivessem percebido, preparariam os maiores templos e santuário para ele e oferecer-lhe-iam os maiores sacrifícios, não como agora, que nada disso lhe dedicam, embora devessem. Pois é o amor o mais filantropo

d dos deuses, protetor dos homens e médico das doenças, que, se curadas, a raça humana teria a maior das alegrias. Eu então tentarei explicar-vos o seu poder e vós sereis os professores dos demais. Mas, primeiro, vós deveis conhecer a natureza humana e suas paixões. Pois a nossa antiga natureza não era a mesma de agora, mas diferente. Primeiro havia três sexos humanos, não dois, o masculino e o feminino,

e mas também havia um terceiro, que tinha participação em ambos, do qual agora resta um nome, mas esse desapareceu: o andrógino, o único, quanto à forma e ao nome, que tinha participação em ambos os sexos, masculino e feminino, e agora não resta nada além de um nome posto em censura. A forma de cada indivíduo era toda esférica, com costas e flancos em forma de círculo, e havia quatro mãos e quatro pernas, e dois rostos completamente

190a semelhantes sobre um pescoço circular; uma única cabeça para ambos os rostos colocados em direções opostas, e quatro orelhas, dois órgãos sexuais, e todo o resto que deles alguém poderia imaginar. Caminhava ereto tal como nós, para qualquer uma das duas direções que quisesse; mas, quando começavam a correr rapidamente, como os acrobatas, giravam as pernas em posição vertical e davam cambalhotas em círculo. Nesse momento, rapidamente apoiavam seus membros, que então eram oito, e, após apoiá-los, moviam-se em circulo. E por isto havia

b três sexos: o masculino era em sua origem descendente do sol; o feminino, descendente da terra; e o andrógino, descendente da lua, porque também a lua tem características de ambos os sexos. E eram esféricos, tanto eles como a sua marcha, por serem semelhantes aos seus genitores. Eram extraordinários quanto à força e ao vigor, tinham um grande orgulho e atacaram os deuses, e o que diz Homero[75] sobre Efialtes[76] e Oto[77] diz-se também sobre os andróginos, que tentaram subir ao céu,

c a fim de atacar os deuses. Então Zeus e os demais deuses deliberaram sobre o que deviam fazer, mas não chegaram a uma conclusão; pois não podiam matá-los, como fizeram com os gigantes, extinguindo sua raça, pois as oferendas e os templos dos homens dedicados a eles desapareceriam, nem permitir que fossem insolentes. Após refletir profundamente, Zeus disse: "Parece-me que tenho um artifício para que os homens continuem existindo, mas sem seu desregramento,

d enfraquecidos. Pois agora eu os cortarei em duas partes, e não somente serão mais fracos como também nos serão mais úteis, já que estarão em maior número; e andarão eretos sobre duas pernas. Se ainda nos parecerem insolentes e não quiserem se manter calmos, novamente eu os cortarei em duas partes, de modo que se locomoverão pulando com uma perna só". Após dizer isso, cortou os indivíduos em duas partes, como os

e que cortam sorveiras[78] para conservá-las em salmoura, ou tal como os que cortam os ovos com os cabelos; e cada um que cortava, ordenava a Apolo[79] que lhe virasse o rosto e a metade do seu pescoço para a direção do corte, a fim de que visse o próprio corte e se tornasse um homem mais moderado, e ordenava que curasse o resto. E Apolo lhes virava a face, juntando a pele de todas as partes no que agora se chama ventre, como bolsas fechadas, fazia uma abertura e as atava no meio, criando o que chamam de umbigo. Quanto ao restante das pregas da pele,

191a ele poliu e ajustou, criando as articulações peitorais, com um instrumento semelhante ao que os sapateiros usam para polir sobre a forma as pregas dos sapatos; e deixou umas poucas pregas, as que estão em torno do ventre e do umbigo, como lembrança do antigo sofrimento. Depois que sua constituição natural foi cortada em duas partes, porque cada uma desejava unir-se a sua própria metade, envolvendo-se com as mãos e se entrelaçando umas nas outras, desejando viver juntas, morriam de fome e de

b estranha inação, por não quererem nada fazer longe uma da outra. E quando uma das metades morria e outra sobrevivia, a sobrevivente procurava outra e se entrelaçava nela, fosse a metade feminina — o que agora chamamos de mulher —, fosse a metade masculina; e assim pereciam. Apiedando-se deles, Zeus providenciou outro plano, e mudou os seus órgãos sexuais para a parte da frente — pois até esse momento os tinham para fora e procriavam e geravam

c não uns nos outros, mas na terra, como as cigarras, e transpondo-lhes assim o sexo para a frente fez com que a geração ocorresse uns nos outros, por intermédio do masculino e do feminino, e por causa disso, a fim de que no abraço não somente um homem se encontrasse com uma mulher e juntos gerassem a continuidade da espécie humana como também um homem, ao juntar-se a outro homem, teria plenitude no encontro, juntos repousariam, voltariam para os seus trabalhos e se preocupariam com as demais coisas da vida. Portanto, desde há muito tempo

d é o amor de uns pelos outros inato aos homens e restaurador da sua antiga natureza, tentando restabelecer a unidade e curar a natureza humana. Cada um de nós então é um símbolo do homem, porque fomos cortados, como os linguados, em dois; e cada um procura sempre o seu próprio símbolo. Portanto, os homens são metade do que antes se chamava andrógino, são afeiçoados às mulheres, e daí se origina a maioria dos adultérios,

e e o mesmo se dá com as mulheres, que, da mesma maneira, são afeiçoadas aos homens e também adúlteras. As mulheres que são corte de uma mulher, essas não prestam muita atenção nos homens, e voltam-se mais para outras mulheres, e assim se originam as chamadas companheiras.[80] E os que são cortes do sexo masculino perseguem os homens jovens, porque são parte dos homens, gostam deles e se alegram quando se deitam com eles e os abraçam,

192a e esses são os melhores jovens, porque são os de natureza mais corajosa. Alguns dizem que eles são despudorados, mas estão mentindo; pois não fazem isso por despudor, e sim por ousadia, coragem e virilidade, abraçam o que é semelhante a eles. Uma grande prova: quando se tornam adultos, os homens que são assim são os únicos que vão para a política. Quando se tornam homens,

b amam os jovens e não se ocupam do casamento e da procriação porque assim querem, mas porque são obrigados pela lei. Basta-lhes passar a vida solteiros, na companhia uns dos outros. Esses homens se tornam amantes e amigos dos jovens, sempre acolhendo o que lhe é aparentado. Quando então se encontram com a sua própria metade, tanto o amante dos jovens como qualquer outro, então, admiravelmente atordoados pelo afeto,

c pela intimidade e pelo amor, não querem, por assim dizer, afastar-se uns dos outros nem por pouco tempo. E são esses os que permanecem uns com os outros por toda a vida, sem saber dizer o que querem uns dos outros. Pois a ninguém poderia parecer que se trata apenas da relação sexual e por isso um se alegra convivendo com outro, com tão grande empenho; é evidente que alguma coisa deseja a alma de cada um,

d e, ainda que não possa verbalizar, adivinha o que quer e se expressa por enigmas. E se, enquanto estão deitados juntos, Hefesto[81] se apresentasse com seus instrumentos e lhes perguntasse: "O que quereis, homens, um do outro?" e se, após ficarem perplexos, de novo lhes perguntasse: "Será que desejais estar juntos o máximo possível um do outro, sem jamais se separar, nem de noite nem de dia? Pois, se desejais isso, quero fundi-los e

e soldá-los em uma coisa só, de modo que se tornem um só enquanto viveis, e quando morrerdes, por sua vez, lá no Hades em vez de dois mortos sereis um único; mas vede se quereis mesmo isso e se vos contentareis se isso acontecer!". Após ouvir tais palavras, sabemos que ninguém recusaria ou iria querer outra coisa, mas simplesmente pensaria ter ouvido o que há muito desejava, unir-se e fundir-se ao amado e tornar-se um só. A causa disso é que a nossa antiga natureza era a mesma e nós éramos inteiros; então, para o

193a desejo e a procura dessa integridade, há o nome amor. Antes disso, como digo, éramos unos, mas agora, por causa da nossa injustiça, fomos separados pelo deus, como os árcades pelos lacedemônios; e temamos, pois, se não formos moderados em relação aos deuses, podemos ser divididos novamente em dois e vagar, como os que estão esculpidos em relevo nas estrelas, serrados em dois bem no nariz, ficando como os dados partidos.[82] Por conseguinte, todo homem precisa exortar e obedecer a vontade dos

b deuses em tudo, a fim de que evitemos uns e encontremos outros, conforme Eros nos guia e comanda. Que ninguém faça algo que lhe seja contrário — e faça algo contrário àquele que é odiado pelos deuses —, pois, se somos seus amigos e estamos reconciliados com o deus, descobriremos e nos encontraremos com nossos amados, o que agora poucos conseguem. E não me interrompas, Erixímaco, satirizando o meu discurso, pensando que falo de Pausânias e Agatão — talvez

c também estes pertençam a essa espécie, e ambos são do sexo masculino —, pois eu falo de todos, homens e mulheres, que assim a nossa raça seria feliz, se cumprisse a finalidade do amor e se cada um encontrasse o seu próprio amado, retornando à sua antiga natureza. Se isso é o melhor, é certo que, dentro das atuais circunstâncias, devemos chegar o mais próximo possível disso, ou seja, encontrar um amado que por natureza esteja conforme ao nosso pensamento; e, de fato, se louvássemos o deus responsável,

d com justiça louvaríamos Eros, que nas presentes circunstâncias nos é o mais benéfico, por conduzir-nos ao que nos é inato e nos propiciar as maiores esperanças para o futuro, se mostrarmos respeito aos deuses, de restabelecer nossa antiga natureza e nos curar, tornando-nos bem-aventurados e felizes.

Este, Erixímaco — ele disse —, é o meu discurso sobre Eros, diferente do teu. Como te pedi, não o satirizes, a fim de que ouçamos os restantes,

e isto é, os outros dois, pois restam Agatão e Sócrates.

— Obedecer-te-ei — respondeu Erixímaco. — Pois, para mim, o teu discurso fluiu prazerosamente. E, se não soubesse que Sócrates e Agatão são hábeis nos assuntos do amor, muito me assustaria se não tivessem dificuldades com os argumentos, pelas muitas e diversas coisas que já foram ditas; mas, ainda assim, eu confio neles.

194a Então, Sócrates disse:

— Tu competiste bem, Erixímaco; se estivesses onde eu estou agora, onde, aliás, igualmente estarei quando Agatão tiver falado, terias muito medo e em tudo estarias como eu.

— Queres enfeitiçar-me, Sócrates — disse Agatão —, para que eu me perturbe com o pensamento de que a plateia está em grande expectativa de que vou falar bem.

— Mas eu seria um desmemoriado, Agatão — disse Sócrates —, **b** se visse a tua coragem e magnanimidade, quando subias no palco com teus atores e olhaste de frente tão grande plateia com a intenção de expor tuas palavras, sem de modo algum te abateres, e eu agora pensasse que tu te perturbarias por causa de nós, que somos uns poucos homens.

— O quê, Sócrates? — perguntou-lhe Agatão. — Não me consideras de fato tão cheio de teatro, a ponto de ignorar que, para quem tem bom senso, uns poucos sensatos são mais temíveis que muitos insensatos?

c — Não faria bem, Agatão — respondeu Sócrates —, se eu pensasse algo rude a teu respeito; mas sei bem que, se te encontrasses com uns poucos que considerasses sábios, ficarias mais preocupado com eles que com uma multidão. Mas receio que não éramos esses sábios — pois nós estivemos presentes lá e éramos parte da multidão —; se te encontrasses com outros sábios, rapidamente te envergonharias diante deles, se porventura estivesses fazendo algo vergonhoso; então, o que dizes?

— É verdade — respondeu.

— Não te envergonharias diante da multidão se estivesses fazendo algo vergonhoso?

d Então, Aristodemo contou-me que Fedro os interrompeu e disse:

— Meu caro Agatão, se respondes a Sócrates, pouco importa a direção que alguém venha a seguir, desde que tenha com quem conversar, principalmente se for com alguém belo. Eu ouço prazerosamente Sócrates dialogar, e é mister que me preocupe com o elogio a Eros ao ouvir vosso discurso; cumpramos, pois, com nossa obrigação ao deus e prossigamos.

e — Falaste bem, Fedro — respondeu Agatão —; nada me impede de falar; pois com Sócrates será possível conversar muitas vezes.

"Eu quero, em primeiro lugar, dizer como devo falar, e só então começar. Parece-me que os que falaram antes não elogiaram o deus, mas felicitaram os homens pelos bens que ele lhes concede; mas ninguém disse

195a qual é a natureza do deus. O único modo correto de elogiar a quem quer que seja com um discurso é explicar qual é a razão de suas ações. Assim, é justo que nós louvemos o amor primeiro por ele mesmo, por sua natureza, e só depois pelos seus dons. Eu digo que de todos os deuses que são felizes, se é permitido e lícito dizer, Eros é o mais feliz, por ser o mais belo e o melhor. É o mais belo por ser da seguinte natureza: em primeiro lugar, ele é o mais jovem dos deuses, Fedro. Uma grande

b prova ele mesmo oferece ao meu discurso, quando foge da velhice, que evidentemente é rápida, e avança sobre nós mais rapidamente do que deveria. De fato, Eros a odeia por natureza e nem se aproxima dela. Convive e está sempre em companhia dos jovens; pois está certo o antigo provérbio segundo o qual o semelhante sempre se aproxima do seu semelhante. Eu não concordo com muitas outras coisas, Fedro, não concordo que Eros seja mais velho que Crono[83] e Iápeto,[84] e

c digo que ele é o mais jovem dos deuses e é sempre jovem, e os antigos feitos dos deuses, dos quais Hesíodo e Parmênides falam, aconteceram por Ananké[85] e não por Eros, se eles dizem a verdade; pois não haveria castrações nem prisões, nem muitas outras coisas também violentas, se Eros estivesse entre eles, mas sim amizade e paz, como agora, que Eros reina entre os deuses. Portanto, ele é jovem, e além de jovem é delicado; é necessário

d um poeta, como foi Homero, para mostrar a delicadeza do deus. Homero diz que Ate[86] é uma deusa também delicada — que seus pés são delicados — e afirma:

seus pés são delicados; pois não sobre o solo
ela se move, mas sobre a cabeça dos homens.[87]

Então, parece-me que é uma bela prova de que ela é delicada, porque não caminha sobre o duro, mas sobre o macio.

e E nós utilizaremos a mesma prova em relação a Eros, que é delicado. Pois não caminha sobre a terra nem sobre os crânios, que não são muito macios, mas caminha e habita as coisas mais macias que existem. Ele estabeleceu sua morada nos caracteres e nas almas dos deuses e dos homens, mas não em todas as almas, pois naquela em que encontra um caráter duro ele vai embora, enquanto habita na que for suave. Então, sempre tocando com os pés e com todo o seu ser nos mais macios dentre os mais macios, é necessário que ele seja

196a o mais delicado. Portanto, é o mais jovem e o mais delicado; além disso, seu aspecto é fluido. Pois não seria capaz de em tudo se envolver nem de entrar e sair sem ser notado em cada alma se fosse duro. Uma grande prova de seu aspecto fluido e bem-proporcionado é a sua elegância, em razão da qual Eros reconhecidamente é diferente de todos; pois entre a deformidade e Eros há sempre uma guerra. A beleza da sua tez e o seu hábito de viver entre as flores são índices do deus; pois no que está sem flores

b e sem viço no corpo, na alma e em outra parte qualquer, Eros não se assenta, mas onde houver um lugar bem florido e perfumado, aí se senta e permanece.

Sobre a beleza do deus, já se disse o suficiente, embora ainda faltem outras coisas, sobre a virtude de Eros, em seguida, devo falar, e o mais importante é que Eros não comete injustiça nem contra um deus nem contra um homem, e que também não sofre injustiça nem de um deus nem de um homem. Pois ele mesmo não sofre nenhuma ação, se é que sofre algo — pois a violência não toca Eros —,

c tampouco ele mesmo age, pois qualquer um de bom grado serve Eros em tudo, e o que de bom grado concorda com o que está de bom grado, dizem "as leis, rainhas da cidade",[88] este é um justo. Além da justiça, ele participa da maior temperança. Pois, se concorda que a temperança é o domínio dos prazeres e dos desejos, nenhum prazer é mais dominante que Eros; e se inferiores, seriam dominados por Eros, e ele os dominaria, e, ao dominar os prazeres e os desejos, Eros seria extraordinariamente temperante. No tocante à coragem, a Eros

d "nem Ares[89] resiste".[90] Pois Ares não detém Eros, mas Eros detém Ares — o de Afrodite, como se diz[91] —, e o que detém é mais forte que o detido; e se detém o mais corajoso de todos, é por conseguinte ainda mais corajoso. Sobre a justiça, a temperança e a coragem do deus, foi dito o bastante; resta falar sobre sua sabedoria; na medida do possível, é preciso não deixar nada por dizer. Em primeiro lugar, para que eu também, por minha vez, honre a minha arte, como

e Erixímaco a dele, o deus é um poeta hábil, tanto que faz outros poetas; qualquer um pode se tornar poeta, "ainda que seja estranho às Musas",[92] desde que Eros o toque. E isso nos convém usar como testemunho, que Eros é um bom poeta, em geral, para toda criação inspirada pelas Musas;[93] pois o que alguém não tem ou não conhece não pode dar nem ensinar a outro.

197a Quanto à procriação de todos os seres vivos, alguém contestaria que não é pela sabedoria de Eros que nascem e crescem todos os seres vivos? Mas, quanto ao ofício das artes, não sabemos que aquele de quem o deus é professor se torna famoso e célebre, enquanto aqueles que Eros não toca permanecem obscuros? Apolo inventou a arte de atirar com o arco, a arte médica e a arte da adivinhação guiado pelo desejo e pelo amor,

b de modo que também ele poderia ser um aprendiz de Eros, assim como as Musas na arte musical, Hefesto na metalurgia, Atena[94] na tecelagem e Zeus na arte de governar deuses e homens. Por isso, os afazeres dos deuses foram organizados por Eros, quando ele nasceu, tendo em vista a beleza — pois o amor não está na feiura —; antes, como disse no início, muitas coisas terríveis aconteciam entre os deuses, como se diz, em virtude do reinado de Ananké; quando Eros nasceu, por causa do amor às coisas belas, originaram-se coisas boas para deuses e homens.

c Assim, Fedro, parece-me que Eros, sendo em primeiro lugar o mais belo e o melhor, é a causa dos bens dos demais. Ocorre-me algo também para falar em verso, que é o que ele faz:

paz entre os homens, e no mar tranquila
calmaria, leito dos ventos e sono no sofrimento.

d Ele nos esvazia do estranhamento e nos enche de familiaridade, possibilitando que convivamos uns com os outros em reuniões como esta, sendo nosso guia nas festas, nos coros e nos sacrifícios; provendo-nos de afabilidade e nos desprovendo da rudeza; cheio de benevolência, desprovido de hostilidade; propício e bom; contemplado pelos sábios, admirado pelos deuses; invejado pelos desafortunados, cobiçado pelos afortunados; pai do conforto, do requinte, da voluptuosidade, das graças, da atração, do desejo. Cuidadoso com as coisas boas, negligente com as más; no trabalho, no medo, no desejo, na

e palavra, é o melhor piloto, combatente, defensor e salvador perfeito, glória de todos os deuses e homens, o melhor e mais belo guia, a quem todo homem precisa seguir, belamente entoando cantos, participando na ode que Eros canta, enfeitiçando a mente de todos os deuses e homens.

Que este meu discurso, Fedro — ele disse —, seja consagrado ao deus, participando das partes divertidas e das coisas moderadamente sérias, na medida do que me for possível.

198a Depois que Agatão falou, Aristodemo disse-me que todos os presentes o aplaudiram, porque a fala do jovem havia sido apropriada para si mesmo e para o deus. Então Sócrates, olhando para Erixímaco, disse:

— Será que te parece, filho de Acúmeno, que não era necessário o medo que tive, e que não falei como um adivinho quando dizia há pouco que Agatão falaria admiravelmente, e eu me veria em situação difícil?

— Em partes — disse Erixímaco —, parece-me que falou como um adivinho quanto a Agatão falar bem; mas que tu ficarias em situação difícil, não acredito.

b — E como, bem-aventurado Erixímaco — disse Sócrates —, não me verei em situação difícil, eu ou qualquer outro que tenha a intenção de falar depois de tão belo e multiforme discurso? Não que as outras partes não tenham sido igualmente admiráveis, mas o final, pela beleza dos termos e das expressões, quem não ficaria maravilhado ao ouvi-lo? Já que penso que eu mesmo não seria capaz de falar algo tão belo, por vergonha teria ido

c embora, se pudesse. Pois também me lembrava do discurso de Górgias,[95] de modo que senti absolutamente o que foi dito por Homero.[96] Temia que, ao terminar, Agatão enviasse ao meu discurso a cabeça de Górgias,[97] hábil orador, e que eu mesmo me tornasse pedra, sem voz. Compreendi então que tinha sido ridículo quando concordei convosco

d em elogiar Eros depois de vós e quando disse que era hábil nos assuntos do amor, sem saber nada do assunto nem de como fazer o elogio. Por ingenuidade, eu pensava que devia dizer a verdade sobre o que está sendo elogiado e que isso seria possível, mas logo deveríamos escolher os elementos mais belos e organizá-los da maneira mais apropriada; e fui presunçoso, achando que falaria bem, como se eu soubesse a verdade sobre como fazer um elogio. Todavia, como se vê, não era esse o modo mais belo de fazer um elogio, mas reunir

e o maior número possível de elementos e o que há de mais belo em relação ao tema; se o que se diz é verdade ou não, não é uma questão importante. Pois o que se propôs antes, ao que parece, foi o modo como cada um de nós julgava que seria bom elogiar Eros, não como cada um o elogiaria. Por isso, então, discursastes e usastes todo argumento em favor de Eros, e dissestes que tal é sua natureza e que ele é a causa de tantos bens, para que

199a parecesse o mais belo e o melhor possível, e aos que não o conhecem — pois não se dirige aos que o conhecem — é evidente que o elogio é belo e notável. Mas eu não sabia como fazer um elogio, e, por não saber, concordei convosco que também eu o elogiaria na minha vez. "A língua então o prometeu, mas o coração não";[98] que fique para lá então. Pois não farei o elogio desse modo — eu não poderia —, mas, em verdade,

b se quiserdes, quero falar como posso, e não contra os vossos discursos, a fim de que não me exponha ao ridículo. Vê então, Fedro, se necessitas de um discurso dessa natureza, de ouvir verdades sobre Eros, com termos e palavras que me ocorrerem.

Então, disse Aristodemo, Fedro e os demais pediram que falasse como lhe conviesse.

— Antes, Fedro — disse Sócrates —, permita que eu faça algumas perguntas a Agatão, para que, tendo ele concordado em algumas questões, eu possa começar.

c — Permito — disse Fedro —, pergunta.

Em seguida, Sócrates começou, mais ou menos assim:

— Sem dúvida, caro Agatão, pareceu-me que proferiste bem o teu discurso, dizendo que primeiro se deve mostrar qual é sua natureza, quem é Eros e depois as suas obras. Agrada-me muito esse início. Vamos, então, já que discorreste bela e magnificamente sobre Eros, sobre quem ele é e tudo mais,

d diz-me o seguinte: Eros é de tal natureza para ser amor de algo ou de nada? Não pergunto se é o amor de uma mãe ou de um pai — pois seria ridículo perguntar se Eros é amor de mãe ou de pai —, mas, como se sobre isto mesmo, "pai", eu perguntasse; então, o pai é pai de alguém ou não? De fato me dirias, se quisesse responder bem, que o pai é pai de um filho ou de uma filha, ou não?

— Sim — respondeu Agatão.

— Portanto, também da mãe pode-se falar coisa semelhante?

Agatão concordou com isso.

e — Ainda assim — disse Sócrates —, responde mais umas perguntas, para que compreendas melhor o que quero. Pois se te perguntasse: E um irmão, ele mesmo, é irmão de alguém ou não?

Agatão respondeu que era.

— De um irmão ou de uma irmã, não é mesmo?

Ele concordou.

— Tenta — Sócrates disse —, falar-me sobre o amor. Eros é o amor de nada ou de algo?

— De algo.

200a — Então — disse Sócrates — guarda isso contigo e, lembrando-te de que coisa é o amor, diz-me somente isto: Eros deseja o que é amor ou não?

— Sim — Agatão respondeu.

— Quando tem o que deseja e ama, então o deseja e ama, ou quando o não tem?

— Quando não o tem, como é provável — ele respondeu.

— Examina — disse Sócrates — se, em vez de provável, não é necessário que seja assim: o que deseja uma coisa a deseja por estar desprovido dela, ou não a

b deseja se já a possui. Parece-me, Agatão, que é necessariamente assim; como te parece?

— Também me parece que seja assim — respondeu.

— Falas sensatamente. Será que alguém desejaria ser grande, se é grande, ou ser forte, se é forte?

— É impossível, pelo que já concordamos.

— Pois não teria necessidade alguma disso, se já o é.

— Dizes a verdade.

— Pois se o que é forte quisesse ser forte — disse Sócrates —, e o que é rápido quisesse ser rápido, e o que é saudável quisesse ser saudável — talvez alguém poderia pensar nisso e em

c coisas análogas, que os que têm essas qualidades também as desejam, e falo isso para que não nos enganemos —, estes, Agatão, se refletires, é necessário que tenham cada uma dessas qualidades que no momento presente já têm, quer queiram, quer não; quem desejaria ter o que de fato já tem? Mas quando alguém nos diz "eu, que estou saudável, quero também ser saudável", ou, "sendo rico, quero também ser rico", ou "desejo as mesmas coisas que tenho", respondemos: tu, homem,

d possui riqueza, saúde e força; queres também possuir isso no futuro, uma vez que no momento presente, quer queira, quer não, já possui; examina então se, quando dizes "desejo as coisas que já tenho", não queres dizer o seguinte: "quero ter também no futuro aquilo que tenho agora". Concorda com o que digo?

Aristodemo disse que Agatão concordou. Sócrates então disse:

— Portanto, isso é amar aquilo que se possui no presente e desejar ainda tê-lo no futuro?

e — Sim — ele respondeu.

— Então quem deseja, deseja o que não está disponível nem presente, o que ainda não tem, o que não é ele mesmo e aquilo de que necessita; não são coisas assim que desejamos e amamos?

— Sim — Agatão respondeu.

— Vamos, então — disse Sócrates —, reafirmemos nossa concordância sobre o que foi dito. Eros não é outra coisa senão, em primeiro lugar, amor de algo, depois, amor do que se tem necessidade?

201a — Sim — Agatão respondeu.

— Além disso, recorda aquilo que disseste sobre Eros em teu discurso. Se quiseres, eu te lembrarei. Penso que tu disseste algo assim, que os deuses organizaram seus assuntos pelo amor às coisas belas; pois às coisas feias não se tem amor. Não dizias algo assim?

— Disse — respondeu Agatão.

— E disseste isso de modo conveniente, companheiro — disse Sócrates —; e se é assim, não é verdade que Eros seria o amor à beleza, não à feiura? — Agatão concordou.

b — Portanto, concorda que ama aquilo que falta e que não se tem?

— Sim — ele respondeu.

— Então, Eros é desprovido de beleza e não a tem.

— Necessariamente — ele respondeu.

— O quê? O que é desprovido de beleza e de modo algum a possui, então, tu dizes que é belo?

— Não, de fato.

— Portanto, ainda concordas que Eros é belo, se isso assim é?

E Agatão disse:

— Se é assim, Sócrates, parece que nada sei do que disse antes?

c — Sem dúvida falaste bem, Agatão — disse Sócrates. — Mas diz-me uma pequena coisa ainda: as coisas boas não te parecem que também são belas?

— Sim, certamente.

— Ora, se Eros é desprovido de coisas belas, e se as coisas boas são belas, estaria desprovido também das coisas boas.

— Eu, Sócrates — disse Agatão — não poderia te contradizer, mas que seja como tu dizes.

— O que não podes contradizer é a verdade, estimado Agatão, pois Sócrates não é difícil de contradizer.

d Vou deixar-te já; mas o discurso sobre Eros que eu ouvi um dia de uma mulher de Mantineia,[99] Diotima,[100] que era sábia nessas e muitas outras coisas — um dia, enquanto os atenienses ofereciam sacrifícios pela peste, ela adiou a epidemia por dez anos, e foi ela quem me ensinou os assuntos do amor —, o discurso que ela dizia tentarei relatar-vos a partir do que foi acordado por mim e Agatão, sob a minha responsabilidade, como eu puder. Deve-se então, Agatão, como tu expuseste, em primeiro lugar,

e discorrer sobre Eros, sobre quem ele realmente é e sobre qual é a sua natureza, depois sobre suas obras. Parece-me que o mais fácil é fazer como a estrangeira fez outrora, que, enquanto me interrogava, fazia sua exposição. Pois então eu também dizia coisa parecida com o que Agatão agora me disse, que Eros era um grande deus, o deus das coisas mais belas; ela, por sua vez, me refutava justamente com os mesmos argumentos que usei para refutar Agatão, segundo os quais Eros não é belo nem bom. E eu lhe disse:

— Como dizes, Diotima? Então Eros é feio e mau?

E ela respondeu:

— Não te calarás? Ou pensas que o que não é belo é necessariamente feio?

202a — Exatamente.

— Então o que não é sábio é necessariamente ignorante? Ou não percebeste que há algo entre a sabedoria e a ignorância?

— E o que seria?

— A opinião correta, mesmo quando não se é capaz de apresentar uma razão — ela disse —; o que não é conhecimento — pois como pode o conhecimento ser desprovido de razão? — nem é ignorância — pois como pode ser ignorância o que é verdade? —, mas sim algo intermediário.

— Dizes a verdade — eu lhe respondi.

b — Então não digas que o que não é belo é necessariamente feio, nem que o que não é bom é necessariamente mau. Assim também é Eros; tu mesmo concordas que ele não é bom nem belo, mas não penses que ele deva ser feio e mau, porque ele é algo intermediário — ela disse.

— Sem dúvida — disse eu —, todos o reconhecem como um grande deus.

— Falas a respeito de todos os que sabem — ela disse — ou de todos os que não sabem?

— De todos.

E ela, sorrindo, disse:

— E como, Sócrates,

c Eros poderia ser reconhecido como um grande deus por aqueles que dizem que ele nem mesmo é um deus?

— Quem diz isso?

— Um és tu, e o outro sou eu — ela me respondeu.

— Como dizes?

— É fácil de entender. Diz-me: não afirmas que todos os deuses são felizes e belos? Ou ousarias dizer que algum dentre os deuses não é belo e feliz?

— Por Zeus, eu não.

— E dizes que são felizes aqueles que possuem o que é belo e bom?

— Sim.

d — Em verdade, concordaste que Eros deseja as coisas boas e belas justamente porque não as possui?

— Concordei.

— Como pode ser um deus aquele que não participa do que é bom e belo?

— Isso não seria possível.

— Vês então que tu não consideras Eros um deus?

— O que poderia ser Eros? Um mortal?

— De modo algum.

— Mas o que seria, então?

— Como nos exemplos anteriores, um intermediário entre o mortal e o imortal.

— Como, Diotima?

— Um grande nume, Sócrates; pois tudo o que é nume

e está entre o divino e o mortal.

— Que poder tem um nume? — eu lhe perguntei.

— O nume interpreta e transmite aos deuses os assuntos dos homens e aos homens os assuntos dos deuses, de uns as preces e os sacrifícios, de outros as ordens e as recompensas; no meio de ambos, ele os completa, unindo-os. E por intermédio dele é transmitida a arte dos profetas e dos sacerdotes, os sacrifícios, as iniciações

203a e os encantamentos, e também toda a mântica e a magia. Um deus não se mistura com um homem, mas por meio do nume se dá a comunhão e o diálogo dos deuses com os homens, acordados ou dormindo; e um homem numinoso é sábio em assuntos dessa natureza, enquanto o outro que é sábio em coisas diferentes, quer nas artes, quer em trabalhos manuais, é um artesão. Esses numes são muitos e multiformes, e Eros é um deles.

— Quem é o seu pai? E a sua mãe? — eu lhe perguntei.

b — É uma longa explicação; mas, mesmo assim, eu te direi. Quando Afrodite nasceu, houve um banquete entre os deuses, no qual também estava Poros,[101] o filho de Métis.[102] Depois que acabaram de jantar, chegou Penia,[103] mendigando pelo banquete, e ficou à porta. Poros, embriagado de néctar — pois o vinho ainda não existia —, entrou no jardim de Zeus, sonolento, e adormeceu. Penia, em razão de sua carência de recursos, tramou gerar um filho de Poros, deitou-se

c ao lado dele e concebeu Eros. E Eros se tornou companheiro e servo de Afrodite, por ter sido gerado no dia do nascimento da deusa e, ao mesmo tempo, por ser naturalmente amante do belo, e Afrodite é bela. Por ser filho de Poros e Penia, tal foi a sorte de Eros. Em primeiro lugar, ele é sempre pobre e não é delicado nem belo, como pensa a maioria, mas sim duro,

d seco, descalço e sem casa, sempre sem cama e deitado no chão, adormecendo à beira das portas e nos caminhos a céu aberto; porque tem a natureza da sua mãe, está sempre inseparável da indigência. Por outro lado, conforme a natureza do seu pai, é ardiloso com o que é bom e belo, é corajoso, audacioso e firme, hábil caçador, sempre tramando algum ardil, e ávido de conhecimento e pleno de recursos, afeito à sabedoria, hábil feiticeiro, mago e sofista; não

e é mortal nem imortal por natureza, mas um dia floresce e vive, quando está pleno de recursos, e no outro, morre e revive, pela natureza de seu pai. Mas o que obtém sempre se esvai, de modo que Eros não é pobre nem rico e, por sua vez, está entre a sabedoria e a ignorância.

204a Pois assim é. Nenhum deus é afeito à sabedoria nem deseja ser sábio — pois já é —, assim como nenhum homem que já é sábio busca a sabedoria. Tampouco os ignorantes são afeitos à sabedoria ou desejam ser sábios; por isso a ignorância é penosa: quem não é belo nem bom nem sensato pensa estar sempre satisfeito. Ele não pode desejar aquilo de que não sabe que é desprovido.

— Quem são então, Diotima, os que são afeitos à sabedoria, se não são nem os sábios nem os ignorantes?

b — Isso é evidente até para uma criança. São os que estão entre uma coisa e outra, e entre eles está também Eros. Pois a sabedoria é uma das coisas mais belas, e Eros é o amor ao belo, de modo que é necessário que ele seja afeito à sabedoria e, por isso, está entre o sábio e o ignorante. E a sua origem é a causa disso; pois é filho de um pai sábio e pleno de recursos e de uma mãe tola e pobre. Então, essa é a natureza desse nume, querido Sócrates; com relação ao que tu pensaste que fosse Eros,

c não é nada espantosa a tua impressão. Pensaste, como pude deduzir do que disseste, que Eros fosse o amado, não o que ama; por causa disso, penso, Eros te parecia totalmente belo. Pois o amado é na verdade belo, terno, perfeito e afortunado; enquanto o que ama tem um caráter diferente, tal como eu descrevi.

E eu lhe disse:

— Muito bem, estrangeira, falaste bem! Sendo Eros como tal, qual utilidade ele tem para os homens?

d — É o que tentarei mostrar agora, Sócrates. Já falei sobre a natureza e o nascimento de Eros, e tu já compreendeste que ele visa às coisas belas. Se alguém nos perguntasse: Eros é o amor às coisas belas em que, Sócrates e Diotima? Ou, mais claramente: quando um homem ama o que é belo, o que ele deseja?

— Tê-lo para si.

— Mas sua resposta exige ainda a seguinte pergunta: que será daquele que tiver as coisas belas?

— Não tenho resposta para a sua pergunta.

e — Então deixa-me substituir a palavra belo por bom e perguntar novamente: Sócrates, o amante ama as coisas boas; o que ele ama?

— Tê-las para si.

— E o que será daquele que tiver as coisas boas?

— Isso eu posso responder mais facilmente: ele será feliz.

205a — Pois é pela aquisição das coisas boas que os felizes são felizes, e não há mais a necessidade de perguntar para que alguém deseja ser feliz. A resposta parece evidente.

— Dizes a verdade.

— Essa vontade é comum a todos os homens? Todos desejam para si o que é bom, ou não é assim?

— Esse desejo é comum a todos.

— Por que então, Sócrates, não dizemos que todos os homens amam,

b mas dizemos que uns amam e outros não?

— Também eu mesmo estou admirado.

— Mas não te admires; pois uma parte do amor está separada do todo, mas recebo o nome do todo, enquanto a outra parte recebe nomes diferentes.

— Como o quê?

— Sabes que poesia é algo complexo e multiforme. Toda o que surge do nada é poesia ou criação, e os processos de todas as artes são criativos;

c assim, os mestres das artes são poetas ou criadores.

— Dizes a verdade.

— No entanto sabes que eles não são chamados de poetas, mas têm outros nomes; apenas a parte que diz respeito à música e à métrica é chamada de poesia, e apenas os que possuem essa parte da poesia são chamados de poetas.

— Dizes a verdade.

d — Assim também é a respeito do amor. Em geral, todo o desejo do que é bom e de ser feliz é apenas o grande e ardiloso amor. Mas uns se dedicam a ele de muitos modos diferentes, seja nos negócios, seja no gosto pela ginástica ou pela filosofia, e não são chamados de amantes, enquanto outros, que se esforçam por um único tipo de amor, recebem o nome do todo: amor, amoroso e amante.

— É provável que dizes a verdade.

— E conta-se, de fato, uma história segundo a qual os que procuram **e** a sua metade são os que amam; mas o meu argumento é de que eles não estão procurando nem suas metades nem o todo, a menos que sua metade ou o todo sejam também bons. E eles são capazes de cortar seus próprios pés e mãos, se lhes parecer que essas partes são más para si eles. Pois eles não amam o que lhes pertence, penso, a não ser que alguém diga que aquilo que lhes pertence é bom e que é mau aquilo que pertence a outro. Pois os homens não

206a amam outra coisa senão o que é bom. Ou te parece que amam outra coisa?

— Por Zeus, a mim não.

— Então, assim é possível dizer simplesmente que os homens amam o que é bom?

— Sim.

—Não se deve acrescentar que amam também ter o que é bom?

— Sim, deve-se acrescentar.

— E não somente ter, mas ter sempre?

— Também isso se deve acrescentar.

— Então o amor — disse Diotima — pode ser descrito como o amor a posse perene daquilo que é bom?

— Dizes as coisas mais verdadeiras. **b** — Sendo assim, se essa é a natureza do amor, de que modo e em qual ação se poderia chamar de amor a diligência e o esforço dos que o perseguem? Qual é o objetivo deles, afinal? Sabes me dizer?

— Não, Diotima; se soubesse, não estaria admirado pela tua sabedoria nem te visitaria para aprender sobre esse assunto.

— Mas eu te direi. O que eles buscam é o nascimento belo, do corpo ou da alma.

— É preciso um adivinho para decifrar o que dizes; não compreendo.

c — Falarei mais claramente. Pois todos os homens concebem, Sócrates, no corpo e na alma. Há uma certa idade em que a nossa natureza anseia dar à luz. Mas não é possível dar à luz no que é feio, e sim no que é belo. Dar à luz é a união de um homem e de uma mulher, e esse é um feito divino; a fecundar e a gerar são um princípio imortal que existe nos mortais. Tais coisas são impossíveis sem harmonia.

d E o feio é desarmonioso em tudo o que é divino, enquanto o belo é harmonioso. Calone[104] então é a Moira[105] e a Ilítia[106] no nascimento. Por causa disso, quando a concepção se aproxima do belo, torna-se propícia, espalha alegria, dá à luz e gera; mas, quando se aproxima do feio, encolhe-se contrariada e atormentada, retrocede, dobra-se e não gera, mas retém o feto e o suporta penosamente. É por isso que ao que está sendo gestado, já túrgido, é grande a excitação suscitada

e pelo que é belo, porque o liberta da grande dor do parto. Pois o amor, Sócrates, não é apenas o amor das coisas belas, como tu pensas.

— Mas o que é exatamente?

— O amor da geração e da procriação no belo.

— Muito bem!

— Sim — ela disse.

— Mas por que então da geração?

— Porque a geração é algo eterno e imortal para um mortal. E é

207a necessário desejar a imortalidade junto com o bem, como concordamos, se é verdade que o amor é ter sempre o bem para si mesmo. Com base nesse raciocínio, é necessário que o amor seja também à imortalidade.

Tudo isso ela me ensinava sempre que falava sobre os assuntos do amor. Lembro que, certa vez, ela me perguntou:

— O que pensas, Sócrates, que é a causa do amor e do desejo? Não percebes como ele terrivelmente conduz todos os animais quando desejam procriar, tanto os terrestres quanto os alados, todos

b contagiados por ele, primeiro na união sexual uns com os outros, depois na criação da prole, quando até os mais fracos estão prontos para lutar para protegê-la contra os mais fortes e morrer; como eles, mesmo extenuados pela fome lutam para nutrir sua cria, e tudo mais são capazes de fazer? Poder-se-ia pensar que os homens agem assim racionalmente; mas, quanto aos animais, por que agiriam assim de modo tão passional?

c Podes me dizer?

E eu por minha vez disse que não sabia; e ela replicou:

— Pensas que um dia serás hábil nos assuntos do amor, se não compreenderes isso?

— Mas exatamente por não compreender, Diotima, como há pouco eu dizia, eu vim a ti, por reconhecer que preciso de professores. Mas diz-me também a causa disso e de outras coisas relativas aos assuntos do amor.

— Se assim acreditas, que o amor é por natureza próprio daquilo que é imortal, como muitas vezes concordamos, não te admires. Pois mais uma vez, e pelo

d mesmo motivo de antes, a natureza mortal procura, na medida do possível, sempre existir e ser imortal. Isso é possível somente por meio da procriação, porque deixa sempre um ser novo no lugar do velho. Na vida de um mesmo indivíduo há sucessão e não unidade absoluta; um homem é considerado sempre o mesmo no breve intervalo entre a juventude e a velhice, da mesma maneira como todo animal tem vida e identidade, ele passa por um processo perpétuo de perdas e reparações — cabelo, carne, ossos, sangue, todo o corpo está sempre mudando.

e Isso é verdade não apenas em relação ao corpo, mas também em relação à alma, cujos hábitos, caráter, opiniões, desejos, prazeres, sofrimentos, medos, nenhuma dessas coisas permanece a mesma em nenhum de nós, estão sempre indo e vindo. Mas ainda mais estranho para nós mortais é que também as ciências

208a não somente nascem e morrem, de modo que em relação a elas nunca somos os mesmos, mas também cada uma delas passa por mudanças semelhantes. Pois o que se chama praticar é na verdade pôr a ciência para fora; o esquecimento é a saída da ciência, enquanto a prática introduz novamente uma nova lembrança no lugar do que saiu, e mantém a ciência viva, de modo que ela pareça a mesma. Desse modo, preserva-se tudo o que é mortal, não por ser sempre exatamente o mesmo, como o

b divino, mas porque o que está partindo e envelhecendo deixa para trás outra coisa nova em seu lugar. Por esse artifício, Sócrates, o mortal participa da imortalidade, tanto o corpo como tudo o mais; com o imortal, todavia, dá-se algo diferente. Então não te admires que todo ser por natureza honre seu próprio rebento, pois graças à imortalidade que esse zelo e esse amor acompanha todo ser.

Após ouvir seu discurso, fiquei admirado e disse:

— Muito bem! Sapientíssima Diotima, então é essa a verdade?

c E ela, como os perfeitos sofistas, disse-me:

— Sabes bem, Sócrates; pense na ambição dos homens, e ficarás espantado com a sua insensatez, a não ser que reflitas sobre o que eu te disse, sobre como eles são movidos pelo amor à fama e à glória imortal. Estão sempre dispostos a se arriscar a todos os perigos, ainda mais que pelos

d filhos, gastar dinheiro e sofrer penas, quaisquer que sejam, e até mesmo morrer. Ou pensas que Alceste[107] morreria por Admeto,[108] ou que Aquiles morreria por Pátroclo, ou que morreria o vosso Codro[109] pela realeza dos filhos, se não pensassem que deixariam a lembrança imortal da sua própria virtude, a que agora nós temos? Longe disso, certamente, mas penso que todos fazem de tudo pela virtude imortal e pela fama gloriosa, quanto mais, melhor;

e pois amam o que é imortal. Aqueles então que são fecundos em seus corpos estão mais voltados para as mulheres e por isso são amorosos, pela imortalidade por meio da procriação, da memória e da felicidade, como pensam, que dure para sempre; mas há os que

209a são fecundos na alma — pois certamente há homens mais criativos em sua alma do que em seu corpo —; e alma concebe e dá à luz o que lhe cabe. E o que seria? O conhecimento e as demais virtudes, de que são procriadores todos os poetas e quantos artesãos se dizem inventores. Mas o maior e mais belo tipo de conhecimento é o que diz respeito à ordenação dos assuntos das cidades e das famílias, que recebe o nome de temperança e justiça. E aquele que na juventude

b carrega tais dons na alma, sendo de natureza divina, quando vem à idade, já deseja procriar e gerar; esse de fato procura em seu redor a beleza na qual possa engendrar; pois jamais engendraria no feio. E os corpos belos mais que os feios acolhe com alegria para fecundar, e quando encontra uma alma bela, nobre e bem desenvolvida por natureza, intensamente acolhe com alegria o conjunto, e para esse homem logo há a abundância de discursos sobre a virtude e sobre o que é preciso

c ao homem para que seja bom e tenta educá-lo. Pois, ao tocar o belo, penso, e ao estar em sua companhia, dá à luz o que há muito tempo havia concebido, relembrando sua presença em sua ausência, de modo que mantêm entre si uma comunidade muito maior que a dos filhos e uma amizade mais sólida, porque têm em comum filhos que são mais belos e mais imortais. E qualquer um receberia para si tais filhos que são mais que

d humanos, após prestar atenção em Homero e Hesíodo e nos demais poetas e emular os bons, porque deixaram tais descendentes, que lhes propiciam imortal glória e memória, sendo semelhantes a eles mesmos. Quem não iria querer filhos como os deixados por Licurgo,[110] salvadores da Lacedemônia,[111] salvadores da Lacedemônia e, por assim dizer, da Grécia. E há também Sólon,[112] reverenciado pela criação das leis atenienses, e muitos outros

e homens, de muitos outros lugares, tanto entre os gregos como entre os bárbaros, que mostrarem muitas e belas obras e geraram toda espécie de virtude; e muitos templos foram erguidos em honra a eles e por filhos como os que eles geraram, como nunca se ergueram por ninguém.

Tais então são os mistérios menores do amor, Sócrates, nos quais também tu

210a poderias te iniciar; quanto aos maiores e mais secretos, que coroam o tema, se procederes corretamente, não sei se serias capaz de iniciar-te. Contá-los-ei então eu mesma e não pouparei nenhum esforço; tenta acompanhar, se puderes. Pois aquele que perseguir corretamente esse assunto deve começar desde jovem a se dirigir aos belos corpos; em primeiro lugar, se seu guia o guiar corretamente, ele deve amar um único corpo e assim engendrar belos discursos; logo ele deve entender que a beleza

b de um corpo é irmã da de outro corpo; e se a beleza da forma é o que procura, muito irracional seria não reconhecer que a beleza é uma só e está em todos os corpos. Percebendo isso, deve abandonar esse amor arrebatado a uma só coisa, desprezá-lo e considerá-lo insignificante, e então tornar-se amante de todos os belos corpos; depois disso, deve-se considerar mais valiosa a beleza que está nas almas que a que está no corpo; ainda que alguém de alma virtuosa tenha pouco esplendor,

c ficará contente com ele, o amará e cuidará dele, e buscará e engendrará pensamentos que tornem os jovens melhores, a fim de que se seja, uma vez mais, obrigado a contemplar a beleza nos ofícios e nas leis e a ver que todo o belo tem parentesco consigo mesmo, para que considere a beleza do corpo algo insignificante; e depois dos ofícios, deve se conduzir para as ciências, a fim de que possa ver a beleza

d delas, não como um servo apaixonado pela beleza da juventude, de um homem ou de uma instituição, vil escravo de mente fechada, mas voltado para o imenso oceano do belo, e, contemplando-o, produza muitos belos e magníficos pensamentos e discursos no ilimitado afeto pela filosofia, até que, fortalecido e crescido, contemple uma única ciência, que é a ciência da beleza que está em toda parte.

e E tenta prestar a máxima atenção possível em mim. Pois aquele que foi conduzido até aqui nos assuntos do amor, por ter contemplado continua, e corretamente, o que é belo, indo para o mais alto grau dos assuntos amorosos, de repente contemplará algo admirável e belo por natureza, e isso, Sócrates, e a causa maior de todas as fadigas anteriores, algo que, em primeiro lugar,

211a sempre existe, não nasce nem perece, nem cresce nem diminui; depois, não é belo por um lado e feio por outro, nem belo em um lugar e feio em outro, ou belo agora e feio depois, ou belo para uns e feio para outros; nem se mostrará belo como um rosto como as mãos, nem nenhuma outra parte do corpo, nem como um discurso ou uma ciência, nem como algo que existe em outra coisa, como um ser vivo existe na terra ou no céu

b ou em algum outro lugar, mas algo belo em si mesmo, que sempre é único, enquanto todas as outras coisas belas participam dele, de tal maneira que, nascendo e morrendo em tudo o que é belo, permanece igual, nem maior nem menor, e não sofre nada. Quando então alguém ascende a partir das coisas deste mundo ao reto amor aos jovens e começa a contemplar o que é belo, quase poderia atingir o seu fim. Pois de fato esse é o modo correto de

c alcançar os assuntos amorosos ou de ser conduzido neles: começando pelas coisas belas, por causa do belo sempre subir, como se utilizasse degraus, de um só para dois e de dois para todos os belos corpos, e dos belos corpos para os belos ofícios, e dos ofícios para os belos conhecimentos, e dos belos conhecimentos para terminar no conhecimento não de outra coisa senão daquela beleza, para que se conheça o que é belo em si mesmo.

d Essa, mais do que qualquer outra, querido Sócrates — disse-me a estrangeira de Mantineia —, é a vida que um homem deve viver, a contemplação do que é belo em si mesmo. A beleza que, se um dia a vires, parecer-te-á diferente do ouro e das vestes, ou de belos jovens, cuja visão agora te satisfaz e com quem tu, como muitos outros, ficarias contente apenas de ver e estar sempre junto, mesmo sem comer nem beber, se isso fosse possível, bastando-lhe contemplá-los e estar perto deles. O que então pensaríamos, se alguém fosse capaz de contemplar

e o belo em si, autêntico, puro, sem mistura, não cheio de carnes humanas e cores e outras muitas tolices mortais, mas a divina beleza em si, única? Será que pensas que é fútil a vida

212a de um homem que olha para aquela direção e para aquilo que é necessário, e o contempla e convive com ele? Ou não consideras que somente quando vir a beleza da maneira como ela pode ser vista, então lhe será possível engendrar não imagens da virtude, pois não está mais lidando com uma imagem, mas sim as virtudes verdadeiras, porque está em contato com a verdade? E, engendrando e criando a virtude verdadeira, tornar-se querido pelos deuses e imortal? Seria essa uma vida desprezível?

b E isso, Fedro — e não falo apenas a ti, mas a vós todos —, foi o que me disse Diotima, e eu estou convencido de que é a verdade. E, estando convencido, tento convencer também os outros de que para tal aquisição não haveria um colaborador melhor que Eros. Por isso eu digo que todo homem deve honrar Eros; eu mesmo honro os assuntos do amor e com distinção o venero, e aos outros exorto a fazer o mesmo, e agora e sempre elogio o poder e a coragem de Eros tanto quanto posso. Assim encerro meu

c discurso, Fedro, e, se quiseres, podes considerá-lo um encômio a Eros.

Quando Sócrates terminou de falar, os circundantes o louvaram, enquanto Aristófanes tentava dizer algo, porque fora citado no discurso de Sócrates; mas de repente bateram à porta do pátio e fez-se bastante barulho, como o de membros do cômos,[113] e ouviu-se o som de flauta. Então Agatão disse:

— Escravos,

d não vereis o que é isso? Se for algum de nossos conhecidos, chamai-o; se não, dizei que acabou o banquete e já repousamos.

Pouco depois se ouve a voz de Alcibíades no pátio, muito embriagado e gritando alto, perguntando onde estava Agatão e pedindo que o conduzissem para junto dele. Conduziram-no então até os convivas, amparado por alguns escravos e pela flautista. Ele ficou ao pé da porta,

e com uma coroa repleta de folhas de hera e violetas, com muitas e muitas fitas sobre a cabeça, e disse:

— Salve, amigos! Recebereis como conviva um homem completamente embriagado ou devo coroar Agatão — motivo de minha vinda — e ir embora? Pois eu não pude vir ontem, e agora aqui estou, com fitas sobre a cabeça, para com elas coroar a cabeça do mais sábio e do mais belo, se posso dizer assim. Então, rireis de mim porque estou embriagado? Pois eu sei muito bem que

213a digo a verdade, ainda que riais de mim. Mas dizei antes: pelo que eu disse, devo entrar ou não? Bebereis comigo ou não?

Todos então o aplaudiram e pediram que ele entrasse e se reclinasse, especialmente Agatão. Conforme era conduzido pelos homens, tirava as fitas da cabeça para coroar Agatão. Como as fitas cobriam seus olhos, não viu Sócrates, que lhe abriu caminho.

b Alcibíades sentou-se entre Agatão e Sócrates e em seguida abraçou Agatão e o coroou. Então Agatão disse:

— Descalçai Alcibíades, escravos, a fim de que se acomode como o terceiro neste leito.

— Certamente — disse Alcibíades —; mas quem é nosso terceiro conviva? — e, logo que se vira, depara-se com Sócrates. Ao vê-lo, dá um salto e diz: — Ó Héracles, o que é isso? Sócrates, és tu? Espreitando na surdina, surgindo inesperadamente e me pegando de surpresa,
c como é do teu feitio. E agora, o que tens a dizer? E por que te reclinas aqui, junto não dos brincalhões ou dos que amam fazer rir, como Aristófanes, mas sim do mais belo dos que estão neste recinto?

Sócrates tornou para Agatão e disse:

— Agatão, vê se me defendes! Pois o amor desse homem se tornou um caso sério para mim. Pois desde que me tornei admirador dele
d não me foi mais permitido conversar nem mesmo olhar para nenhum belo. Se me atrevo a fazê-lo, ele logo se enche de inveja e ciúme, e não apenas me insulta como mal consegue manter as mãos longe de mim, podendo até me ferir. Vê se ele não me fará algum mal agora e reconcilia-nos, ou, se ele tentar alguma violência, defende-me, porque eu temo muito a sua loucura e paixão amorosa.

— Não pode haver reconciliação entre mim e ti — disse Alcibíades. — Mas me vingarei de ti em outra ocasião. Agora,
e Agatão, peço-te que devolva algumas das fitas, para que eu coroe também a admirável cabeça deste aqui, e que ele não me censure porque te coroei, negligenciando-o, logo ele, que vence todos os homens nos discursos, não somente ontem, como tu, mas sempre.

E ao mesmo tempo que pegava as fitas, coroou Sócrates e tornou a reclinar-se. Novamente acomodado, disse:

— Muito bem, então, homens! Parece-me que vos mantivestes sóbrios, o que não está certo; deveis beber, pois foi esse o nosso acordo. Eu me elejo o senhor da bebida, até que vós bebais o bastante. Traga-nos uma grande taça, Agatão, ou, antes — disse ele, dirigindo-se a um escravo —, traga-me aquele vaso de resfriar vinho — o vaso de resfriar vinho que lhe chamou a atenção era um recipiente
214a com capacidade para mais de oito cótilos.[114] Ele o encheu e foi o primeiro a beber, depois ordenou ao escravo que o enchesse novamente, para que Sócrates o vertesse, enquanto dizia: — Diante de Sócrates, meus amigos, esta minha ingênua cilada não é nada; pois ele é capaz de beber qualquer quantidade de vinho sem jamais se embriagar.

Então Sócrates verteu a taça que o escravo lhe serviu, e Erixímaco disse:

— O que faremos então, Alcibíades?

b Não conversaremos nem cantaremos sobre nossas taças, simplesmente beberemos, como se estivéssemos sedentos?

Alcibíades então lhe respondeu:

— Salve Erixímaco, excelente filho do melhor e mais prudente pai.

— Digo o mesmo a ti — respondeu-lhe Erixímaco —; mas o que devemos fazer?

— O que tu ordenares. Devemos obedecer-te, "pois um homem que é médico a muitos outros equivale".[115] Ordena então o que quiseres.

— Bem — disse-lhe Erixímaco —, entre nós, antes de entrares, foi decidido que era preciso que cada um, da esquerda para a direita, em sua vez, proferisse

c um discurso sobre Eros, o mais belo possível, e o elogiasse. Nós todos já o proferimos. E visto que tu não falaste, mas bebeste bastante, é justo que o fales e então ordenes a Sócrates o que quiseres, e ele ao companheiro da direita, e assim por diante.

— Falaste bem, Erixímaco — disse Alcibíades —, mas comparar as palavras de um homem embriagado às de um homem sóbrio não é justo, não estou em igualdade de condições. E, além disso, bem-aventurado, eu gostaria de saber se

d acreditaste no que Sócrates disse há pouco. Pois posso assegurar-te que a verdade é justamente o contrário do que ele disse e, se eu elogiar qualquer um na presença dele, seja um deus, seja outro homem que não ele, ele dificilmente manterá suas mãos longe de mim.

— Por que não te calas? — disse-lhe Sócrates.

— Por Posídon[116] — respondeu-lhe Alcibíades —, segura tua língua, que eu não elogiaria nenhum outro estando tu presente.

— Pois bem — disse-lhe Erixímaco —, se assim quiseres, elogia Sócrates.

e — O que dizes? — perguntou-lhe Alcibíades. — Parece-te necessário, Erixímaco? Devo perseguir o homem e vingar-me dele diante de vós?

— O que tens em mente? — disse-lhe Sócrates. — Farás os outros rirem à minha custa? É esse o propósito de teu elogio?

— Direi a verdade, se me permites.

— Não apenas permito; exorto que a diga.

— Não tardarei — respondeu-lhe Alcibíades. — E se eu disser algo que não for verdadeiro, interrompa, se quiser, e diz que eu estou mentindo. Pois voluntariamente em nada

215a mentirei. Mas não te admires se, enquanto estiver me lembrando de uma coisa, disser outra, pois não é fácil, no meu estado, enumerar com desembaraço e fluidez as tuas singularidades.

Agora, meus amigos, eu tentarei elogiar Sócrates de um modo que a ele parecerá uma caricatura, e não entanto não almejo zombar dele, mas sim dizer a verdade. Pois digo que ele é justamente como os bustos dos silenos[117]

b nos estatuários, os quais os artífices esculpem com siringes[118] e aulos[119] e que abertos ao meio mostram que dentro têm estatuetas de deuses. E digo também que ele é como o sátiro Mársias.[120] Tu mesmo não negarás, Sócrates, que a tua imagem é semelhante à de um sátiro; e a semelhança não para por aí. És insolente! Ou não? Pois, se não concordas, posso apresentar testemunhas. Não és um flautista? É o que tu és, e muito mais admirável que Mársias.

c Ele, de fato, pelos instrumentos encantava os homens com o poder de sua boca, bem como aqueles que ainda agora tocam sua música — as melodias que Olimpo[121] tocava foram ensinadas por Mársias, e mesmo elas, tocadas quer por um bom flautista, quer por uma flautista comum, têm um poder que nenhuma outra possui; são capazes de possuir nossa alma e revelam a vontade daqueles que têm necessidade dos deuses e dos mistérios, porque são divinas. Mas tu produzes o mesmo efeito apenas com tuas palavras, sem necessidade de flauta; essa é a diferença entre tu

d e ele. Quando ouvimos qualquer outro orador, mesmo que seja muito bom, nenhum efeito se produz sobre nós, ou quase nenhum, mas quando alguém ouve a ti ou as tuas palavras por outro proferidas, ainda que sejam repetidas de forma imperfeita, fica atônito e encantado, pouco importa se for mulher, homem ou mesmo uma criança que as escuta. Se eu não temesse que pensais que estou completamente embriagado, meus amigos, eu juraria que eu mesmo sofri pelas palavras dele e sofro ainda

e agora. Pois meu coração palpita muito mais que o dos coribantes[122] e minhas lágrimas escorrem quando ouço seus discursos, e vejo que o mesmo ocorre com os outros. Quando ouço Péricles[123] e outros bons oradores que pensava que discursavam bem, eu não sinto nada parecido; minha alma não se perturba e eu não me irrito por me ver cativo. Mas esse Mársias aqui muitas vezes

216a me deixou assim, fazendo com que eu sentisse que não é possível continuar a viver. E isso, Sócrates, não podes negar. E estou certo de que, mesmo agora, se eu não tapar minhas orelhas e fugir como da voz de uma sereia, eu não suportaria, e experimentaria a mesma coisa. Ele me trespassaria, e eu envelheceria a seus pés. Pois ele me faz concordar que não devo continuar vivendo assim, negligenciando os desejos de minha alma e me ocupando com os assuntos de Atenas.[124]

b Portanto tapo minhas orelhas e fico longe dele. E ele é o único que já me deixou envergonhado, o que ninguém pensaria haver em mim, e nenhum outro é capaz de me deixar assim. Pois sei que não posso contrapor-me a ele e que não se deve fazer o que ele ordena, mas quando me afasto sou vencido pela honra que recebo da maioria. Corro e fujo dele, e quando o vejo, envergonho-me do que me fez confessar.

c E muitas vezes com prazer desejei que ele morresse; no entanto, se isso acontecesse, sei com certeza que muito maior seria minha angústia, de modo que não sei como posso tratar esse homem.

E isso é o que eu e muitos outros experimentamos pelas árias da flauta desse sátiro. Mas ouvi mais uma vez como é sua figura e vede como é admirável o poder que tem. Pois bem sabei que ninguém dentre vós

d o conhece, mas eu o mostrarei; visto que comecei, devo continuar. Pois vedes que Sócrates amorosamente se dispõe pelos belos, está sempre em torno deles e sempre fica atordoado na presença deles, esquece tudo e torna-se ignorante de todas as coisas — é assim que ele fica. Nesse aspecto, não é como um sileno?[125] Exatamente. Ele se reveste com a imagem de um sileno; mas, por dentro, após aberto, quanta temperança não há nele, meus amigos! Sabei que não lhe importa nada a beleza, a riqueza e a honra;

e ele as despreza totalmente. Tampouco trata com deferência os que as possuem; para ele, nenhuma conquista tem valor e nós não somos nada. Digo-vos: ele passa a vida ironizando e zombando dos homens. Mas quando ele se abriu diante de mim e pude vislumbrar o que há dentro dele, vi imagens que me pareceram divinas, todas feitas de

217a ouro, tão belas e fascinantes que eu seria capaz de fazer prontamente tudo o que Sócrates ordenasse. Elas podem ter escapado à observação dos outros, mas eu as vi. Pensando que ele se interessava pela minha beleza juvenil, considerei que era uma grata surpresa e uma admirável boa sorte que se apresentava a mim, pois teria a oportunidade de ouvir tudo o que ele sabia; eu tinha então em grande estima o poder de atração de minha juventude. Em busca desse objetivo, dispensei o servo que costumava me acompanhar —

b direi toda a verdade e peço que escutais: se eu estiver mentindo, Sócrates, refuta-me. Bem, eu e ele vimo-nos sozinhos, e pensei que logo ele falaria comigo o que um amante falaria no retiro com seu amado, e isso me alegrava. Mas nada disso aconteceu. Ele falava como de costume, passou o dia comigo e foi embora.

c Convidei-o para fazer ginástica, e lutamos e nos exercitamos quando não havia ninguém presente. Pensei que assim obteria algum sucesso, mas não consegui nada. Por fim, já que eu falhara até então, pareceu-me que devia atacar o homem de frente, sem ceder, mas vede como os obstáculos se interpuseram entre nós. Convido-o para jantar, como se ele fosse um belo jovem e eu um amante tramando conquistá-lo. E nem nisso

d de pronto ele me atendeu, mas, com o tempo, deixou-se convencer. Quando veio pela primeira vez, quis partir logo depois do jantar. Eu, nesse momento, fiquei constrangido de tentar detê-lo e deixei-o ir. Na segunda vez, ainda perseguindo meu objetivo, após o jantar conversei com ele sem parar até tarde da noite, e, quando ele quis ir embora, eu disse que era muito tarde e convenci-o a ficar. Ele se acomodou no leito perto de mim, no mesmo em que jantamos, e ninguém mais dormia no recinto senão

e nós. Até aqui, nada do que eu disse foi escandaloso; mas o que direi daqui em diante não ouviríeis sair da minha boca caso não estivesse embriagado. Pois, como diz o ditado, "no vinho está a verdade", na frente de crianças ou não, então devo falar. Parece-me injusto ocultar as ações brilhantes de Sócrates, já que estou aqui para elogiá-lo. Por fim, senti a picada da serpente. Conta-se que, quando alguém sofre, não quer falar senão aos que também sofrem, por serem os únicos capazes de entendê-lo,

218a e não serão severos demais no julgamento. Eu então fora mordido por algo mais doloroso que as presas de uma víbora; conheci no coração, ou na alma, a pior das dores, mais violenta na juventude ingênua que as presas da serpente, a dor da filosofia, capaz de obrigar um homem a fazer e dizer o que quer que seja — e vós, que estais diante de mim, Fedro, Agatão,

b Erixímaco, Pausânias, Aristodemo e Aristófanes, vós todos, inclusive o próprio Sócrates, tendes experimentado a loucura e o delírio báquico em vossa busca pela sabedoria. Por isso, vós todos me ouvireis e perdoareis as coisas que fiz e que agora digo. Quanto aos escravos, e qualquer outro inculto aqui presente, tapais vossas orelhas.

Pois então, amigos, quando a lamparina se apagou e

c os escravos se retiraram, pareceu-me que não era mais necessário fingir diante dele, que poderia livremente dizer o que eu pensava. E disse, ao chacoalhá-lo:

— Sócrates, estás dormindo?

— É claro que não — disse ele.

— Sabes o que estou pensando?

— O quê, exatamente?

— Penso que, de todos os amantes que já tive, és o único digno de mim, e te mostras hesitante para te declarares a mim. E eu penso que seria um tolo se te negasse qualquer coisa que necessites,

d então ofereço tudo o que tenho e tudo o que têm os meus amigos, para que me guies no caminho da virtude, o que desejo mais que tudo, e penso que nessa matéria não há maior autoridade que tu. Eu certamente teria mais motivo para me envergonhar se, diante dos sábios, negasse a ti algum favor do que se o concedesse diante dos insensatos.

E ele, após ouvir-me, respondeu com a ironia que lhe é própria:

— Querido Alcibíades, tens de fato aspirações elevadas, se o que estás dizendo é verdade e

e se há em mim algum poder pelo qual tu poderias te tornar melhor. Certamente vês uma extraordinária beleza em mim, e uma beleza de natureza infinitamente superior à da que vejo em ti. Desse modo, se tentas compartilhá-la comigo e trocar beleza por beleza, ficarias em grande vantagem, pois, em vez de aparência, ganharias a beleza verdadeira.

219a Como Diomedes, receberias "ouro em troca de cobre".[126] Mas, bem-aventurado, é melhor examinares, para que não te enganes a meu respeito. De fato, os olhos da razão começam a ver melhor quando os olhos do corpo perdem a força, mas isso ainda está longe de acontecer a um jovem como tu.

E eu, após ouvi-lo, disse:

— Eu já disse o meu propósito, que é sério; vê o que pensas ser melhor para mim e para ti.

— Falaste bem — respondeu ele. — No futuro

b decidiremos e faremos o que for melhor nesta e em outras questões.

Eu, depois que o ouvi, pensei que o houvesse atingido, após ter disparado minhas flechas; levantei-me sem demora, cobri-o com este meu manto — pois era inverno — e recostei-me junto a sua túnica grosseira, abracei com meus braços esse ser

c numinoso, verdadeiro e admirável, e fiquei deitado a noite inteira. E em nada, Sócrates, poderás dizer que estou mentindo. Mas, apesar de eu ter feito tudo isso, esse homem foi arrogante comigo, desprezou-me, fez pouco da minha juventude — a qual eu pensava ser atraente —; escutai, juízes, pois o que julgais aqui é a arrogância de Sócrates; nada mais aconteceu, mas

d pela manhã, quando acordei — os deuses são testemunha —, foi como se com um pai ou um irmão mais velho tivesse dormido.

O que pensais que eu senti após tal rejeição, após semelhante ultraje? Mas eu não podia deixar de pensar em sua temperança e coragem. Nunca havia imaginado que um dia encontraria um homem com tal sabedoria e firmeza. Por conseguinte, não podia de modo algum ficar com raiva e me afastar de sua companhia, nem encontrava maneira

e de me aproximar dele. Pois sabia que, se Ájax[127] não podia ser ferido pelo ferro, dele não poderia ceder ao dinheiro. Minha única chance de apanhá-lo, e ele me escapou. Estava de fato sem recursos, e jamais um homem esteve tão cativo de outro quanto eu. Isso tudo aconteceu antes de irmos a uma expedição militar em Potideia,[128] onde fazíamos as refeições juntos. Lá tive a oportunidade de observar sua extraordinária resistência à fadiga. Sua resistência mostrou-se incrível

220a quando ficamos sem suprimentos e fomos obrigados a passar sem comida — em situações assim, frequentes em tempos de guerra, ele foi superior não só a mim mas a todos os outros; ninguém se comparava a ele. Por outro lado, em festivais, diante da fartura, é o que mais se diverte; mesmo sem querer, é capaz de beber mais que todos, e o mais admirável de tudo é que nunca nenhum homem viu Sócrates embriagado. Mas suas habilidades não tardarão em ser testadas. Sua resistência ao frio também é surpreendente. Houve lá um inverno terrível, pois o inverno naquela região é muito rigoroso, e todos permaneceram em casa;

b ou, se alguém saía, vestia-se com uma quantidade espantosa de roupas, colocava calçados e enrolava os pés em lãs e peles de carneiro. Sócrates, no entanto, saía com os pés descalços e vestindo o mesmo manto de sempre, e caminhava pelo gelo mais facilmente que os outros soldados. Estes o olhavam

c com raiva, porque parecia que ele os desdenhava.

Contei uma história a vós e agora devo contar outra, que merece ser contada,

Dos feitos e agruras de um varão,[129]

certa vez, na expedição. Após meditar a madrugada inteira, ficou em pé, concentrado, mas a ideia não lhe vinha. Mesmo assim, não desistiu, e ficou em pé procurando-a. Ao meio-dia, os homens o notaram, ficaram admirados e comentavam um com o outro que Sócrates havia ficado em pé a madrugada inteira pensando em algo. Finalmente, alguns iônios,[130] curiosos, depois de terem

d jantado levaram para fora seus leitos e dormiam ao ar livre — pois era verão nessa época —, enquanto o vigiavam para ver se também ficaria de pé a noite toda. E ele ficou de pé até vir a aurora e o sol se levantar. Depois de fazer uma prece ao sol, afastou-se. Contar-vos-ei também, se quiserdes — e de fato é mister contar-vos —, de sua coragem em batalha, pois quem senão ele mesmo salvou minha vida? Foi nessa ocasião em que recebi o prêmio por bravura.

e Eu estava ferido, e ele não me abandonou, resgatou tanto a mim como minhas armas. Ele é que merecia o prêmio por bravura, que quiseram conceder a mim em parte por causa de minha posição. Contei a todos o que realmente sucedera — quanto a isso, Sócrates, não podes censurar-me nem dizer que estou mentindo —; mas ele mais que todos insistiu que eu, e não ele, deveria receber o prêmio. Ainda então, amigos, houve outra ocasião em que o comportamento de Sócrates foi admirável

221a — a fuga da infantaria depois da batalha de Délio,[131] na qual ele lutou. Lá tive mais oportunidades de vê-lo do que em Potideia, pois estava com meu cavalo e, portanto, menos ameaçado. Nossos homens já se dispersavam, ele e Laques[132] batiam em retirada juntos; e eu me deparei com eles e exortei-os a ter coragem, e prometi que não os abandonaria.

b A mim parecia, Aristófanes, que, como em teu discurso, ele caminhava como aqui, "altivo e com o olhar de soslaio",[133] com calma, observando os amigos e os inimigos, e deixando evidente para todos, mesmo os mais distantes, que, se alguém o atacasse, enfrentaria sólida resistência. E assim ele e seus companheiros escaparam, pois esse é o tipo de homem que nunca é tocado em combate,

c uma vez que só são perseguidos os que fogem precipitadamente.

Muitas são as maravilhas que eu poderia narrar em elogio a Sócrates; muito do que se poderia dizer sobre ele também poderia ser dito sobre outro, mas sua unicidade, o fato de ele ser absolutamente incomparável a qualquer homem que já existiu, isso é digno de toda admiração. Podeis comparar Brásidas[134] e outros a Aquiles; ou comparar Nestor[135] e Antenor[136] a Péricles; e o mesmo pode ser dito a respeito de

b outros homens notórios, mas, em relação a este homem, jamais sereis capazes de encontrar ninguém parecido, nem remotamente, seja no presente, seja no passado — exceto os silenos e os sátiros, como sugeri há pouco. Eles representam na aparência não apenas ele mesmo, mas também suas palavras.

e Pois, apesar de eu ter esquecido de dizer, as palavras dele são como as imagens dos silenos; abrem-se. De início, parecem ridículas; ele se disfarça com a linguagem de um sátiro insolente, pois fala de burros carregando cestos, de ferreiros, sapateiros e curtidores de couro, e sempre parece repetir as mesmas coisas e as mesmas palavras, de modo que qualquer homem inexperiente e tolo sentir-se-á

222a pronto para zombar dele. Mas aquele que abre a estatueta e vê o que há dentro, verá que só as palavras dele têm significado e são as mais divinas, repletas de imagens de virtude e capazes de abranger tudo quanto interessa àquele que tiver a intenção de ser belo e bom.

Este, homens, é o meu elogio a Sócrates. Eu o censurei por ter-me destratado. No entanto,

b ele não destratou somente a mim, mas também Cármides, filho de Glauco, Eutidemo, filho de Diocles, e muitos outros — ele começa como amante, mas termina na posição de amado. O que eu te digo, Agatão, é que não sejas enganado por esse homem; aprende com meu exemplo e toma cuidado, não faças como no provérbio, segundo o qual um néscio aprende padecendo.[137]

c Quando Alcibíades terminou, os outros riram da franqueza, porque parecia ainda estar enamorado de Sócrates.

— Alcibíades — disse-lhe Sócrates —, vejo que estás sóbrio, pois de outro modo não estarias tentando esconder o propósito de teu elogio ao sátiro, uma vez que essa longa história foi apenas um engenhoso circunlóquio, cujo intento se revela no final.

d Queres criar uma intriga entre mim e Agatão, pensando que devo amar apenas a ti e a mais ninguém, e que apenas tu podes amar Agatão. Porém não me escapaste, com esse drama satírico ou silênico que maquinaste. E tu, querido Agatão, não deves permitir que ele nos coloque um contra o outro.

— Acredito que estejas dizendo a verdade, Sócrates — disse Agatão.

e E suspeito que ele se sentou entre mim e ti a fim de que ficássemos separados. Mas ele nada obterá com esse ardil, pois vou me sentar ao teu lado.

— Sim — disse Sócrates —, reclina-te aqui, junto de mim.

— Ó Zeus — disse Alcibíades —, como sofro nas mãos desse homem. Está decidido a levar a melhor sobre mim sempre. Eu te peço, permite que Agatão se sente entre nós.

— Certamente que não — disse-lhe Sócrates. — Pois tu me elogiaste, e eu, por minha vez, devo elogiar o que está a minha direita. Se Agatão ficar entre nós, a ordem ficará alterada, e ele terá de me elogiar novamente quando deveria ser elogiado por mim. Devo insistir que consintas

223a e não sejas ciumento, pois desejo muito elogiá-lo.

— Bravo! — exclamou Agatão. — Levantar-me-ei agora, para ser elogiado por Sócrates.

— Como de costume, quando Sócrates está presente, é impossível a outro participar da companhia de um belo — disse Alcibíades. — Vede o quão facilmente encontrou um argumento para persuadir Agatão a ficar junto dele.

b Quando Agatão se levantou para recostar-se ao lado de Sócrates, uma grande quantidade de membros do cômos de repente chegou à porta e, encontrando-a aberta, pois alguém havia acabado de sair, foi direto a eles e tomou parte no banquete, como se estivesse em casa. Houve grande confusão, e todos foram obrigados a beber vinho em demasia. Aristodemo disse-me que Erixímaco, Fedro e alguns outros foram embora, e ele mesmo adormeceu

c e teve uma longa noite de descanso. Ele acordou depois do nascer do sol, com os galos cantando, e viu que os que não foram embora estavam dormindo. Ali restavam apenas Agatão, Aristófanes e Sócrates, e estes estavam acordados, bebendo de uma grande taça que ia de mão em mão, e Sócrates discursava.

d Aristodemo estava apenas semiacordado e não ouvira o início do discurso. O principal do que ele se lembrava era que Sócrates os convencia de que o espírito da comédia é o mesmo da tragédia, e quem é bom tragediógrafo também é bom comediógrafo. De fato, eles foram persuadidos a confirmar, sonolentos e sem compreender perfeitamente o argumento. O primeiro a adormecer foi Aristófanes, e depois, quando já era dia, Agatão. Sócrates os pôs para dormir, levantou-se e partiu, e Aristodemo, como lhe era de costume, acompanhou-o. Foi para o Liceu,[138] onde se banhou e passou o dia, até à tarde, quando foi para casa repousar.

NOTAS

[1] Situado ao sul de Atenas, é o mais antigo porto ateniense e foi o principal porto da cidade até o começo do século V a.C.

[2] A brincadeira faz alusão ao fato de "Falereu" significar tanto alguém nascido em Falero como "homem calvo". Outra possibilidade é que a brincadeira se refira ao modo como Apolodoro é interpelado, com o emprego de uma fórmula oficial, que chamava o indivíduo pelo nome e mencionava o seu demo, forma usada especialmente em cerimônias e nos tribunais.

[3] Personagem que atua como interlocutor de Sócrates.

[4] Poeta trágico ateniense, cuja primeira vitória ocorreu em 416 a.C.

[5] Filósofo ateniense, 469-399 a.C. Influenciou vários pensadores, sendo Platão o mais célebre deles.

[6] Político ateniense do século V a.C., amigo de Sócrates, famoso por sua riqueza, beleza e inteligência.

[7] O termo em grego é *syndeípnon* (συνδειπνον), que significa "ceia" ou "refeição comum", "banquete". Já o título do diálogo, no entanto, é *sympósion* (συμποσιον), "bebida em conjunto" que havia após a refeição em um jantar coletivo, mas que, por força da tradição, convencionou-se traduzir por "banquete".

[8] Irmão de Platão.

[9] Os membros de um coro trágico.

[10] Pai dos deuses e dos homens, Zeus, filho de Crono e Reia, reinou sobre todos após destronar seu pai.

[11] Interlocutor do diálogo.

[12] Um dos distritos atenienses.

[13] Aqui há um trocadilho com o nome de Agatão. A frase em grego é Αγαθων επι δαιτας ιασιν αυτοματοι αγαθοι, na qual *Agátōn* também significa "bons", como *agathoí*. Alguns autores optam por manter a tradução "ao jantar dos bons, os bons vão espontaneamente". Como no nosso texto grego o nome de Agatão está grafado em letra maiúscula, mantivemos a tradução do nome próprio em vez da do adjetivo.

[14] Poeta épico grego a quem é atribuída a autoria dos versos em hexâmetro datílicos da *Ilíada* e da *Odisseia*. Estudos realizados sobre a cronologia de suas obras nos trazem informações de que datam dos séculos XII a IX a.C. O episódio está na *Ilíada*, Canto XVII, 587.

[15] Rei de Argos, chefe de todos os homens, liderou os gregos na Guerra de Troia.

[16] Rei de Esparta, irmão de Agamêmnon e marido de Helena.

[17] Platão faz uma adaptação do verso 224 do Canto X da *Ilíada*, no qual Homero canta: "indo um pelo outro" (ερχομενω και τε προ ο του), enquanto Platão afirma: "pondo-se a caminho" (ερχομενω προ οδου).

[18] Os convivas se reclinavam em uma espécie de leito chamado *klínos* (κλινος), que geralmente comportava duas pessoas.

[19] Interlocutor do diálogo que atuará como médico na crise de soluço de Pausânias; ver **385d-e**.

[20] Hábito parodiado por Aristófanes em *As nuvens*, 634.

[21] Sentar-se ao lado do anfitrião era considerado uma honra.

[22] Trata-se de uma ironia socrática, visto que 30.000 é o número estimado de cidadãos atenienses, pois o teatro de Dioniso possuía 78 fileiras com acomodações para cerca de 17.000 pessoas.

[23] Filho de Zeus e Sêmele, deus das vinhas, do vinho e do delírio místico. Um episódio marca o nascimento de Dioniso: sua mãe pede a Zeus que lhe apareça com todo o seu esplendor. Zeus atende seu pedido; no entanto, o fulgor divino foi tamanho que Sêmele transformou-se em cinzas. Mas antes, como estava grávida de seis meses, Zeus rapidamente retirou-lhe o filho e o costurou em sua coxa.

[24] Os gregos reconheciam Dioniso como o deus do vinho e, como vimos, o "banquete", *sympósion* (συμποσιον), estava diretamente relacionado a essa bebida, daí a invocação ao deus para ser o juiz da questão.

[25] O ritual consistia em fazer a limpeza e a retirada das mesas, depois faziam a entrega das coroas entre os convivas, seguidas por três libações — a saber, uma para Zeus Olímpico, outra para os heróis e a última para Zeus Soter —; em seguida, entoava-se o peã em honra ao deus Apolo e, por fim, bebia-se o vinho.

[26] Interlocutor do diálogo.

[27] Um modo grego de dizer que se tratava de um acontecimento bom e inesperado, um golpe de sorte. O deus Hermes era filho de Zeus e Maia, mensageiro dos desígnios do pai dos deuses e dos homens.

[28] Há um diálogo homônimo de Platão, no qual o filósofo afirma que Fedro tinha a saúde frágil.

[29] Distrito ateniense.

[30] Personagem de duas peças não preservadas de Eurípides, a saber, *Melanipe sábia* e *Melanipe prisioneira*, das quais restaram apenas alguns fragmentos.

[31] Tragediógrafo grego, 480-406 a.C. Nasceu na ilha de Salamina, região da Ática, no dia da batalha naval travada ali contra os persas. A data mais provável é 29 de setembro. Sobre a batalha na ilha, consultar Heródoto, *Histórias*, VIII. No teatro, Eurípides celebrizou-se pela introdução de um expediente cênico conhecido como *Deus ex machina*, em que o desfecho do drama ocorre de forma inesperada, com a intervenção de uma divindade.

[32] Deus do amor, considerado primordial, gerado com Geia a partir do Caos; ler Hesíodo, *Teogonia*, 120-122. Há ainda a tradição poética que o associa a Hermes e Afrodite, segundo a qual ele é o resultado da união entre eles.

[33] Filho de Alcmena e Anfitrião, cuja verdadeira paternidade é atribuída a Zeus, que, ao assumir a forma de seu marido, que então lutava contra os teléboas, iludiu Alcmena e a possuiu. Embora Héracles tenha sido consagrado à deusa Hera — seu nome significa literalmente "em honra de Hera" —, dos filhos bastardos de Zeus ele foi o mais perseguido pela deusa dos olhos de vaca, que não perdia uma oportunidade de eliminar o fruto bastardo. No entanto, como filho de Zeus, coube a Héracles demonstrar que o poder de seu pai era maior; assim, venceu todos os obstáculos impostos por Hera.

[34] Pródico de Ceos, 465-399 a.C. Filósofo grego da chamada Sofística, é visto como o "precursor de Sócrates". Destacou-se por sua excelência oratória e suas lições retóricas, em especial pelo ensino da ética.

[35] Isócrates, em seu *Elogio de Helena*, 12, conta que alguns oradores elogiaram o sal, o mosquito e outras coisas dessa natureza.

[36] Comediógrafo ateniense, 450-388 a.C. Principal poeta da comédia antiga.

[37] Deusa do amor, filha de Urano, nascida dos órgãos sexuais de seu pai, cortados por Crono, que caíram nas ondas do mar, em cujas suas espumas foi gerada. Nas águas do mar, a deusa foi levada à ilha de Citera e em seguida a Chipre.

[38] Poeta grego nascido na cidade de Ascra, na Beócia, no século VIII a.C.

[39] Caos é a personificação do Vazio primordial, quando nada havia.

[40] Geia é a Terra, elemento primordial de que descendem as raças divinas; ela as concebeu sem o auxílio de qualquer elemento masculino.

[41] *Teogonia*, 116-118.

[42] Logógrafo e mitógrafo, nascido em Argos, no século VI a.C., um dos primeiros historiadores gregos. Escreveu uma conhecida obra intitulada *Genealogias*.

[43] Filósofo grego, 515-460 a.C., nascido em Eleia, na região da Magna Grécia.

[44] Trata-se de Têmis, a deusa da Justiça.

[45] Fr. 13 Diels.

[46] Filho de Posídon e Tiro, irmão gêmeo de Neleu, meio-irmão de Éson, o pai de Jasão.

[47] Esposa de Admeto, cujo mito é retratado na peça de Eurípides intitulada *Alceste*.

[48] Considerado pelos gregos a morada dos mortos, cujo deus de mesmo nome era o seu governante.

[49] Filho de Eagro e da musa Calíope, Orfeu era um talentoso aedo; por ser natural da Trácia, trajava vestes trácias. O dom de Orfeu encantava a todos e, graças a ele, conseguiu que sua esposa morta pudesse voltar do Hades; no entanto, como Orfeu não cumpriu o que fora ordenado por Hades e Perséfone — que não olhasse para trás até que saíssem do mundo subterrâneo —, Eurídice retornou ao reino dos mortos.

[50] Rei da Trácia, considerado um deus-rio, desposou a musa Calíope, com quem gerou Orfeu.

[51] Filho de Peleu, rei da Ftia, e da deusa Tétis, filha de Oceano, Aquiles foi o principal herói da Guerra de Troia; sem ele, conforme um oráculo, os gregos não teriam tomado Troia. Aquiles estava destinado a morrer jovem e ter glória eterna.

[52] Filha de Nereu, o Velho do Mar, e de Dóris, é a mais célebre das cinquenta Nereides, divindades marinhas.

[53] Ilhas que abrigavam as almas dos escolhidos pelos deuses, em geral poetas, heróis e deuses gregos, situada no extremo oeste do rio Oceano.

[54] Filho primogênito de Príamo e Hécuba, rei e rainha de Troia.

[55] Nascido em Opunte, filho de Menécio e Estenele. Neto de Peleu, o rei da Ftia, localizada na Tessália, onde Pátroclo passou a infância.

[56] Tragediógrafo grego nascido em Elêusis, 525-426 a.C.

[57] Personificação do Céu e filho de Geia. Urano é tratado como um elemento fértil. Ver Hesíodo, *Teogonia*, 118-206.

[58] É uma das deusas da primeira geração divina, filha de Oceano e Tétis.

[59] No original grego o adjetivo é Pandemo (Πανδημον), que significa "público", "comum a todo povo".

[60] Localizada na península do Peloponeso, situada na região sul da Grécia, onde se encontrava a cidade de Esparta, sua capital.

[61] Situada na costa ocidental da península do Peloponeso, região cuja capital era a cidade de Pirgos.

[62] Iônia, ou Jônia, era uma região de colonização grega, na costa da Anatólia, banhada pelo mar Egeu.

[63] O autor refere-se aos antigos tiranos atenienses Hípias e Hiparco, séc. VI a.C., filhos do também tirano Pisístrato. Consultar Tucídides, *História da Guerra do Peloponeso*, VI, 54.

[64] Aristogíton e Harmódio são conhecidos como tiranicidas por terem assassinado Hiparco em 514 a.C., embora houvessem planejado a morte de ambos os filhos de Pisístrato (Hípias e Hiparco) no festival ateniense das Panateneias.

[65] Ver nota anterior.

[66] Escravos que conduziam os meninos para escolas e ginásios.

[67] Filho de Apolo e Corônis, que era filha do rei Trégis da Tessália. Asclépio é um herói e também o deus da medicina.

[68] Erixímaco se refere a Aristófanes e Agatão.

[69] Heráclito de Éfeso, 535-475 a.C., filósofo pré-socrático reconhecido como o "pai da dialética", que influenciou o pensamento de Sócrates e, posteriormente, o de Platão.

[70] Fr. 51 Diels. Alguns autores traduzem os dois fragmentos como se fossem sequenciais, mas há um corte entre eles, a ausência da expressão: παλιντροπος. Por isso foram traduzidos separadamente, como no original deste texto. O fragmento citado por Platão difere um pouco do heraclitiano. O primeiro grafa: διαφερομενον αυτο αυτω συμφερεσθαι, ao passo que o texto de Heráclito diz: οκως διαφερομενον εωυτωι ομολογεει. No entanto, apesar das diferenças, o sentido da frase se mantém. Notamos uma similaridade nos verbos própria da poesia na grafia platônica; talvez tenha sido essa a intenção do filósofo, conferir harmonia e ritmo ao dito.

[71] Fr. 51 Diels. Há uma pequena variação na citação de Platão, que escreve: ωσπερ αρμονιαν τοξου τε και λυρας., enquanto Heráclito grafa: αρμονιη οκωσπερ τοξου και λυρης.; como no anterior, não há mudança de sentido. Tais variações podem ser explicadas pela oralidade característica da cultura grega, o que leva o texto a ser citado de formas diferentes, ou ainda pelos copistas, dado que os manuscritos que nos foram transmitidos resultam de sucessivas cópias de originais que não foram preservados.

[72] Musa da Astronomia, Urânia é uma das nove Musas, filhas de Zeus e Mnemôsine, concebidas em nove noites consecutivas.

[73] Musa da poesia lírica e inventora da lira. Como a poesia lírica está relacionada aos sentimentos humanos, em parte, com muita sensualidade, daí a sua relação com o popular. Polímnia também é uma das nove Musas; ver nota anterior.

[74] Arte divinatória.

[75] Platão refere-se ao episódio da Gigantomaquia, quando os gigantes tentaram tomar o poder de Zeus. Ver *Odisseia*, Canto XI, 307-320.

[76] Era um dos gigantes que lutaram na Gigantomaquia. Foi morto a flechas por Apolo e Héracles.

[77] Outro gigante que lutou para tomar o poder de Zeus. A intenção dos gigantes era colocar o monte Ossa em cima do monte Olimpo e perpetuar o seu poder, mas não obtiveram sucesso. Efialtes e Oto eram filhos de Posídon e Ifimedia, mas eram conhecidos como Aloídas, pois sua mãe desposou Aloeu, rei da Tessália e descendente de Deucalião.

[78] Tipo de árvore da família das rosáceas, com madeira resistente, usada na confecção de cabos de ferramentas.

[79] Filho de Zeus e Leto. Além de ser o deus da adivinhação e da música, conhecido por sua excepcional beleza física, também regia a medicina. A manifestação de seu poder curador potencializou-se em seu filho Asclépio, considerado o pai da medicina.

[80] O termo original "hetairístrias" (εταιριστριαι) se refere a mulheres que se relacionam com mulheres, as que hoje chamamos de lésbicas.

[81] Deus que personifica o elemento fogo. Por sua singular habilidade na atividade de ferreiro, foi responsável pela confecção das armas e dos adereços dos deuses. Também conhecido por ser um deus coxo, condição adquirida após ser atirado do Olimpo por sua mãe, Hera, que o gerou sem o auxílio de Zeus.

[82] Entre os gregos, quando dois homens eram amigos de verdade, era costume partir um dado, e cada um deles ficava com uma parte. Às vezes, uma parte do dado servia para que a outra pessoa fosse recebida na casa do amigo, desde que as partes se encaixassem perfeitamente. Funcionava então como um elemento de reconhecimento.

[83] Um dos Titãs, filho mais novo de Urano e Geia, pertence à primeira geração divina. Crono foi destronado por Zeus. Para mais detalhes sobre seu mito, ver Hesíodo, *Teogonia*, 167 e ss.

[84] Iápeto, ou Jápeto, irmão de Crono e, portanto, um titanida, filho de Urano e Geia. Para saber um pouco mais sobre esse deus que foi lançado ao Tártaro, ver Hesíodo, *Teogonia*, 18, 134 e 507.

[85] Filha de Crono, personificação da Necessidade, que representa a força do destino. Platão conta o mito de Ananké na *República*, X, 617 e ss.

[86] Personificação do Erro. Seu mito está relacionado ao local em que foi fundada a cidade de Troia. Deusa de pés delicados que estão sobre as cabeças dos mortais,

ela nos induz ao erro. Por ter enganado Héracles, Zeus vingou-se dela, atirando-a do monte Olimpo. Ela caiu na Frígia, em local posteriormente denominado Colina do Erro, onde foi erigida a cidade de Troia.

[87] Homero, *Ilíada*, Canto XIX, 92-93.

[88] Frase dita por Alcidamas. Ver Aristóteles, *Da Arte Retórica*, 1406a.

[89] Filho de Zeus e Hera, pertence à segunda geração dos deuses olímpicos. Era considerado o deus da guerra, do combate. Sobre a origem de Ares, ler Hesíodo, *Teogonia*, 921-922.

[90] Fr. 235 Nauck. Trata-se de uma frase de *Tiestes*, uma peça perdida do tragediógrafo Sófocles.

[91] Platão faz referência ao episódio em que Hefesto flagra Ares com Afrodite traindo-o em seu próprio leito e o prende com uma rede confeccionada especialmente para esse fim. Ver Homero, *Ilíada*, Canto VIII, 266-366.

[92] Fr. 663 Nauck. Atribuído a Eurípides, de sua peça perdida *Estenebeia*.

[93] As Musas eram filhas da deusa Mnemôsine e Zeus e trazem ora o epíteto de Piérides, ora o de Heliconíades. Elas eram nove, a saber: Calíope (poesia épica), Clio (história), Euterpe (lírica e música de flauta), Melpomene (tragédia), Terpsícore (dança), Erato (hinos e música para lira), Polímnia (cantos sacros) e Talia (comédia). Segundo Apolodoro, elas foram geradas após nove noites de amor entre os referidos deuses. Ver Apolodoro, *Biblioteca*, 189-192, e Hesíodo, *Teogonia*, 55.

[94] Filha de Zeus e Métis, que foi engolida por Zeus antes de concebê-la, por conta de um oráculo que o alertava sobre o perigo de terem juntos um filho, pois seria ele quem destronaria Zeus. Então, Atena foi costurada na cabeça de seu pai, até que findasse a gestação.

[95] Natural de Leontino, cidade localizada na Sicília, 485-380 a.C. Górgias destacou-se por excepcional capacidade oratória, razão pela qual ficou conhecido como professor de retórica. O orador pertence à primeira geração de sofistas. Há um diálogo homônimo de Platão em que o filósofo apresenta particularidades de sua arte retórica.

[96] Platão faz referência ao episódio narrado por Homero na *Odisseia*, Canto XI, 632-635, sobre o medo de Hades lhe enviar a cabeça de Górgone.

[97] O nome Górgias lembra Górgone, personagem que tinha o poder de petrificar quem a olhasse, daí o medo em olhá-la.

[98] Verso de Eurípides, *Hipólito*, 612.

[99] Cidade grega situada na Arcádia, região da península do Peloponeso.

[100] Filósofa e sacerdotisa grega. Platão é a única fonte de que dispomos sobre ela.

[101] Personificação do Recurso, filho de Métis, pai de Eros. O mito de Poro aparece somente neste diálogo platônico.

[102] Personificação da Prudência, Métis é filha de Oceano e Tétis. Foi a primeira esposa de Zeus.

[103] Personificação da Pobreza. Como Poro, não aparece em outra narrativa mítica além deste diálogo platônico.

[104] Personificação da Beleza.

[105] Personificação do Destino. As Moiras eram três irmãs que controlavam o destino de todos os seres humanos. São elas: Átropo, Cloto e Láquesis. Filhas de Zeus e Têmis, conhecidas como fiandeiras, pois com um fio regulavam a duração da vida desde o nascimento até a morte. Átropo tecia o fio, Cloto o enrolava e Láquesis o cortava, sinalizando que a vida chegara ao fim.

[106] Divindade feminina que rege o parto, filha de Zeus e Hera.

[107] Esposa de Admeto, cujo mito é retratado na peça de Eurípides intitulada *Alceste*.

[108] Rei da Tessália, a quem Apolo foi obrigado a servir por um ano, como expiação por ter assassinado os Ciclopes, filhos de Urano e Geia. Apolo os matou porque eles forjaram o raio de Zeus, responsável pela morte de seu filho Asclépio.

[109] Filho de Melanto, descendente de Neleu, um dos filhos de Posídon. Codro migrou para Atenas quando da invasão do Peloponeso pelos heráclidas. Recebeu o trono de Timetes, filho de Teseu, porque o havia ajudado a lutar contra os beócios. Durante o seu reinado, os atenienses travaram uma guerra contra os peloponésios, quando lhe veio um oráculo de Delfos informando que Atenas só sairia vencedora se o seu rei morresse. Então Codro decidiu sacrificar-se pela vitória dos atenienses, trajou roupas de mendigo e se retirou da cidade, provocou uma briga com dois viajantes inimigos e foi morto por um deles, propiciando assim a vitória de Atenas.

[110] Legislador espartano do século VII a.C., conhecido por ter implementado um conjunto de leis denominado Grande Retra, que os espartanos acreditavam ter sido ditadas pelo oráculo de Delfos. Para mais detalhes sobre o legislador e suas

leis, consultar Plutarco, *Vida de Licurgo* e *Vida de Sólon*, XVI, 2, e Xenofonte, *A Constituição dos lacedemônios.*

[111] Região localizada na península do Peloponeso.

[112] Legislador e poeta ateniense do século VI a.C. Sobre ele, há uma biografia plutarquiana. Ver Plutarco, *Vida de Sólon.* Também podemos colher informações a seu respeito na *Constituição ateniense*, de Aristóteles, e em seus próprios poemas e fragmentos remanescentes em nosso tempo.

[113] Festa dórica com cortejos de cantos e danças em honra aos deuses, em especial Dioniso.

[114] Cada cótilo equivale a aproximadamente 1/4 de litro.

[115] Homero, *Ilíada*, Canto XI, 514.

[116] Deus dos mares, filho de Crono e Reia. Como deus do mar, tem o poder de controlar as ondas, as tempestades, as marés, os rios e os lagos, e ainda criar fontes, tudo com o toque de seu tridente.

[117] Semideuses frígios, companheiros de Dioniso que os poetas e artistas representam como velhinhos calvos, gorduchos, com orelhas de porco e bêbados, ou com caldas e cascos de boi ou bode. Atribuem-lhes o dom da inspiração profética e a invenção da flauta.

[118] Flauta campestre, mais conhecida como a flauta de Pã.

[119] Um tipo de flauta muito popular na Grécia antiga.

[120] Mársias era o mais famoso dos sátiros. Companheiros dos deuses, em particular de Dioniso, representavam a capacidade criadora dos seres vivos, vegetais ou animais. Eram representados como seres de pequena estatura, de cabelo espetado, orelhas longas e pontiagudas, com chifres de bode, uma grande cauda de cabra e um membro sexual avantajado e sempre ereto. O mito de Mársias nos dá conta de um episódio em que desafia Apolo com sua lira. Após ser vencido, foi esfolado pelo deus.

[121] O amado de Mársias.

[122] Os coribantes, sacerdotes de Reia, esposa de Crono, habitavam a ilha de Creta. Em seu delírio religioso emitiam sons altíssonos e gritos capazes de encobrir, por exemplo, o poderoso choro de Zeus, quando menino, para que não fosse descoberto e devorado por seu pai, Crono.

[123] Político ateniense do século V a.C. conhecido por seus persuasivos discursos, os quais convenceram os atenienses a deflagrar a guerra contra os espartanos e seus aliados. Morreu em 429 a.C., vitimado pela peste que se alastrou em Atenas, portanto, logo nos primeiros anos da Guerra do Peloponeso (431-404 a.C.). Encontramos registros de sua origem em Heródoto, *Histórias*, VI, 131, e de suas ações políticas e discursos em diversos livros de Tucídides, em sua obra *História da Guerra do Peloponeso*. Também há referências em Aristófanes, nas comédias *A paz* e *Os acarnenses*, e ainda nas biografias de Péricles compostas por Cornélio Nepos e Plutarco, nas quais é possível encontrar mais detalhes sobre sua vida e sua personalidade.

[124] Cidade localizada na região da Ática, ao lado de Esparta. Era a cidade mais importante do período clássico da história grega.

[125] Um dos silenos, filho de Pan ou de Hermes com uma ninfa. Conta o mito que Sileno criou e educou Dioniso, por sua extrema sabedoria; como todo sileno ou sátiro, também se destacava por sua feiura.

[126] Homero, *Ilíada*, Canto VI, 236. Episódio em que Glauco engana Zeus ao trocar suas armas de ouro pelas de bronze, as quais pertenciam ao herói Diomedes.

[127] Filho de Têlamon, o grande Ájax era rei de Salamina e participou da Guerra de Troia. É o segundo na escala de força física, atrás somente de Aquiles.

[128] Cidade aliada de Atenas, que pagava tributos aos atenienses para sustentar a Liga de Delos. Em 430 a.C., os cidadãos de Potideia recusaram-se a pagá-los; como represália, os atenienses a invadiram. Então, os potideus solicitaram a ajuda dos lacedemônios, episódio que contribuiu para a deflagração da Guerra do Peloponeso.

[129] Homero, *Odisseia*, Canto IV, 242.

[130] Iônios, ou jônios, eram os habitantes da Iônia.

[131] Cidade da região da Beócia, vizinha à Ática, onde ocorreu a Batalha de Délio, durante a Guerra do Peloponeso, em 424 a.C., quando os atenienses foram expulsos pelo general tebano Pagondas.

[132] Cidadão ateniense e também um interlocutor de Platão, pois o filósofo ateniense redigiu um diálogo homônimo.

[133] Aristófanes, *As nuvens*, 362.

[134] Filho de Teles e Argineone, morto em 422 a.C., Brásidas foi um general espartano conhecido por sua astúcia militar e por sua coragem no campo de batalha. Foi um dos grandes heróis da Guerra do Peloponeso.

[135] Filho de Neleu, rei de Piro, e Clóris, descendia de Posídon por parte de pai. Nestor era conhecido como conselheiro e respeitado por ser um sábio ancião.

[136] Ancião que aconselhava o rei troiano Príamo durante a Guerra de Troia.

[137] Pensamento similar há em Hesíodo; ver *Os trabalhos e os dias*, Ed. Martin Claret, 2014.

[138] Local dedicado ao deus Apolo, às margens do rio Ilisso. Nesse mesmo lugar, Aristóteles fundará mais tarde o Liceu, que ficou mais conhecido como Escola Peripatética, em razão de seu hábito de discursar caminhando. Além de seus escritos, outro feito destacado em sua trajetória são os ensinamentos que compartilhou com Alexandre, o Grande, por ter sido seu preceptor.

ΣΥΜΠΟΣΙΟΝ

172a ΑΠΟΛ. Δοκῶ μοι περὶ ὧν πυνθάνεσθε οὐκ ἀμελέτητος εἶναι. καὶ γὰρ ἐτύγχανον πρῴην εἰς ἄστυ οἴκοθεν ἀνιὼν Φαληρόθεν· τῶν οὖν γνωρίμων τις ὄπισθεν κατιδών με πόρρωθεν ἐκάλεσε, καὶ παίζων ἅμα τῇ κλήσει, "Ω Φαληρεύς," ἔφη, "οὗτος Ἀπολλόδωρος, οὐ περιμένεις;" Κἀγὼ ἐπιστὰς περιέμεινα. Καὶ ὅς, "Ἀπολλόδωρε," ἔφη, "καὶ μὴν καὶ ἔναγχός σε ἐζήτουν βουλόμενος διαπυθέσθαι τὴν Ἀγάθωνος συνουσίαν

b καὶ Σωκράτους καὶ Ἀλκιβιάδου καὶ τῶν ἄλλων τῶν τότε ἐν τῷ συνδείπνῳ παραγενομένων, περὶ τῶν ἐρωτικῶν λόγων τίνες ἦσαν· ἄλλος γάρ τίς μοι διηγεῖτο ἀκηκοὼς Φοίνικος τοῦ Φιλίππου, ἔφη δὲ καὶ σὲ εἰδέναι. ἀλλὰ γὰρ οὐδὲν εἶχε σαφὲς λέγειν. σὺ οὖν μοι διήγησαι· δικαιότατος γὰρ εἶ τοὺς τοῦ ἑταίρου λόγους ἀπαγγέλλειν. πρότερον δέ μοι," ἦ δ' ὅς, "είπέ, σὺ αὐτὸς παρεγένου τῇ συνουσίᾳ ταύτῃ ἢ οὔ;" Κἀγὼ εἶπον ὅτι "Παντάπασιν ἔοικέ σοι οὐδὲν διηγεῖσθαι

c σαφὲς ὁ διηγούμενος, εἰ νεωστὶ ἡγῇ τὴν συνουσίαν γεγονέναι ταύτην ἣν ἐρωτᾷς, ὥστε καὶ ἐμὲ παραγενέσθαι." "Ἐγώ γε δή," ἔφη. "Πόθεν, ἦν δ' ἐγώ, ὦ Γλαύκων; οὐκ οἶσθ' ὅτι πολλῶν ἐτῶν Ἀγάθων ἐνθάδε οὐκ ἐπιδεδήμηκεν, ἀφ' οὗ δ' ἐγὼ Σωκράτει συνδιατρίβω καὶ ἐπιμελὲς πεποίημαι ἑκάστης ἡμέρας εἰδέναι ὅτι ἂν λέγῃ ἢ πράττῃ, οὐδέπω τρία ἔτη ἐστίν;

173a πρὸ τοῦ δὲ περιτρέχων ὅπῃ τύχοιμι καὶ οἰόμενος τὶ ποιεῖν ἀθλιώτερος ἦ ὁτουοῦν, οὐχ ἧττον ἢ σὺ νυνί, οἰόμενος δεῖν πάντα μᾶλλον πράττειν ἢ φιλοσοφεῖν." Καὶ ὅς, "Μὴ σκῶπτ'," ἔφη, "ἀλλ' εἰπέ μοι πότε ἐγένετο ἡ συνουσία αὕτη.” Κἀγὼ εἶπον ὅτι “Παίδων ὄντων ἡμῶν ἔτι, ὅτε τῇ πρώτῃ τραγῳδίᾳ ἐνίκησεν Ἀγάθων, τῇ ὑστεραίᾳ ἢ ᾗ τὰ ἐπινίκια ἔθυεν αὐτός τε καὶ οἱ χορευταί.” “Πάνυ,” ἔφη, “ἄρα πάλαι, ὡς ἔοικεν. ἀλλὰ τίς σοι διηγεῖτο; ἢ αὐτὸς Σωκράτης;”

b “Οὐ μὰ τὸν Δία,” ἦν δ’ ἐγώ, “ἀλλ’ ὅσπερ Φοίνικι. Ἀριστόδημος ἦν τις, Κυδαθηναιεύς, σμικρός, ἀνυπόδητος ἀεί· παρεγεγόνει δ’ ἐν τῇ συνουσίᾳ, Σωκράτους ἐραστὴς ὢν ἐν τοῖς μάλιστα τῶν τότε, ὡς ἐμοὶ δοκεῖ. οὐ μέντοι ἀλλὰ καὶ Σωκράτη γε ἔνια ἤδη ἀνηρόμην ὧν ἐκείνου ἤκουσα, καί μοι ὡμολόγει καθάπερ ἐκεῖνος διηγεῖτο.” “Τί οὖν,” ἔφη, “οὐ διηγήσω μοι; πάντως δὲ ἡ ὁδὸς ἡ εἰς ἄστυ ἐπιτηδεία πορευομένοις καὶ λέγειν καὶ ἀκούειν.”

Οὕτω δὴ ἰόντες ἅμα τοὺς λόγους περὶ αὐτῶν ἐποιούμεθα,

c ὥστε, ὅπερ ἀρχόμενος εἶπον, οὐκ ἀμελετήτως ἔχω. εἰ οὖν δεῖ καὶ ὑμῖν διηγήσασθαι, ταῦτα χρὴ ποιεῖν. καὶ γὰρ ἔγωγε καὶ ἄλλως, ὅταν μέν τινας περὶ φιλοσοφίας λόγους ἢ αὐτὸς ποιῶμαι ἢ ἄλλων ἀκούω, χωρὶς τοῦ οἴεσθαι ὠφελεῖσθαι ὑπερφυῶς ὡς χαίρω· ὅταν δὲ ἄλλους τινάς, ἄλλως τε καὶ τοὺς ὑμετέρους τοὺς τῶν πλουσίων καὶ χρηματιστικῶν, αὐτός τε ἄχθομαι ὑμᾶς τε τοὺς ἑταίρους ἐλεῶ, ὅτι οἴεσθε τὶ ποιεῖν

d οὐδὲν ποιοῦντες. καὶ ἴσως αὖ ὑμεῖς ἐμὲ ἡγεῖσθε κακοδαίμονα εἶναι, καὶ οἴομαι ὑμᾶς ἀληθῆ οἴεσθαι· ἐγὼ μέντοι ὑμᾶς οὐκ οἴομαι ἀλλ’ εὖ οἶδα.

ΕΤΑΙ. Ἀεὶ ὅμοιος εἶ, ὦ Ἀπολλόδωρε· ἀεὶ γὰρ σαυτόν

τε κακηγορεῖς καὶ τοὺς ἄλλους, καὶ δοκεῖς μοι ἀτεχνῶς πάντας ἀθλίους ἡγεῖσθαι πλὴν Σωκράτους, ἀπὸ σαυτοῦ ἀρξάμενος. καὶ ὁπόθεν ποτὲ ταύτην τὴν ἐπωνυμίαν ἔλαβες τὸ μαλακὸς καλεῖσθαι, οὐκ οἶδα ἔγωγε· ἐν μὲν γὰρ τοῖς λόγοις ἀεὶ τοιοῦτος εἶ, σαυτῷ τε καὶ τοῖς ἄλλοις ἀγριαίνεις πλὴν Σωκράτους.

e ΑΠΟΛ. Ὦ φίλτατε, καὶ δῆλόν γε δὴ ὅτι οὕτω διανοούμενος καὶ περὶ ἐμαυτοῦ καὶ περὶ ὑμῶν μαίνομαι καὶ παραπαίω;

ΕΤΑΙ. Οὐκ ἄξιον περὶ τούτων, Ἀπολλόδωρε, νῦν ἐρίζειν˙ ἀλλ’ ὅπερ ἐδεόμεθά σου, μὴ ἄλλως ποιήσῃς, ἀλλὰ διήγησαι τίνες ἦσαν οἱ λόγοι.

ΑΠΟΛ. Ἦσαν τοίνυν ἐκεῖνοι τοιοίδε τινές – μᾶλλον δ’

174a ἐξ ἀρχῆς ὑμῖν ὡς ἐκεῖνος διηγεῖτο καὶ ἐγὼ πειράσομαι διηγήσασθαι.

Ἔφη γάρ οἱ Σωκράτη ἐντυχεῖν λελουμένον τε καὶ τὰς βλαύτας ὑποδεδεμένον, ἃ ἐκεῖνος ὀλιγάκις ἐποίει˙ καὶ ἐρέσθαι αὐτὸν ὅποι ἴοι οὕτω καλὸς γεγενημένος.

Καὶ τὸν εἰπεῖν ὅτι Ἐπὶ δεῖπνον εἰς Ἀγάθωνος. χθὲς γὰρ αὐτὸν διέφυγον τοῖς ἐπινικίοις, φοβηθεὶς τὸν ὄχλον˙ ὡμολόγησα δ’ εἰς τήμερον παρέσεσθαι. ταῦτα δὴ ἐκαλλωπισάμην, ἵνα καλὸς παρὰ καλὸν ἴω. ἀλλὰ σύ, ἦ δ’ ὅς, πῶς

b ἔχεις πρὸς τὸ ἐθέλειν ἂν ἰέναι ἄκλητος ἐπὶ δεῖπνον;

Κἀγώ, ἔφη, εἶπον ὅτι Οὕτως ὅπως ἂν σὺ κελεύῃς.

Ἕπου τοίνυν, ἔφη, ἵνα καὶ τὴν παροιμίαν διαφθείρωμεν μεταβαλόντες, ὡς ἄρα καὶ <Ἀγάθων’ ἐπὶ δαῖτας ἴασιν αὐτόματοι ἀγαθοί>. Ὅμηρος μὲν γὰρ κινδυνεύει οὐ μόνον διαφθεῖραι ἀλλὰ καὶ ὑβρίσαι εἰς ταύτην τὴν παροιμίαν˙ ποιήσας γὰρ τὸν Ἀγαμέμνονα διαφερόντως ἀγαθὸν ἄνδρα

c τὰ πολεμικά, τὸν δὲ Μενέλεων “<μαλθακὸν αἰχμητήν>,” θυσίαν ποιουμένου καὶ ἑστιῶντος τοῦ Ἀγαμέμνονος ἄκλητον ἐποίησεν ἐλθόντα τὸν Μενέλεων ἐπὶ τὴν θοίνην, χείρω ὄντα ἐπὶ τὴν τοῦ ἀμείνονος.

Ταῦτ’ ἀκούσας εἰπεῖν ἔφη Ἴσως μέντοι κινδυνεύσω καὶ ἐγὼ οὐχ ὡς σὺ λέγεις, ὦ Σώκρατες, ἀλλὰ καθ’ Ὅμηρον φαῦλος ὢν ἐπὶ σοφοῦ ἀνδρὸς ἰέναι θοίνην ἄκλητος. ὅρα οὖν ἄγων με τί ἀπολογήσῃ, ὡς ἐγὼ μὲν οὐχ ὁμολογήσω ἄκλητος

d ἥκειν, ἀλλ’ ὑπὸ σοῦ κεκλημένος.

“Σύν τε δύ’,” ἔφη, “ἐρχομένω πρὸ ὁδοῦ” βουλευσόμεθα ὅτι ἐροῦμεν. ἀλλ’ ἴωμεν.

Τοιαῦτ’ ἄττα σφᾶς ἔφη διαλεχθέντας ἰέναι. τὸν οὖν Σωκράτη ἑαυτῷ πως προσέχοντα τὸν νοῦν κατὰ τὴν ὁδὸν πορεύεσθαι ὑπολειπόμενον, καὶ περιμένοντος οὗ κελεύειν προϊέναι εἰς τὸ πρόσθεν. ἐπειδὴ δὲ γενέσθαι ἐπὶ τῇ οἰκίᾳ

e τῇ Ἀγάθωνος, ἀνεῳγμένην καταλαμβάνειν τὴν θύραν, καί τι ἔφη αὐτόθι γελοῖον παθεῖν. οἷ μὲν γὰρ εὐθὺς παῖδά τινα τῶν ἔνδοθεν ἀπαντήσαντα ἄγειν οὗ κατέκειντο οἱ ἄλλοι, καὶ καταλαμβάνειν ἤδη μέλλοντας δειπνεῖν· εὐθὺς δ’ οὖν ὡς ἰδεῖν τὸν Ἀγάθωνα, Ὦ, φάναι, Ἀριστόδημε, εἰς καλὸν ἥκεις ὅπως συνδειπνήσῃς· εἰ δ’ ἄλλου τινὸς ἕνεκα ἦλθες, εἰς αὖθις ἀναβαλοῦ, ὡς καὶ χθὲς ζητῶν σε ἵνα καλέσαιμι, οὐχ οἷός τ’ ἦ ἰδεῖν. ἀλλὰ Σωκράτη ἡμῖν πῶς οὐκ ἄγεις;

Καὶ ἐγώ, ἔφη, μεταστρεφόμενος οὐδαμοῦ ὁρῶ Σωκράτη ἑπόμενον· εἶπον οὖν ὅτι καὶ αὐτὸς μετὰ Σωκράτους ἥκοιμι, κληθεὶς ὑπ’ ἐκείνου δεῦρ’ ἐπὶ δεῖπνον.

Καλῶς γ’, ἔφη, ποιῶν σύ· ἀλλὰ ποῦ ἔστιν οὗτος;

175a Ὄπισθεν ἐμοῦ ἄρτι εἰσῄει· ἀλλὰ θαυμάζω καὶ αὐτὸς ποῦ ἂν εἴη.

Οὐ σκέψῃ, ἔφη, παῖ, φάναι τὸν Ἀγάθωνα, καὶ εἰσάξεις Σωκράτη; σὺ δ’, ἦ δ’ ὅς, Ἀριστόδημε, παρ’ Ἐρυξίμαχον κατακλίνου.

Καὶ ἓ μὲν ἔφη ἀπονίζειν τὸν παῖδα ἵνα κατακέοιτο· ἄλλον δέ τινα τῶν παίδων ἥκειν ἀγγέλλοντα ὅτι “Σωκράτης οὗτος ἀναχωρήσας ἐν τῷ τῶν γειτόνων προθύρῳ ἕστηκεν, κἀμοῦ καλοῦντος οὐκ ἐθέλει εἰσιέναι.”

Ἄτοπόν γ’, ἔφη, λέγεις· οὔκουν καλεῖς αὐτὸν καὶ μὴ ἀφήσεις;

b Καὶ ὃς ἔφη εἰπεῖν Μηδαμῶς, ἀλλ’ ἐᾶτε αὐτόν. ἔθος γάρ τι τοῦτ’ ἔχει· ἐνίοτε ἀποστὰς ὅποι ἂν τύχῃ ἕστηκεν. ἥξει δ’ αὐτίκα, ὡς ἐγὼ οἶμαι. μὴ οὖν κινεῖτε, ἀλλ’ ἐᾶτε.

Ἀλλ᾿ οὕτω χρὴ ποιεῖν, εἰ σοὶ δοκεῖ, ἔφη φάναι τὸν Ἀγάθωνα. ἀλλ᾿ ἡμᾶς, ὦ παῖδες, τοὺς ἄλλους ἑστιᾶτε. πάντως παρατίθετε ὅτι ἂν βούλησθε, ἐπειδάν τις ὑμῖν μὴ ἐφεστήκῃ – ὃ ἐγὼ οὐδεπώποτε ἐποίησα – νῦν οὖν, νομίζοντες καὶ ἐμὲ ὑφ᾿ ὑμῶν κεκλῆσθαι ἐπὶ δεῖπνον καὶ τούσδε τοὺς

c ἄλλους, θεραπεύετε, ἵν᾿ ὑμᾶς ἐπαινῶμεν.

Μετὰ ταῦτα ἔφη σφᾶς μὲν δειπνεῖν, τὸν δὲ Σωκράτη

οὐκ εἰσιέναι. τὸν οὖν Ἀγάθωνα πολλάκις κελεύειν μετα-

πέμψασθαι τὸν Σωκράτη, ἓ δὲ οὐκ ἐᾶν. ἥκειν οὖν αὐτὸν οὐ πολὺν χρόνον ὡς εἰώθει διατρίψαντα, ἀλλὰ μάλιστα σφᾶς μεσοῦν δειπνοῦντας. τὸν οὖν Ἀγάθωνα – τυγχάνειν γὰρ ἔσχατον κατακείμενον μόνον – Δεῦρ᾿, ἔφη φάναι, Σώκρατες, παρ᾿ ἐμὲ κατάκεισο, ἵνα καὶ τοῦ σοφοῦ ἁπτόμενός σου

d ἀπολαύσω, ὅ σοι προσέστη ἐν τοῖς προθύροις. δῆλον γὰρ ὅτι ηὗρες αὐτὸ καὶ ἔχεις· οὐ γὰρ ἂν προαπέστης.

Καὶ τὸν Σωκράτη καθίζεσθαι καὶ εἰπεῖν ὅτι Εὖ ἂν ἔχοι,

φάναι, ὦ Ἀγάθων, εἰ τοιοῦτον εἴη ἡ σοφία ὥστ᾿ ἐκ τοῦ πληρεστέρου εἰς τὸ κενώτερον ῥεῖν ἡμῶν, ἐὰν ἁπτώμεθα ἀλλήλων, ὥσπερ τὸ ἐν ταῖς κύλιξιν ὕδωρ τὸ διὰ τοῦ ἐρίου ῥέον ἐκ τῆς πληρεστέρας εἰς τὴν κενωτέραν. εἰ γὰρ οὕτως ἔχει καὶ ἡ

e σοφία, πολλοῦ τιμῶμαι τὴν παρὰ σοὶ κατάκλισιν· οἶμαι γάρ με παρὰ σοῦ πολλῆς καὶ καλῆς σοφίας πληρωθήσεσθαι. ἡ μὲν γὰρ ἐμὴ φαύλη τις ἂν εἴη, ἢ καὶ ἀμφισβητήσιμος ὥσπερ ὄναρ οὖσα, ἡ δὲ σὴ λαμπρά τε καὶ πολλὴν ἐπίδοσιν ἔχουσα, ἥ γε παρὰ σοῦ νέου ὄντος οὕτω σφόδρα ἐξέλαμψεν καὶ ἐκφανὴς ἐγένετο πρῴην ἐν μάρτυσι τῶν Ἑλλήνων πλέον ἢ τρισμυρίοις.

Ὑβριστὴς εἶ, ἔφη, ὦ Σώκρατες, ὁ Ἀγάθων. καὶ ταῦτα

μὲν καὶ ὀλίγον ὕστερον διαδικασόμεθα ἐγώ τε καὶ σὺ περὶ τῆς σοφίας, δικαστῇ χρώμενοι τῷ Διονύσῳ· νῦν δὲ πρὸς τὸ δεῖπνον πρῶτα τρέπου.

176a Μετὰ ταῦτα, ἔφη, κατακλινέντος τοῦ Σωκράτους καὶ δειπνήσαντος καὶ τῶν ἄλλων, σπονδάς τε σφᾶς ποιήσασθαι, καὶ ᾄσαντας τὸν θεὸν καὶ τἆλλα τὰ νομιζόμενα, τρέπεσθαι πρὸς τὸν πότον· τὸν οὖν Παυσανίαν ἔφη λόγου τοιούτου τινὸς κατάρχειν. Εἶεν, ἄνδρες, φάναι, τίνα τρόπον ῥᾷστα πιόμεθα; ἐγὼ μὲν οὖν λέγω ὑμῖν ὅτι τῷ ὄντι πάνυ χαλεπῶς ἔχω ὑπὸ τοῦ χθὲς πότου καὶ δέομαι ἀναψυχῆς τινος – οἶμαι δὲ καὶ ὑμῶν τοὺς πολλούς· παρῆστε γὰρ χθές – σκοπεῖσθε

b οὖν τίνι τρόπῳ ἂν ὡς ῥᾷστα πίνοιμεν.

Τὸν οὖν Ἀριστοφάνη εἰπεῖν, Τοῦτο μέντοι εὖ λέγεις, ὦ Παυσανία, τὸ παντὶ τρόπῳ παρασκευάσασθαι ῥᾳστώνην τινὰ τῆς πόσεως· καὶ γὰρ αὐτός εἰμι τῶν χθὲς βεβαπτισμένων.

Ἀκούσαντα οὖν αὐτῶν ἔφη Ἐρυξίμαχον τὸν Ἀκουμενοῦ Ἦ καλῶς, φάναι, λέγετε. καὶ ἔτι ἑνὸς δέομαι ὑμῶν ἀκοῦσαι πῶς ἔχει πρὸς τὸ ἐρρῶσθαι πίνειν, Ἀγάθων<ος>.

Οὐδαμῶς, φάναι, οὐδ’ αὐτὸς ἔρρωμαι.

c Ἕρμαιον ἂν εἴη ἡμῖν, ἦ δ’ ὅς, ὡς ἔοικεν, ἐμοί τε καὶ Ἀριστοδήμῳ καὶ Φαίδρῳ καὶ τοῖσδε, εἰ ὑμεῖς οἱ δυνατώτατοι πίνειν νῦν ἀπειρήκατε· ἡμεῖς μὲν γὰρ ἀεὶ ἀδύνατοι. Σωκράτη δ’ ἐξαιρῶ λόγου· ἱκανὸς γὰρ καὶ ἀμφότερα, ὥστ’ ἐξαρκέσει αὐτῷ ὁπότερ’ ἂν ποιῶμεν. ἐπειδὴ οὖν μοι δοκεῖ οὐδεὶς τῶν παρόντων προθύμως ἔχειν πρὸς τὸ πολὺν πίνειν οἶνον, ἴσως ἂν ἐγὼ περὶ τοῦ μεθύσκεσθαι οἷόν ἐστι τἀληθῆ λέγων ἧττον ἂν εἴην ἀηδής. ἐμοὶ γὰρ δὴ τοῦτό γε οἶμαι

d κατάδηλον γεγονέναι ἐκ τῆς ἰατρικῆς, ὅτι χαλεπὸν τοῖς ἀνθρώποις ἡ μέθη ἐστίν· καὶ οὔτε αὐτὸς ἑκὼν εἶναι πόρρω ἐθελήσαιμι ἂν πιεῖν οὔτε ἄλλῳ συμβουλεύσαιμι, ἄλλως τε καὶ κραιπαλῶντα ἔτι ἐκ τῆς προτεραίας.

Ἀλλὰ μήν, ἔφη φάναι ὑπολαβόντα Φαῖδρον τὸν Μυρρινούσιον, ἔγωγέ σοι εἴωθα πείθεσθαι ἄλλως τε καὶ ἅττ’ ἂν περὶ ἰατρικῆς λέγῃς· νῦν δ’, ἂν εὖ βουλεύωνται, καὶ οἱ λοιποί.

e ταῦτα δὴ ἀκούσαντας συγχωρεῖν πάντας μὴ διὰ μέθης ποιήσασθαι τὴν ἐν τῷ παρόντι συνουσίαν, ἀλλ' οὕτω πίνοντας πρὸς ἡδονήν.

Ἐπειδὴ τοίνυν, φάναι τὸν Ἐρυξίμαχον, τοῦτο μὲν δέδοκται, πίνειν ὅσον ἂν ἕκαστος βούληται, ἐπάναγκες δὲ μηδὲν εἶναι, τὸ μετὰ τοῦτο εἰσηγοῦμαι τὴν μὲν ἄρτι εἰσελθοῦσαν αὐλητρίδα χαίρειν ἐᾶν, αὐλοῦσαν ἑαυτῇ ἢ ἂν βούληται ταῖς γυναιξὶ ταῖς ἔνδον, ἡμᾶς δὲ διὰ λόγων ἀλλήλοις συνεῖναι τὸ τήμερον· καὶ δι' οἵων λόγων, εἰ βούλεσθε, ἐθέλω ὑμῖν εἰσηγήσασθαι.

177a Φάναι δὴ πάντας καὶ βούλεσθαι καὶ κελεύειν αὐτὸν εἰσηγεῖσθαι. εἰπεῖν οὖν τὸν Ἐρυξίμαχον ὅτι Ἡ μέν μοι ἀρχὴ τοῦ λόγου ἐστὶ κατὰ τὴν Εὐριπίδου Μελανίππην· οὐ γὰρ ἐμὸς ὁ μῦθος, ἀλλὰ Φαίδρου τοῦδε, ὃν μέλλω λέγειν. Φαῖδρος γὰρ ἑκάστοτε πρός με ἀγανακτῶν λέγει Οὐ δεινόν, φησίν, ὦ Ἐρυξίμαχε, ἄλλοις μέν τισι θεῶν ὕμνους καὶ παίωνας εἶναι ὑπὸ τῶν ποιητῶν πεποιημένους, τῷ δὲ Ἔρωτι, τηλικούτῳ ὄντι καὶ τοσούτῳ θεῷ, μηδὲ ἕνα πώποτε τοσούτων

b γεγονότων ποιητῶν πεποιηκέναι μηδὲν ἐγκώμιον; εἰ δὲ βούλει αὖ σκέψασθαι τοὺς χρηστοὺς σοφιστάς, Ἡρακλέους μὲν καὶ ἄλλων ἐπαίνους καταλογάδην συγγράφειν, ὥσπερ ὁ βέλτιστος Πρόδικος – καὶ τοῦτο μὲν ἧττον καὶ θαυμαστόν, ἀλλ' ἔγωγε ἤδη τινὶ ἐνέτυχον βιβλίῳ ἀνδρὸς σοφοῦ, ἐν ᾧ ἐνῆσαν ἅλες ἔπαινον θαυμάσιον ἔχοντες πρὸς ὠφελίαν, καὶ ἄλλα τοιαῦτα

c συχνὰ ἴδοις ἂν ἐγκεκωμιασμένα – τὸ οὖν τοιούτων μὲν πέρι πολλὴν σπουδὴν ποιήσασθαι, Ἔρωτα δὲ μηδένα πω ἀνθρώπων τετολμηκέναι εἰς ταυτηνὶ τὴν ἡμέραν ἀξίως ὑμνῆσαι· ἀλλ' οὕτως ἠμέληται τοσοῦτος θεός. ταῦτα δή μοι δοκεῖ εὖ λέγειν Φαῖδρος. ἐγὼ οὖν ἐπιθυμῶ ἅμα μὲν τούτῳ ἔρανον εἰσενεγκεῖν καὶ χαρίσασθαι, ἅμα δ' ἐν τῷ παρόντι πρέπον μοι δοκεῖ εἶναι ἡμῖν τοῖς παροῦσι κοσμῆσαι τὸν θεόν. εἰ οὖν

d συνδοκεῖ καὶ ὑμῖν, γένοιτ' ἂν ἡμῖν ἐν λόγοις ἱκανὴ διατριβή· δοκεῖ γάρ μοι χρῆναι ἕκαστον ἡμῶν λόγον εἰπεῖν ἔπαινον Ἔρωτος ἐπὶ δεξιὰ ὡς ἂν δύνηται κάλλιστον, ἄρχειν δὲ Φαῖδρον πρῶτον, ἐπειδὴ καὶ πρῶτος κατάκειται καὶ ἔστιν ἅμα πατὴρ τοῦ λόγου.

Οὐδείς σοι, ὦ Ἐρυξίμαχε, φάναι τὸν Σωκράτη, ἐναντία

ψηφιεῖται. οὔτε γὰρ ἄν που ἐγὼ ἀποφήσαιμι, ὃς οὐδέν φημι ἄλλο ἐπίστασθαι ἢ τὰ ἐρωτικά, οὔτε που Ἀγάθων καὶ

e Παυσανίας, οὐδὲ μὴν Ἀριστοφάνης, ᾧ περὶ Διόνυσον καὶ Ἀφροδίτην πᾶσα ἡ διατριβή, οὐδὲ ἄλλος οὐδεὶς τουτωνὶ ὧν ἐγὼ ὁρῶ. καίτοι οὐκ ἐξ ἴσου γίγνεται ἡμῖν τοῖς ὑστάτοις κατακειμένοις· ἀλλ' ἐὰν οἱ πρόσθεν ἱκανῶς καὶ καλῶς εἴπωσιν, ἐξαρκέσει ἡμῖν. ἀλλὰ τύχῃ ἀγαθῇ καταρχέτω Φαῖδρος καὶ ἐγκωμιαζέτω τὸν Ἔρωτα.

Ταῦτα δὴ καὶ οἱ ἄλλοι πάντες ἄρα συνέφασάν τε καὶ

178a ἐκέλευον ἅπερ ὁ Σωκράτης. πάντων μὲν οὖν ἃ ἕκαστος εἶπεν, οὔτε πάνυ ὁ Ἀριστόδημος ἐμέμνητο οὔτ' αὖ ἐγὼ ἃ ἐκεῖνος ἔλεγε πάντα· ἃ δὲ μάλιστα καὶ ὧν ἔδοξέ μοι ἀξιομνημόνευτον, τούτων ὑμῖν ἐρῶ ἑκάστου τὸν λόγον.

Πρῶτον μὲν γάρ, ὥσπερ λέγω, ἔφη Φαῖδρον ἀρξάμενον

ἐνθένδε ποθὲν λέγειν, ὅτι μέγας θεὸς εἴη ὁ Ἔρως καὶ

θαυμαστὸς ἐν ἀνθρώποις τε καὶ θεοῖς, πολλαχῇ μὲν καὶ ἄλλῃ, οὐχ ἥκιστα δὲ κατὰ τὴν γένεσιν. τὸ γὰρ ἐν τοῖς πρεσβύ-

b τατον εἶναι τὸν θεὸν τίμιον, ἦ δ' ὅς, τεκμήριον δὲ τούτου· γονῆς γὰρ Ἔρωτος οὔτ' εἰσὶν οὔτε λέγονται ὑπ' οὐδενὸς οὔτε ἰδιώτου οὔτε ποιητοῦ, ἀλλ' Ἡσίοδος πρῶτον μὲν Χάος φησὶ γενέσθαι –

αὐτὰρ ἔπειτα

Γαῖ' εὐρύστερνος, πάντων ἕδος ἀσφαλὲς αἰεί,

ἠδ' Ἔρος

Ἡσιόδῳ δὲ καὶ Ἀκουσίλεως σύμφησιν μετὰ τὸ Χάος δύο τούτω γενέσθαι, Γῆν τε καὶ Ἔρωτα. Παρμενίδης δὲ τὴν γένεσιν λέγει –

πρώτιστον μὲν Ἔρωτα θεῶν μητίσατο πάντων.

c οὕτω πολλαχόθεν ὁμολογεῖται ὁ Ἔρως ἐν τοῖς πρεσβύτατος εἶναι. πρεσβύτατος δὲ ὢν μεγίστων ἀγαθῶν ἡμῖν αἴτιός ἐστιν. οὐ γὰρ ἔγωγ' ἔχω εἰπεῖν ὅτι μεῖζόν ἐστιν ἀγαθὸν εὐθὺς νέῳ ὄντι ἢ ἐραστὴς χρηστὸς καὶ ἐραστῇ παιδικά. ὃ γὰρ χρὴ ἀνθρώποις ἡγεῖσθαι παντὸς τοῦ βίου τοῖς μέλλουσι καλῶς βιώσεσθαι, τοῦτο οὔτε συγγένεια οἵα τε ἐμποιεῖν οὕτω καλῶς οὔτε τιμαὶ οὔτε πλοῦτος οὔτ' ἄλλο

d οὐδὲν ὡς ἔρως. λέγω δὲ δὴ τί τοῦτο; τὴν ἐπὶ μὲν τοῖς αἰσχροῖς αἰσχύνην, ἐπὶ δὲ τοῖς καλοῖς φιλοτιμίαν· οὐ γὰρ ἔστιν ἄνευ τούτων οὔτε πόλιν οὔτε ἰδιώτην μεγάλα καὶ καλὰ ἔργα ἐξεργάζεσθαι. φημὶ τοίνυν ἐγὼ ἄνδρα ὅστις ἐρᾷ, εἴ τι αἰσχρὸν ποιῶν κατάδηλος γίγνοιτο ἢ πάσχων ὑπό του δι' ἀνανδρίαν μὴ ἀμυνόμενος, οὔτ' ἂν ὑπὸ πατρὸς ὀφθέντα οὕτως ἀλγῆσαι οὔτε ὑπὸ ἑταίρων οὔτε ὑπ' ἄλλου

e οὐδενὸς ὡς ὑπὸ παιδικῶν. ταὐτὸν δὲ τοῦτο καὶ τὸν ἐρώμενον ὁρῶμεν, ὅτι διαφερόντως τοὺς ἐραστὰς αἰσχύνεται, ὅταν ὀφθῇ ἐν αἰσχρῷ τινι ὤν. εἰ οὖν μηχανή τις γένοιτο ὥστε πόλιν γενέσθαι ἢ στρατόπεδον ἐραστῶν τε καὶ παιδικῶν, οὐκ ἔστιν ὅπως ἂν ἄμεινον οἰκήσειαν τὴν ἑαυτῶν ἢ ἀπεχόμενοι πάντων τῶν αἰσχρῶν καὶ φιλοτιμούμενοι πρὸς

179a ἀλλήλους, καὶ μαχόμενοί γ' ἂν μετ' ἀλλήλων οἱ τοιοῦτοι νικῷεν ἂν ὀλίγοι ὄντες ὡς ἔπος εἰπεῖν πάντας ἀνθρώπους. ἐρῶν γὰρ ἀνὴρ ὑπὸ παιδικῶν ὀφθῆναι ἢ λιπὼν τάξιν ἢ ὅπλα ἀποβαλὼν ἧττον ἂν δήπου δέξαιτο ἢ ὑπὸ πάντων τῶν ἄλλων, καὶ πρὸ τούτου τεθνάναι ἂν πολλάκις ἕλοιτο. καὶ μὴν ἐγκαταλιπεῖν γε τὰ παιδικὰ ἢ μὴ βοηθῆσαι κινδυνεύοντι – οὐδεὶς οὕτω κακὸς ὅντινα οὐκ ἂν αὐτὸς ὁ Ἔρως ἔνθεον ποιήσειε πρὸς ἀρετήν, ὥστε ὅμοιον εἶναι τῷ ἀρίστῳ φύσει·

b καὶ ἀτεχνῶς, ὃ ἔφη Ὅμηρος, <μένος ἐμπνεῦσαι> ἐνίοις τῶν ἡρώων τὸν θεόν, τοῦτο ὁ Ἔρως τοῖς ἐρῶσι παρέχει γιγνόμενον παρ' αὐτοῦ.

Καὶ μὴν ὑπεραποθνῄσκειν γε μόνοι ἐθέλουσιν οἱ ἐρῶντες, οὐ μόνον ὅτι ἄνδρες, ἀλλὰ καὶ αἱ γυναῖκες. τούτου δὲ καὶ ἡ Πελίου θυγάτηρ Ἄλκηστις ἱκανὴν μαρτυρίαν παρέχεται ὑπὲρ τοῦδε τοῦ λόγου εἰς τοὺς Ἕλληνας, ἐθελήσασα μόνη ὑπὲρ τοῦ αὑτῆς ἀνδρὸς ἀποθανεῖν, ὄντων αὐτῷ πατρός τε

c καὶ μητρός, οὓς ἐκείνη τοσοῦτον ὑπερεβάλετο τῇ φιλίᾳ διὰ τὸν ἔρωτα, ὥστε ἀποδεῖξαι αὐτοὺς ἀλλοτρίους ὄντας τῷ ὑεῖ καὶ ὀνόματι μόνον προσήκοντας, καὶ τοῦτ᾽ ἐργασαμένη τὸ ἔργον οὕτω καλὸν ἔδοξεν ἐργάσασθαι οὐ μόνον ἀνθρώποις ἀλλὰ καὶ θεοῖς, ὥστε πολλῶν πολλὰ καὶ καλὰ ἐργασαμένων εὐαριθμήτοις δή τισιν ἔδοσαν τοῦτο γέρας οἱ θεοί, ἐξ Ἅιδου ἀνεῖναι πάλιν τὴν ψυχήν, ἀλλὰ τὴν ἐκείνης ἀνεῖσαν ἀγα-

d σθέντες τῷ ἔργῳ· οὕτω καὶ θεοὶ τὴν περὶ τὸν ἔρωτα σπουδήν τε καὶ ἀρετὴν μάλιστα τιμῶσιν. Ὀρφέα δὲ τὸν Οἰάγρου ἀτελῆ ἀπέπεμψαν ἐξ Ἅιδου, φάσμα δείξαντες τῆς γυναικὸς ἐφ᾽ ἣν ἧκεν, αὐτὴν δὲ οὐ δόντες, ὅτι μαλθακίζεσθαι ἐδόκει, ἅτε ὢν κιθαρῳδός, καὶ οὐ τολμᾶν ἕνεκα τοῦ ἔρωτος ἀποθνῄσκειν ὥσπερ Ἄλκηστις, ἀλλὰ διαμηχανᾶσθαι ζῶν εἰσιέναι εἰς Ἅιδου. τοιγάρτοι διὰ ταῦτα δίκην αὐτῷ ἐπέθεσαν, καὶ ἐποίησαν τὸν θάνατον αὐτοῦ ὑπὸ γυναικῶν

e γενέσθαι, οὐχ ὥσπερ Ἀχιλλέα τὸν τῆς Θέτιδος ὑὸν ἐτίμησαν καὶ εἰς μακάρων νήσους ἀπέπεμψαν, ὅτι πεπυσμένος παρὰ τῆς μητρὸς ὡς ἀποθανοῖτο ἀποκτείνας Ἕκτορα, μὴ ποιήσας δὲ τοῦτο οἴκαδε ἐλθὼν γηραιὸς τελευτήσοι, ἐτόλμησεν ἑλέσθαι βοηθήσας τῷ ἐραστῇ Πατρόκλῳ καὶ

180a τιμωρήσας οὐ μόνον ὑπεραποθανεῖν ἀλλὰ καὶ ἐπαποθανεῖν τετελευτηκότι· ὅθεν δὴ καὶ ὑπεραγασθέντες οἱ θεοὶ διαφερόντως αὐτὸν ἐτίμησαν, ὅτι τὸν ἐραστὴν οὕτω περὶ πολλοῦ ἐποιεῖτο. Αἰσχύλος δὲ φλυαρεῖ φάσκων Ἀχιλλέα Πατρόκλου ἐρᾶν, ὃς ἦν καλλίων οὐ μόνον Πατρόκλου ἀλλ᾽ ἅμα καὶ τῶν ἡρώων ἁπάντων, καὶ ἔτι ἀγένειος, ἔπειτα νεώτερος πολύ, ὥς φησιν Ὅμηρος. ἀλλὰ γὰρ τῷ ὄντι μάλιστα μὲν ταύτην τὴν ἀρετὴν οἱ θεοὶ τιμῶσιν τὴν περὶ b τὸν ἔρωτα, μᾶλλον μέντοι θαυμάζουσιν καὶ ἄγανται καὶ εὖ ποιοῦσιν ὅταν ὁ ἐρώμενος τὸν ἐραστὴν ἀγαπᾷ, ἢ ὅταν ὁ ἐραστὴς τὰ παιδικά. θειότερον γὰρ ἐραστὴς παιδικῶν· ἔνθεος γάρ ἐστι. διὰ ταῦτα καὶ τὸν Ἀχιλλέα τῆς Ἀλκήστιδος μᾶλλον ἐτίμησαν, εἰς μακάρων νήσους ἀποπέμψαντες.

Οὕτω δὴ ἔγωγέ φημι Ἔρωτα θεῶν καὶ πρεσβύτατον καὶ τιμιώτατον καὶ κυριώτατον εἶναι εἰς ἀρετῆς καὶ εὐδαιμονίας κτῆσιν ἀνθρώποις καὶ ζῶσι καὶ τελευτήσασιν.

c Φαῖδρον μὲν τοιοῦτόν τινα λόγον ἔφη εἰπεῖν, μετὰ δὲ Φαῖδρον ἄλλους τινὰς εἶναι ὧν οὐ πάνυ διεμνημόνευε· οὓς παρεὶς τὸν Παυσανίου λόγον διηγεῖτο. εἰπεῖν δ' αὐτὸν ὅτι Οὐ καλῶς μοι δοκεῖ, ὦ Φαῖδρε, προβεβλῆσθαι ἡμῖν ὁ λόγος, τὸ ἁπλῶς οὕτως παρηγγέλθαι ἐγκωμιάζειν Ἔρωτα. εἰ μὲν γὰρ εἷς ἦν ὁ Ἔρως, καλῶς ἂν εἶχε, νῦν δὲ οὐ γάρ ἐστιν εἷς· μὴ ὄντος δὲ ἑνὸς ὀρθότερόν ἐστι πρότερον προρ-

d ρηθῆναι ὁποῖον δεῖ ἐπαινεῖν. ἐγὼ οὖν πειράσομαι τοῦτο ἐπανορθώσασθαι, πρῶτον μὲν Ἔρωτα φράσαι ὃν δεῖ ἐπαινεῖν, ἔπειτα ἐπαινέσαι ἀξίως τοῦ θεοῦ. πάντες γὰρ ἴσμεν ὅτι οὐκ ἔστιν ἄνευ Ἔρωτος Ἀφροδίτη. μιᾶς μὲν οὖν οὔσης εἷς ἂν ἦν Ἔρως· ἐπεὶ δὲ δὴ δύο ἐστόν, δύο ἀνάγκη καὶ Ἔρωτε εἶναι. πῶς δ' οὐ δύο τὼ θεά; ἡ μέν γέ που πρεσβυτέρα καὶ ἀμήτωρ Οὐρανοῦ θυγάτηρ, ἣν δὴ καὶ Οὐρανίαν ἐπονομάζομεν· ἡ δὲ νεωτέρα Διὸς καὶ Διώνης,

e ἣν δὴ Πάνδημον καλοῦμεν. ἀναγκαῖον δὴ καὶ Ἔρωτα τὸν μὲν τῇ ἑτέρᾳ συνεργὸν Πάνδημον ὀρθῶς καλεῖσθαι, τὸν δὲ Οὐράνιον. ἐπαινεῖν μὲν οὖν δεῖ πάντας θεούς, ἃ δ' οὖν ἑκάτερος εἴληχε πειρατέον εἰπεῖν. πᾶσα γὰρ πρᾶξις ὧδ' ἔχει· αὐτὴ ἐφ' ἑαυτῆς πραττομένη οὔτε καλὴ οὔτε αἰσχρά.

181a οἷον ὃ νῦν ἡμεῖς ποιοῦμεν, ἢ πίνειν ἢ ᾄδειν ἢ διαλέγεσθαι, οὐκ ἔστι τούτων αὐτὸ καλὸν οὐδέν, ἀλλ' ἐν τῇ πράξει, ὡς ἂν πραχθῇ, τοιοῦτον ἀπέβη· καλῶς μὲν γὰρ πραττόμενον καὶ ὀρθῶς καλὸν γίγνεται, μὴ ὀρθῶς δὲ αἰσχρόν. οὕτω δὴ καὶ τὸ ἐρᾶν καὶ ὁ Ἔρως οὐ πᾶς ἐστι καλὸς οὐδὲ ἄξιος ἐγκωμιάζεσθαι, ἀλλὰ ὁ καλῶς προτρέπων ἐρᾶν.

Ὁ μὲν οὖν τῆς Πανδήμου Ἀφροδίτης ὡς ἀληθῶς πάν-

b δημός ἐστι καὶ ἐξεργάζεται ὅτι ἂν τύχῃ· καὶ οὗτός ἐστιν ὃν οἱ φαῦλοι τῶν ἀνθρώπων ἐρῶσιν. ἐρῶσι δὲ οἱ τοιοῦτοι πρῶτον μὲν οὐχ ἧττον γυναικῶν ἢ παίδων, ἔπειτα ὧν καὶ ἐρῶσι τῶν σωμάτων μᾶλλον ἢ τῶν ψυχῶν, ἔπειτα ὡς ἂν δύνωνται ἀνοητοτάτων, πρὸς τὸ διαπράξασθαι μόνον βλέποντες, ἀμελοῦντες δὲ τοῦ καλῶς ἢ μή· ὅθεν δὴ συμβαίνει αὐτοῖς ὅτι ἂν τύχωσι τοῦτο πράττειν, ὁμοίως μὲν ἀγαθόν, ὁμοίως δὲ τοὐναντίον. ἔστι γὰρ καὶ ἀπὸ τῆς θεοῦ νεωτέρας

c τε οὔσης πολὺ ἢ τῆς ἑτέρας, καὶ μετεχούσης ἐν τῇ γενέσει καὶ θήλεος καὶ ἄρρενος. ὁ δὲ τῆς Οὐρανίας πρῶτον μὲν οὐ μετεχούσης θήλεος ἀλλ› ἄρρενος μόνον – καὶ ἔστιν οὗτος ὁ τῶν παίδων ἔρως – ἔπειτα πρεσβυτέρας, ὕβρεως ἀμοίρου· ὅθεν δὴ ἐπὶ τὸ ἄρρεν τρέπονται οἱ ἐκ τούτου τοῦ ἔρωτος ἔπιπνοι, τὸ φύσει ἐρρωμενέστερον καὶ νοῦν μᾶλλον ἔχον ἀγαπῶντες.καί τις ἂν γνοίη καὶ ἐν αὐτῇ τῇ παιδεραστίᾳ τοὺς εἰλικρινῶς

d ὑπὸ τούτου τοῦ ἔρωτος ὡρμημένους· οὐ γὰρ ἐρῶσι παίδων, ἀλλ› ἐπειδὰν ἤδη ἄρχωνται νοῦν ἴσχειν, τοῦτο δὲ πλησιάζει τῷ γενειάσκειν. παρεσκευασμένοι γὰρ οἶμαί εἰσιν οἱ ἐντεῦθεν ἀρχόμενοι ἐρᾶν ὡς τὸν βίον ἅπαντα συνεσόμενοι καὶ κοινῇ συμβιωσόμενοι, ἀλλ› οὐκ ἐξαπατήσαντες, ἐν ἀφροσύνῃ λαβόντες ὡς νέον, καταγελάσαντες οἰχήσεσθαι ἐπ› ἄλλον ἀποτρέχοντες. χρῆν δὲ καὶ νόμον εἶναι μὴ ἐρᾶν

e παίδων, ἵνα μὴ εἰς ἄδηλον πολλὴ σπουδὴ ἀνηλίσκετο· τὸ γὰρ τῶν παίδων τέλος ἄδηλον οἷ τελευτᾷ κακίας καὶ ἀρετῆς ψυχῆς τε πέρι καὶ σώματος. οἱ μὲν οὖν ἀγαθοὶ τὸν νόμον τοῦτον αὐτοὶ αὑτοῖς ἑκόντες τίθενται, χρῆν δὲ καὶ τούτους τοὺς πανδήμους ἐραστὰς προσαναγκάζειν τὸ τοιοῦτον, ὥσπερ καὶ τῶν ἐλευθέρων γυναικῶν προσαναγκάζομεν αὐτοὺς καθ›

182a ὅσον δυνάμεθα μὴ ἐρᾶν. οὗτοι γάρ εἰσιν οἱ καὶ τὸ ὄνειδος πεποιηκότες, ὥστε τινὰς τολμᾶν λέγειν ὡς αἰσχρὸν χαρίζεσθαι ἐρασταῖς˙ λέγουσι δὲ εἰς τούτους ἀποβλέποντες, ὁρῶντες αὐτῶν τὴν ἀκαιρίαν καὶ ἀδικίαν, ἐπεὶ οὐ δήπου κοσμίως γε καὶ νομίμως ὁτιοῦν <πρᾶγμα> πραττόμενον ψόγον ἂν δικαίως φέροι.

Καὶ δὴ καὶ ὁ περὶ τὸν ἔρωτα νόμος ἐν μὲν ταῖς ἄλλαις

πόλεσι νοῆσαι ῥᾴδιος, ἁπλῶς γὰρ ὥρισται˙ ὁ δ› ἐνθάδε

b καὶ ἐν Λακεδαίμονι ποικίλος. ἐν Ἤλιδι μὲν γὰρ καὶ ἐν

Βοιωτοῖς, καὶ οὗ μὴ σοφοὶ λέγειν, ἁπλῶς νενομοθέτηται καλὸν τὸ χαρίζεσθαι ἐρασταῖς, καὶ οὐκ ἄν τις εἴποι οὔτε

νέος οὔτε παλαιὸς ὡς αἰσχρόν, ἵνα οἶμαι μὴ πράγματ› ἔχωσιν λόγῳ πειρώμενοι πείθειν τοὺς νέους, ἅτε ἀδύνατοι λέγειν˙ τῆς δὲ Ἰωνίας καὶ ἄλλοθι πολλαχοῦ αἰσχρὸν νενόμισται, ὅσοι ὑπὸ βαρβάροις οἰκοῦσιν. τοῖς γὰρ βαρβάροις διὰ τὰς τυραννίδας αἰσχρὸν τοῦτό γε καὶ ἥ γε

c φιλοσοφία καὶ ἡ φιλογυμναστία˙ οὐ γὰρ οἶμαι συμφέρει τοῖς ἄρχουσι φρονήματα μεγάλα ἐγγίγνεσθαι τῶν ἀρχομένων, οὐδὲ φιλίας ἰσχυρὰς καὶ κοινωνίας, ὃ δὴ μάλιστα φιλεῖ τά τε ἄλλα πάντα καὶ ὁ ἔρως ἐμποιεῖν. ἔργῳ δὲ τοῦτο ἔμαθον καὶ οἱ ἐνθάδε τύραννοι˙ ὁ γὰρ Ἀριστογείτονος ἔρως καὶ ἡ Ἁρμοδίου φιλία βέβαιος γενομένη κατέλυσεν αὐτῶν τὴν ἀρχήν. οὕτως οὗ μὲν αἰσχρὸν ἐτέθη

d χαρίζεσθαι ἐρασταῖς, κακίᾳ τῶν θεμένων κεῖται, τῶν μὲν ἀρχόντων πλεονεξίᾳ, τῶν δὲ ἀρχομένων ἀνανδρίᾳ˙ οὗ δὲ καλὸν ἁπλῶς ἐνομίσθη, διὰ τὴν τῶν θεμένων τῆς ψυχῆς ἀργίαν. ἐνθάδε δὲ πολὺ τούτων κάλλιον νενομοθέτηται, καὶ ὅπερ εἶπον, οὐ ῥᾴδιον κατανοῆσαι. ἐνθυμηθέντι γὰρ ὅτι λέγεται κάλλιον τὸ φανερῶς ἐρᾶν τοῦ λάθρᾳ, καὶ μάλιστα τῶν γενναιοτάτων καὶ ἀρίστων, κἂν αἰσχίους ἄλλων ὦσι, καὶ ὅτι αὖ ἡ παρακέλευσις τῷ ἐρῶντι παρὰ πάντων θαυμαστή, οὐχ ὥς τι αἰσχρὸν ποιοῦντι, καὶ ἑλόντι τε καλὸν δοκεῖ εἶναι e καὶ μὴ ἑλόντι αἰσχρόν, καὶ πρὸς τὸ ἐπιχειρεῖν ἑλεῖν ἐξουσίαν ὁ νόμος δέδωκε τῷ ἐραστῇ θαυμαστὰ ἔργα ἐργαζομένῳ ἐπαινεῖσθαι, ἃ εἴ τις τολμῴη ποιεῖν ἄλλ› ὁτιοῦν διώκων καὶ

183a βουλόμενος διαπράξασθαι πλὴν τοῦτο, †φιλοσοφίας τὰ μέγιστα καρποῖτ› ἂν ὀνείδη – εἰ γὰρ ἢ χρήματα βουλόμενος παρά του λαβεῖν ἢ ἀρχὴν ἄρξαι ἤ τινα ἄλλην δύναμιν ἐθέλοι ποιεῖν οἷάπερ οἱ ἐρασταὶ πρὸς τὰ παιδικά, ἱκετείας τε καὶ ἀντιβολήσεις ἐν ταῖς δεήσεσιν ποιούμενοι, καὶ ὅρκους ὀμνύντες, καὶ κοιμήσεις ἐπὶ θύραις, καὶ ἐθέλοντες δουλείας δουλεύειν οἵας οὐδ› ἂν δοῦλος οὐδείς, ἐμποδίζοιτο ἂν μὴ πράττειν οὕτω τὴν πρᾶξιν καὶ ὑπὸ φίλων καὶ ὑπὸ ἐχθρῶν,

b τῶν μὲν ὀνειδιζόντων κολακείας καὶ ἀνελευθερίας, τῶν δὲ νουθετούντων καὶ αἰσχυνομένων ὑπὲρ αὐτῶν – τῷ δ› ἐρῶντι πάντα ταῦτα ποιοῦντι χάρις ἔπεστι, καὶ δέδοται ὑπὸ τοῦ νόμου ἄνευ ὀνείδους πράττειν, ὡς πάγκαλόν τι πρᾶγμα διαπραττομένου· ὃ δὲ δεινότατον, ὥς γε λέγουσιν οἱ πολλοί, ὅτι καὶ ὀμνύντι μόνῳ συγγνώμη παρὰ θεῶν ἐκβάντι τῶν ὅρκων – ἀφροδίσιον γὰρ ὅρκον οὔ φασιν εἶναι· οὕτω

c καὶ οἱ θεοὶ καὶ οἱ ἄνθρωποι πᾶσαν ἐξουσίαν πεποιήκασι τῷ ἐρῶντι, ὡς ὁ νόμος φησὶν ὁ ἐνθάδε – ταύτῃ μὲν οὖν οἰηθείη ἄν τις πάγκαλον νομίζεσθαι ἐν τῇδε τῇ πόλει καὶ τὸ ἐρᾶν καὶ τὸ φίλους γίγνεσθαι τοῖς ἐρασταῖς. ἐπειδὰν δὲ παιδαγωγοὺς ἐπιστήσαντες οἱ πατέρες τοῖς ἐρωμένοις μὴ ἐῶσι διαλέγεσθαι τοῖς ἐρασταῖς, καὶ τῷ παιδαγωγῷ ταῦτα προστεταγμένα ᾖ, ἡλικιῶται δὲ καὶ ἑταῖροι ὀνειδίζωσιν ἐάν τι ὁρῶσιν τοιοῦτον γιγνόμενον, καὶ τοὺς ὀνειδίζοντας αὖ οἱ

d πρεσβύτεροι μὴ διακωλύωσι μηδὲ λοιδορῶσιν ὡς οὐκ ὀρθῶς λέγοντας, εἰς δὲ ταῦτά τις αὖ βλέψας ἡγήσαιτ› ἂν πάλιν αἴσχιστον τὸ τοιοῦτον ἐνθάδε νομίζεσθαι. τὸ δὲ οἶμαι ὧδ› ἔχει· οὐχ ἁπλοῦν ἐστιν, ὅπερ ἐξ ἀρχῆς ἐλέχθη οὔτε καλὸν εἶναι αὐτὸ καθ› αὑτὸ οὔτε αἰσχρόν, ἀλλὰ καλῶς μὲν πραττόμενον καλόν, αἰσχρῶς δὲ αἰσχρόν. αἰσχρῶς μὲν οὖν ἐστι πονηρῷ τε καὶ πονηρῶς χαρίζεσθαι, καλῶς δὲ χρηστῷ τε καὶ καλῶς. πονηρὸς δ› ἐστὶν ἐκεῖνος ὁ ἐραστὴς ὁ πάνe δημος, ὁ τοῦ σώματος μᾶλλον ἢ τῆς ψυχῆς ἐρῶν· καὶ γὰρ οὐδὲ μόνιμός ἐστιν, ἅτε οὐδὲ μονίμου ἐρῶν πράγματος. ἅμα γὰρ τῷ τοῦ σώματος ἄνθει λήγοντι, οὗπερ ἤρα, "οἴχεται ἀποπτάμενος," πολλοὺς λόγους καὶ ὑποσχέσεις καταισχύνας· ὁ δὲ τοῦ ἤθους χρηστοῦ ὄντος ἐραστὴς διὰ βίου μένει, ἅτε μονίμῳ συντακείς. τούτους δὴ βούλεται ὁ

184a ἡμέτερος νόμος εὖ καὶ καλῶς βασανίζειν, καὶ τοῖς μὲν χαρίσασθαι, τοὺς δὲ διαφεύγειν. διὰ ταῦτα οὖν τοῖς μὲν διώκειν παρακελεύεται, τοῖς δὲ φεύγειν, ἀγωνοθετῶν καὶ βασανίζων ποτέρων ποτέ ἐστιν ὁ ἐρῶν καὶ ποτέρων ὁ ἐρώμενος. οὕτω δὴ ὑπὸ ταύτης τῆς αἰτίας πρῶτον μὲν τὸ ἁλίσκεσθαι ταχὺ αἰσχρὸν νενόμισται, ἵνα χρόνος ἐγγένηται, ὃς δὴ δοκεῖ τὰ πολλὰ καλῶς βασανίζειν, ἔπειτα τὸ ὑπὸ χρημάτων καὶ ὑπὸ πολιτικῶν δυνάμεων ἁλῶναι αἰσχρόν,

b ἐάν τε κακῶς πάσχων πτήξῃ καὶ μὴ καρτερήσῃ, ἄν τ› εὐεργετούμενος εἰς χρήματα ἢ εἰς διαπράξεις πολιτικὰς μὴ καταφρονήσῃ· οὐδὲν γὰρ δοκεῖ τούτων οὔτε βέβαιον οὔτε μόνιμον εἶναι, χωρὶς τοῦ μηδὲ πεφυκέναι ἀπ› αὐτῶν γενναίαν φιλίαν. μία δὴ λείπεται τῷ ἡμετέρῳ νόμῳ ὁδός, εἰ μέλλει καλῶς χαριεῖσθαι ἐραστῇ παιδικά. ἔστι γὰρ ἡμῖν νόμος, ὥσπερ ἐπὶ τοῖς ἐρασταῖς ἦν δουλεύειν ἐθέλοντα

c ἡντινοῦν δουλείαν παιδικοῖς μὴ κολακείαν εἶναι μηδὲ ἐπονείδιστον, οὕτω δὴ καὶ ἄλλη μία μόνη δουλεία ἑκούσιος λείπεται οὐκ ἐπονείδιστος· αὕτη δ› ἐστὶν ἡ περὶ τὴν ἀρετήν. νενόμισται γὰρ δὴ ἡμῖν, ἐάν τις ἐθέλῃ τινὰ θεραπεύειν ἡγούμενος δι› ἐκεῖνον ἀμείνων ἔσεσθαι ἢ κατὰ σοφίαν τινὰ ἢ κατὰ ἄλλο ὁτιοῦν μέρος ἀρετῆς, αὕτη αὖ ἡ ἐθελοδουλεία οὐκ αἰσχρὰ εἶναι οὐδὲ κολακεία. δεῖ δὴ τὼ νόμω τούτω συμβαλεῖν εἰς ταὐτόν, τόν τε περὶ τὴν παιδεραστίαν καὶ

d τὸν περὶ τὴν φιλοσοφίαν τε καὶ τὴν ἄλλην ἀρετήν, εἰ μέλλει συμβῆναι καλὸν γενέσθαι τὸ ἐραστῇ παιδικὰ χαρίσασθαι. ὅταν γὰρ εἰς τὸ αὐτὸ ἔλθωσιν ἐραστής τε καὶ παιδικά, νόμον ἔχων ἑκάτερος, ὁ μὲν χαρισαμένοις παιδικοῖς ὑπηρετῶν ὁτιοῦν δικαίως ἂν ὑπηρετεῖν, ὁ δὲ τῷ ποιοῦντι αὐτὸν σοφόν τε καὶ ἀγαθὸν δικαίως αὖ ὁτιοῦν ἂν ὑπουργῶν <ὑπουργεῖν>, καὶ ὁ μὲν δυνάμενος εἰς φρόνησιν καὶ τὴν

e ἄλλην ἀρετὴν συμβάλλεσθαι, ὁ δὲ δεόμενος εἰς παίδευσιν καὶ τὴν ἄλλην σοφίαν κτᾶσθαι, τότε δὴ τούτων συνιόντων εἰς ταὐτὸν τῶν νόμων μοναχοῦ ἐνταῦθα συμπίπτει τὸ καλὸν εἶναι παιδικὰ ἐραστῇ χαρίσασθαι, ἄλλοθι δὲ οὐδαμοῦ. ἐπὶ τούτῳ καὶ ἐξαπατηθῆναι οὐδὲν αἰσχρόν˙ ἐπὶ δὲ τοῖς ἄλλοις πᾶσι καὶ ἐξαπατωμένῳ αἰσχύνην φέρει καὶ μή. εἰ γάρ τις

185a ἐραστῇ ὡς πλουσίῳ πλούτου ἕνεκα χαρισάμενος ἐξαπατηθείη καὶ μὴ λάβοι χρήματα, ἀναφανέντος τοῦ ἐραστοῦ πένητος, οὐδὲν ἧττον αἰσχρόν˙ δοκεῖ γὰρ ὁ τοιοῦτος τό γε αὑτοῦ ἐπιδεῖξαι, ὅτι ἕνεκα χρημάτων ὁτιοῦν ἂν ὁτῳοῦν ὑπηρετοῖ, τοῦτο δὲ οὐ καλόν. κατὰ τὸν αὐτὸν δὴ λόγον κἂν εἴ τις ὡς ἀγαθῷ χαρισάμενος καὶ αὐτὸς ὡς ἀμείνων ἐσόμενος διὰ τὴν φιλίαν ἐραστοῦ ἐξαπατηθείη, ἀναφανέντος ἐκείνου κακοῦ

b καὶ οὐ κεκτημένου ἀρετήν, ὅμως καλὴ ἡ ἀπάτη˙ δοκεῖ γὰρ αὖ καὶ οὗτος τὸ καθ› αὑτὸν δεδηλωκέναι, ὅτι ἀρετῆς γ› ἕνεκα καὶ τοῦ βελτίων γενέσθαι πᾶν ἂν παντὶ προθυμηθείη, τοῦτο δὲ αὖ πάντων κάλλιστον˙ οὕτω πᾶν πάντως γε καλὸν ἀρετῆς γ› ἕνεκα χαρίζεσθαι. οὗτός ἐστιν ὁ τῆς οὐρανίας θεοῦ ἔρως καὶ οὐράνιος καὶ πολλοῦ ἄξιος καὶ πόλει καὶ ἰδιώταις, πολλὴν ἐπιμέλειαν ἀναγκάζων ποιεῖσθαι πρὸς ἀρετὴν τόν

c τε ἐρῶντα αὐτὸν αὑτοῦ καὶ τὸν ἐρώμενον˙ οἱ δ› ἕτεροι πάντες τῆς ἑτέρας, τῆς πανδήμου. ταῦτά σοι, ἔφη, ὡς ἐκ

τοῦ παραχρῆμα, ὦ Φαῖδρε, περὶ Ἔρωτος συμβάλλομαι.

Παυσανίου δὲ παυσαμένου – διδάσκουσι γάρ με ἴσα λέγειν οὑτωσὶ οἱ σοφοί – ἔφη ὁ Ἀριστόδημος δεῖν μὲν Ἀριστοφάνη λέγειν, τυχεῖν δὲ αὐτῷ τινα ἢ ὑπὸ πλησμονῆς ἢ ὑπό τινος ἄλλου λύγγα ἐπιπεπτωκυῖαν καὶ οὐχ οἷόν τε εἶναι λέγειν,

d ἀλλ› εἰπεῖν αὐτόν – ἐν τῇ κάτω γὰρ αὐτοῦ τὸν ἰατρὸν Ἐρυξίμαχον κατακεῖσθαι – ”Ω Ερυξίμαχε, δίκαιος εἶ ἢ παῦσαί με τῆς λυγγὸς ἢ λέγειν ὑπὲρ ἐμοῦ, ἕως ἂν ἐγὼ παύσωμαι.” καὶ τὸν Ἐρυξίμαχον εἰπεῖν "Ἀλλὰ ποιήσω ἀμφότερα ταῦτα· ἐγὼ μὲν γὰρ ἐρῶ ἐν τῷ σῷ μέρει, σὺ δ› ἐπειδὰν παύσῃ, ἐν τῷ ἐμῷ. ἐν ᾧ δ› ἂν ἐγὼ λέγω, ἐὰν μέν σοι ἐθέλῃ ἀπνευστὶ ἔχοντι πολὺν χρόνον παύεσθαι ἡ λύγξ· εἰ δὲ μή, ὕδατι

e ἀνακογχυλίασον. εἰ δ› ἄρα πάνυ ἰσχυρά ἐστιν, ἀναλαβών τι τοιοῦτον οἵῳ κινήσαις ἂν τὴν ῥῖνα, πτάρε· καὶ ἐὰν τοῦτο ποιήσῃς ἅπαξ ἢ δίς, καὶ εἰ πάνυ ἰσχυρά ἐστι, παύσεται." "Οὐκ ἂν φθάνοις λέγων," φάναι τὸν Ἀριστοφάνη· "ἐγὼ δὲ ταῦτα ποιήσω."

Εἰπεῖν δὴ τὸν Ἐρυξίμαχον, Δοκεῖ τοίνυν μοι ἀναγκαῖον εἶναι, ἐπειδὴ Παυσανίας ὁρμήσας ἐπὶ τὸν λόγον καλῶς οὐχ

186a ἱκανῶς ἀπετέλεσε, δεῖν ἐμὲ πειρᾶσθαι τέλος ἐπιθεῖναι τῷ λόγῳ. τὸ μὲν γὰρ διπλοῦν εἶναι τὸν Ἔρωτα δοκεῖ μοι καλῶς διελέσθαι· ὅτι δὲ οὐ μόνον ἐστὶν ἐπὶ ταῖς ψυχαῖς τῶν ἀνθρώπων πρὸς τοὺς καλοὺς ἀλλὰ καὶ πρὸς ἄλλα πολλὰ καὶ ἐν τοῖς ἄλλοις, τοῖς τε σώμασι τῶν πάντων ζῴων καὶ τοῖς ἐν τῇ γῇ φυομένοις καὶ ὡς ἔπος εἰπεῖν ἐν πᾶσι τοῖς οὖσι, καθεωρακέναι μοι δοκῶ ἐκ τῆς ἰατρικῆς, τῆς ἡμετέρας

b τέχνης, ὡς μέγας καὶ θαυμαστὸς καὶ ἐπὶ πᾶν ὁ θεὸς τείνει καὶ κατ› ἀνθρώπινα καὶ κατὰ θεῖα πράγματα. ἄρξομαι δὲ ἀπὸ τῆς ἰατρικῆς λέγων, ἵνα καὶ πρεσβεύωμεν τὴν τέχνην. ἡ γὰρ φύσις τῶν σωμάτων τὸν διπλοῦν Ἔρωτα τοῦτον ἔχει· τὸ γὰρ ὑγιὲς τοῦ σώματος καὶ τὸ νοσοῦν ὁμολογουμένως ἕτερόν τε καὶ ἀνόμοιόν ἐστι, τὸ δὲ ἀνόμοιον ἀνομοίων ἐπιθυμεῖ καὶ ἐρᾷ. ἄλλος μὲν οὖν ὁ ἐπὶ τῷ ὑγιεινῷ ἔρως, ἄλλος δὲ ὁ ἐπὶ τῷ νοσώδει. ἔστιν δή, ὥσπερ ἄρτι Παυσανίας ἔλεγεν τοῖς μὲν ἀγαθοῖς καλὸν χαρίζεσθαι τῶν ἀνθρώπων,

c τοῖς δ› ἀκολάστοις αἰσχρόν, οὕτω καὶ ἐν αὐτοῖς τοῖς σώμασιν τοῖς μὲν ἀγαθοῖς ἑκάστου τοῦ σώματος καὶ ὑγιεινοῖς καλὸν χαρίζεσθαι καὶ δεῖ, καὶ τοῦτό ἐστιν ᾧ ὄνομα τὸ ἰατρικόν, τοῖς δὲ κακοῖς καὶ νοσώδεσιν αἰσχρόν τε καὶ δεῖ ἀχαριστεῖν, εἰ μέλλει τις τεχνικὸς εἶναι. ἔστι γὰρ ἰατρική, ὡς ἐν κεφαλαίῳ εἰπεῖν, ἐπιστήμη τῶν τοῦ σώματος ἐρωτικῶν πρὸς πλησμονὴν καὶ κένωσιν, καὶ ὁ διαγιγνώσκων ἐν τούτοις τὸν d καλόν τε καὶ αἰσχρὸν ἔρωτα, οὗτός ἐστιν ὁ ἰατρικώτατος, καὶ ὁ μεταβάλλειν ποιῶν, ὥστε ἀντὶ τοῦ ἑτέρου ἔρωτος τὸν ἕτερον κτᾶσθαι, καὶ οἷς μὴ ἔνεστιν ἔρως, δεῖ δ› ἐγγενέσθαι, ἐπιστάμενος ἐμποιῆσαι καὶ ἐνόντα ἐξελεῖν, ἀγαθὸς ἂν εἴη δημιουργός. δεῖ γὰρ δὴ τὰ ἔχθιστα ὄντα ἐν τῷ σώματι φίλα οἷόν τ› εἶναι ποιεῖν καὶ ἐρᾶν ἀλλήλων. ἔστι δὲ ἔχθιστα τὰ ἐναντιώτατα, ψυχρὸν θερμῷ, πικρὸν γλυκεῖ, ξηρὸν ὑγρῷ,

e πάντα τὰ τοιαῦτα· τούτοις ἐπιστηθεὶς ἔρωτα ἐμποιῆσαι καὶ ὁμόνοιαν ὁ ἡμέτερος πρόγονος Ἀσκληπιός, ὥς φασιν οἵδε οἱ ποιηταὶ καὶ ἐγὼ πείθομαι, συνέστησεν τὴν ἡμετέραν τέχνην. ἥ τε οὖν ἰατρική, ὥσπερ λέγω, πᾶσα διὰ τοῦ θεοῦ τούτου

187a κυβερνᾶται, ὡσαύτως δὲ καὶ γυμναστικὴ καὶ γεωργία· μουσικὴ δὲ καὶ παντὶ κατάδηλος τῷ καὶ σμικρὸν προσέχοντι τὸν νοῦν ὅτι κατὰ ταὐτὰ ἔχει τούτοις, ὥσπερ ἴσως καὶ Ἡράκλειτος βούλεται λέγειν, ἐπεὶ τοῖς γε ῥήμασιν οὐ καλῶς λέγει. τὸ ἓν γάρ φησι "διαφερόμενον αὐτὸ αὑτῷ συμφέρεσθαι," "ὥσπερ ἁρμονίαν τόξου τε καὶ λύρας." ἔστι δὲ πολλὴ ἀλογία ἁρμονίαν φάναι διαφέρεσθαι ἢ ἐκ διαφερομένων ἔτι εἶναι. ἀλλὰ ἴσως τόδε ἐβούλετο λέγειν, ὅτι ἐκ διαφερομένων

b πρότερον τοῦ ὀξέος καὶ βαρέος, ἔπειτα ὕστερον ὁμολογησάντων γέγονεν ὑπὸ τῆς μουσικῆς τέχνης. οὐ γὰρ δήπου ἐκ διαφερομένων γε ἔτι τοῦ ὀξέος καὶ βαρέος ἁρμονία ἂν εἴη· ἡ γὰρ ἁρμονία συμφωνία ἐστίν, συμφωνία δὲ ὁμολογία τις – ὁμολογίαν δὲ ἐκ διαφερομένων, ἕως ἂν διαφέρωνται, ἀδύνατον εἶναι· διαφερόμενον δὲ αὖ καὶ μὴ ὁμολογοῦν ἀδύνατον ἁρμόσαι – ὥσπερ γε καὶ ὁ ῥυθμὸς ἐκ τοῦ ταχέος καὶ

c βραδέος, ἐκ διενηνεγμένων πρότερον, ὕστερον δὲ ὁμολογησάντων γέγονε. τὴν δὲ ὁμολογίαν πᾶσι τούτοις, ὥσπερ ἐκεῖ ἡ ἰατρική, ἐνταῦθα ἡ μουσικὴ ἐντίθησιν, ἔρωτα καὶ ὁμόνοιαν ἀλλήλων ἐμποιήσασα· καὶ ἔστιν αὖ μουσικὴ περὶ ἁρμονίαν καὶ ῥυθμὸν ἐρωτικῶν ἐπιστήμη. καὶ ἐν μέν γε αὐτῇ τῇ συστάσει ἁρμονίας τε καὶ ῥυθμοῦ οὐδὲν χαλεπὸν τὰ ἐρωτικὰ διαγιγνώσκειν, οὐδὲ ὁ διπλοῦς ἔρως ἐνταῦθά πω ἔστιν· ἀλλ› ἐπειδὰν δέῃ πρὸς τοὺς ἀνθρώπους καταχρῆσθαι d ῥυθμῷ τε καὶ ἁρμονίᾳ ἢ ποιοῦντα, ὃ δὴ μελοποιίαν καλοῦσιν, ἢ χρώμενον ὀρθῶς τοῖς πεποιημένοις μέλεσί τε καὶ μέτροις, ὃ δὴ παιδεία ἐκλήθη, ἐνταῦθα δὴ καὶ χαλεπὸν καὶ ἀγαθοῦ δημιουργοῦ δεῖ. πάλιν γὰρ ἥκει ὁ αὐτὸς λόγος, ὅτι τοῖς μὲν κοσμίοις τῶν ἀνθρώπων, καὶ ὡς ἂν κοσμιώτεροι γίγνοιντο οἱ μήπω ὄντες, δεῖ χαρίζεσθαι καὶ φυλάττειν τὸν τούτων ἔρωτα, καὶ οὗτός ἐστιν ὁ καλός, ὁ οὐράνιος, ὁ τῆς Οὐρανίας

e μούσης Ἔρως· ὁ δὲ Πολυμνίας ὁ πάνδημος, ὃν δεῖ εὐλαβούμενον προσφέρειν οἷς ἂν προσφέρῃ, ὅπως ἂν τὴν μὲν ἡδονὴν αὐτοῦ καρπώσηται, ἀκολασίαν δὲ μηδεμίαν ἐμποιήσῃ, ὥσπερ ἐν τῇ ἡμετέρᾳ τέχνῃ μέγα ἔργον ταῖς περὶ τὴν ὀψοποιικὴν τέχνην ἐπιθυμίαις καλῶς χρῆσθαι, ὥστ› ἄνευ νόσου τὴν ἡδονὴν καρπώσασθαι. καὶ ἐν μουσικῇ δὴ καὶ ἐν ἰατρικῇ καὶ ἐν τοῖς ἄλλοις πᾶσι καὶ τοῖς ἀνθρωπείοις καὶ τοῖς θείοις, καθ› ὅσον παρείκει, φυλακτέον ἑκάτερον τὸν Ἔρωτα· ἔνεστον

188a γάρ. ἐπεὶ καὶ ἡ τῶν ὡρῶν τοῦ ἐνιαυτοῦ σύστασις μεστή ἐστιν ἀμφοτέρων τούτων, καὶ ἐπειδὰν μὲν πρὸς ἄλληλα τοῦ κοσμίου τύχῃ ἔρωτος ἃ νυνδὴ ἐγὼ ἔλεγον, τά τε θερμὰ καὶ τὰ ψυχρὰ καὶ ξηρὰ καὶ ὑγρά, καὶ ἁρμονίαν καὶ κρᾶσιν λάβῃ σώφρονα, ἥκει φέροντα εὐετηρίαν τε καὶ ὑγίειαν ἀνθρώποις καὶ τοῖς ἄλλοις ζῴοις τε καὶ φυτοῖς, καὶ οὐδὲν ἠδίκησεν· ὅταν δὲ ὁ μετὰ τῆς ὕβρεως Ἔρως ἐγκρατέστερος περὶ τὰς τοῦ ἐνιαυτοῦ ὥρας γένηται, διέφθειρέν τε πολλὰ καὶ ἠδίκησεν.

b οἵ τε γὰρ λοιμοὶ φιλοῦσι γίγνεσθαι ἐκ τῶν τοιούτων καὶ ἄλλα ἀνόμοια πολλὰ νοσήματα καὶ τοῖς θηρίοις καὶ τοῖς φυτοῖς· καὶ γὰρ πάχναι καὶ χάλαζαι καὶ ἐρυσῖβαι ἐκ

πλεονεξίας καὶ ἀκοσμίας περὶ ἄλληλα τῶν τοιούτων γίγνεται ἐρωτικῶν, ὧν ἐπιστήμη περὶ ἄστρων τε φορὰς καὶ ἐνιαυτῶν ὥρας ἀστρονομία καλεῖται. ἔτι τοίνυν καὶ αἱ θυσίαι πᾶσαι καὶ οἷς μαντικὴ ἐπιστατεῖ – ταῦτα δ› ἐστὶν ἡ περὶ θεούς τε

c καὶ ἀνθρώπους πρὸς ἀλλήλους κοινωνία – οὐ περὶ ἄλλο τί ἐστιν ἢ περὶ Ἔρωτος φυλακήν τε καὶ ἴασιν. πᾶσα γὰρ ἀσέβεια φιλεῖ γίγνεσθαι ἐὰν μή τις τῷ κοσμίῳ Ἔρωτι χαρίζηται μηδὲ τιμᾷ τε αὐτὸν καὶ πρεσβεύῃ ἐν παντὶ ἔργῳ, ἀλλὰ τὸν ἕτερον, καὶ περὶ γονέας καὶ ζῶντας καὶ τετελευτηκότας καὶ περὶ θεούς· ἃ δὴ προστέτακται τῇ μαντικῇ ἐπισκοπεῖν τοὺς ἐρῶντας καὶ ἰατρεύειν, καὶ ἔστιν αὖ ἡ

d μαντικὴ φιλίας θεῶν καὶ ἀνθρώπων δημιουργὸς τῷ ἐπίστασθαι τὰ κατὰ ἀνθρώπους ἐρωτικά, ὅσα τείνει πρὸς θέμιν καὶ εὐσέβειαν.

Οὕτω πολλὴν καὶ μεγάλην, μᾶλλον δὲ πᾶσαν δύναμιν ἔχει συλλήβδην μὲν ὁ πᾶς Ἔρως, ὁ δὲ περὶ τἀγαθὰ μετὰ σωφροσύνης καὶ δικαιοσύνης ἀποτελούμενος καὶ παρ› ἡμῖν καὶ παρὰ θεοῖς, οὗτος τὴν μεγίστην δύναμιν ἔχει καὶ πᾶσαν ἡμῖν εὐδαιμονίαν παρασκευάζει καὶ ἀλλήλοις δυναμένους ὁμιλεῖν καὶ φίλους εἶναι καὶ τοῖς κρείττοσιν ἡμῶν θεοῖς. ἴσως μὲν

e οὖν καὶ ἐγὼ τὸν Ἔρωτα ἐπαινῶν πολλὰ παραλείπω, οὐ μέντοι ἑκών γε. ἀλλ› εἴ τι ἐξέλιπον, σὸν ἔργον, ὦ Ἀριστόφανες, ἀναπληρῶσαι· ἢ εἴ πως ἄλλως ἐν νῷ ἔχεις ἐγκωμιάζειν τὸν θεόν, ἐγκωμίαζε, ἐπειδὴ καὶ τῆς λυγγὸς πέπαυσαι.

189a Ἐκδεξάμενον οὖν ἔφη εἰπεῖν τὸν Ἀριστοφάνη ὅτι Καὶ μάλ› ἐπαύσατο, οὐ μέντοι πρίν γε τὸν πταρμὸν προσενεχθῆναι αὐτῇ, ὥστε με θαυμάζειν εἰ τὸ κόσμιον τοῦ σώματος ἐπιθυμεῖ τοιούτων ψόφων καὶ γαργαλισμῶν, οἷον καὶ ὁ πταρμός ἐστιν· πάνυ γὰρ εὐθὺς ἐπαύσατο, ἐπειδὴ αὐτῷ τὸν πταρμὸν προσήνεγκα.

Καὶ τὸν Ἐρυξίμαχον, Ὠγαθέ, φάναι, Ἀριστόφανες, ὅρα τί ποιεῖς. γελωτοποιεῖς μέλλων λέγειν, καὶ φύλακά με τοῦ

b λόγου ἀναγκάζεις γίγνεσθαι τοῦ σεαυτοῦ, ἐάν τι γελοῖον εἴπῃς, ἐξόν σοι ἐν εἰρήνῃ λέγειν.

Καὶ τὸν Ἀριστοφάνη γελάσαντα εἰπεῖν Εὖ λέγεις, ὦ

Ἐρυξίμαχε, καί μοι ἔστω ἄρρητα τὰ εἰρημένα. ἀλλὰ μή με φύλαττε, ὡς ἐγὼ φοβοῦμαι περὶ τῶν μελλόντων ῥηθήσεσθαι, οὔ τι μὴ γελοῖα εἴπω – τοῦτο μὲν γὰρ ἂν κέρδος εἴη καὶ τῆς ἡμετέρας μούσης ἐπιχώριον – ἀλλὰ μὴ καταγέλαστα.

Βαλών γε, φάναι, ὦ Ἀριστόφανες, οἴει ἐκφεύξεσθαι·

ἀλλὰ πρόσεχε τὸν νοῦν καὶ οὕτως λέγε ὡς δώσων λόγον.

c ἴσως μέντοι, ἂν δόξῃ μοι, ἀφήσω σε.

Καὶ μήν, ὦ Ἐρυξίμαχε, εἰπεῖν τὸν Ἀριστοφάνη, ἄλλῃ

γέ πῃ ἐν νῷ ἔχω λέγειν ἢ ᾗ σύ τε καὶ Παυσανίας εἰπέτην. ἐμοὶ γὰρ δοκοῦσιν ἄνθρωποι παντάπασι τὴν τοῦ ἔρωτος δύναμιν οὐκ ᾐσθῆσθαι, ἐπεὶ αἰσθανόμενοί γε μέγιστ› ἂν αὐτοῦ ἱερὰ κατασκευάσαι καὶ βωμούς, καὶ θυσίας ἂν ποιεῖν μεγίστας, οὐχ ὥσπερ νῦν τούτων οὐδὲν γίγνεται περὶ αὐτόν, δέον πάντων μάλιστα γίγνεσθαι. ἔστι γὰρ θεῶν φιλαν-

d θρωπότατος, ἐπίκουρός τε ὢν τῶν ἀνθρώπων καὶ ἰατρὸς τούτων ὧν ἰαθέντων μεγίστη εὐδαιμονία ἂν τῷ ἀνθρωπείῳ γένει εἴη. ἐγὼ οὖν πειράσομαι ὑμῖν εἰσηγήσασθαι τὴν δύναμιν αὐτοῦ, ὑμεῖς δὲ τῶν ἄλλων διδάσκαλοι ἔσεσθε. δεῖ δὲ πρῶτον ὑμᾶς μαθεῖν τὴν ἀνθρωπίνην φύσιν καὶ τὰ παθήματα αὐτῆς. ἡ γὰρ πάλαι ἡμῶν φύσις οὐχ αὑτὴ ἦν ἥπερ νῦν, ἀλλ› ἀλλοία. πρῶτον μὲν γὰρ τρία ἦν τὰ γένη τὰ τῶν ἀνθρώπων, οὐχ ὥσπερ νῦν δύο, ἄρρεν καὶ θῆλυ,

e ἀλλὰ καὶ τρίτον προσῆν κοινὸν ὂν ἀμφοτέρων τούτων, οὗ νῦν ὄνομα λοιπόν, αὐτὸ δὲ ἠφάνισται· ἀνδρόγυνον γὰρ ἓν τότε μὲν ἦν καὶ εἶδος καὶ ὄνομα ἐξ ἀμφοτέρων κοινὸν τοῦ τε ἄρρενος καὶ θήλεος, νῦν δὲ οὐκ ἔστιν ἀλλ› ἢ ἐν ὀνείδει ὄνομα κείμενον. ἔπειτα ὅλον ἦν ἑκάστου τοῦ ἀνθρώπου τὸ εἶδος στρογγύλον, νῶτον καὶ πλευρὰς κύκλῳ ἔχον, χεῖρας δὲ τέτταρας εἶχε, καὶ σκέλη τὰ ἴσα ταῖς χερσίν, καὶ πρόσωπα

190a δύ› ἐπ› αὐχένι κυκλοτερεῖ, ὅμοια πάντῃ· κεφαλὴν δ› ἐπ› ἀμφοτέροις τοῖς προσώποις ἐναντίοις κειμένοις μίαν, καὶ ὦτα τέτταρα, καὶ αἰδοῖα δύο, καὶ τἆλλα πάντα ὡς ἀπὸ τούτων ἄν τις εἰκάσειεν. ἐπορεύετο δὲ καὶ ὀρθὸν ὥσπερ νῦν, ὁποτέρωσε βουληθείη· καὶ ὁπότε ταχὺ ὁρμήσειεν θεῖν, ὥσπερ οἱ κυβιστῶντες καὶ εἰς ὀρθὸν τὰ σκέλη περιφερόμενοι κυβιστῶσι κύκλῳ, ὀκτὼ τότε οὖσι τοῖς μέλεσιν ἀπερειδόμενοι ταχὺ ἐφέροντο κύκλῳ. ἦν δὲ διὰ ταῦτα τρία

b τὰ γένη καὶ τοιαῦτα, ὅτι τὸ μὲν ἄρρεν ἦν τοῦ ἡλίου τὴν ἀρχὴν ἔκγονον, τὸ δὲ θῆλυ τῆς γῆς, τὸ δὲ ἀμφοτέρων μετέχον τῆς σελήνης, ὅτι καὶ ἡ σελήνη ἀμφοτέρων μετέχει· περιφερῆ δὲ δὴ ἦν καὶ αὐτὰ καὶ ἡ πορεία αὐτῶν διὰ τὸ τοῖς γονεῦσιν ὅμοια εἶναι. ἦν οὖν τὴν ἰσχὺν δεινὰ καὶ τὴν ῥώμην, καὶ τὰ φρονήματα μεγάλα εἶχον, ἐπεχείρησαν δὲ τοῖς θεοῖς, καὶ ὃ λέγει Ὅμηρος περὶ Ἐφιάλτου τε καὶ Ὤτου, περὶ ἐκείνων λέγεται, τὸ εἰς τὸν οὐρανὸν ἀνάβασιν ἐπιχειρεῖν

c.1 ποιεῖν, ὡς ἐπιθησομένων τοῖς θεοῖς. ὁ οὖν Ζεὺς καὶ οἱ ἄλλοι θεοὶ ἐβουλεύοντο ὅτι χρὴ αὐτοὺς ποιῆσαι, καὶ ἠπόρουν· οὔτε γὰρ ὅπως ἀποκτείναιεν εἶχον καὶ ὥσπερ τοὺς γίγαντας κεραυνώσαντες τὸ γένος ἀφανίσαιεν – αἱ τιμαὶ γὰρ αὐτοῖς καὶ ἱερὰ τὰ παρὰ τῶν ἀνθρώπων ἠφανίζετο – οὔτε ὅπως ἐῷεν ἀσελγαίνειν. μόγις δὴ ὁ Ζεὺς ἐννοήσας λέγει ὅτι "Δοκῶ μοι," ἔφη, "ἔχειν μηχανήν, ὡς ἂν εἶέν τε ἄνθρωποι καὶ παύσαιντο τῆς ἀκολασίας ἀσθενέστεροι

d γενόμενοι. νῦν μὲν γὰρ αὐτούς, ἔφη, διατεμῶ δίχα ἕκαστον, καὶ ἅμα μὲν ἀσθενέστεροι ἔσονται, ἅμα δὲ χρησιμώτεροι ἡμῖν διὰ τὸ πλείους τὸν ἀριθμὸν γεγονέναι· καὶ βαδιοῦνται ὀρθοὶ ἐπὶ δυοῖν σκελοῖν. ἐὰν δ› ἔτι δοκῶσιν ἀσελγαίνειν καὶ μὴ ‹θέλωσιν ἡσυχίαν ἄγειν, πάλιν αὖ, ἔφη, τεμῶ δίχα, ὥστ› ἐφ› ἑνὸς πορεύσονται σκέλους ἀσκωλιάζοντες." ταῦτα εἰπὼν ἔτεμνε τοὺς ἀνθρώπους δίχα, ὥσπερ οἱ τὰ ὄα τέμ-

e νοντες καὶ μέλλοντες ταριχεύειν, ἢ ὥσπερ οἱ τὰ ᾠὰ ταῖς θριξίν· ὅντινα δὲ τέμοι, τὸν Ἀπόλλω ἐκέλευεν τό τε πρόσωπον μεταστρέφειν καὶ τὸ τοῦ αὐχένος ἥμισυ πρὸς

τὴν τομήν, ἵνα θεώμενος τὴν αὑτοῦ τμῆσιν κοσμιώτερος εἴη ὁ ἄνθρωπος, καὶ τἆλλα ἰᾶσθαι ἐκέλευεν. ὁ δὲ τό τε

πρόσωπον μετέστρεφε, καὶ συνέλκων πανταχόθεν τὸ δέρμα ἐπὶ τὴν γαστέρα νῦν καλουμένην, ὥσπερ τὰ σύσπαστα βαλλάντια, ἓν στόμα ποιῶν ἀπέδει κατὰ μέσην τὴν γαστέρα, ὃ δὴ τὸν ὀμφαλὸν καλοῦσι. καὶ τὰς μὲν ἄλλας ῥυτίδας

191a τὰς πολλὰς ἐξελέαινε καὶ τὰ στήθη διήρθρου, ἔχων τι τοιοῦτον ὄργανον οἷον οἱ σκυτοτόμοι περὶ τὸν καλάποδα λεαίνοντες τὰς τῶν σκυτῶν ῥυτίδας˙ ὀλίγας δὲ κατέλιπε, τὰς περὶ αὐτὴν τὴν γαστέρα καὶ τὸν ὀμφαλόν, μνημεῖον εἶναι τοῦ παλαιοῦ πάθους. ἐπειδὴ οὖν ἡ φύσις δίχα ἐτμήθη, ποθοῦν ἕκαστον τὸ ἥμισυ τὸ αὑτοῦ συνῄει, καὶ περιβάλλοντες τὰς χεῖρας καὶ συμπλεκόμενοι ἀλλήλοις, ἐπιθυμοῦντες συμφῦναι, ἀπέθνῃσκον ὑπὸ λιμοῦ καὶ τῆς

b ἄλλης ἀργίας διὰ τὸ μηδὲν ἐθέλειν χωρὶς ἀλλήλων ποιεῖν. καὶ ὁπότε τι ἀποθάνοι τῶν ἡμίσεων, τὸ δὲ λειφθείη, τὸ λειφθὲν ἄλλο ἐζήτει καὶ συνεπλέκετο, εἴτε γυναικὸς τῆς ὅλης ἐντύχοι ἡμίσει – ὃ δὴ νῦν γυναῖκα καλοῦμεν – εἴτε ἀνδρός˙ καὶ οὕτως ἀπώλλυντο. ἐλεήσας δὲ ὁ Ζεὺς ἄλλην μηχανὴν πορίζεται, καὶ μετατίθησιν αὐτῶν τὰ αἰδοῖα εἰς τὸ πρόσθεν – τέως γὰρ καὶ ταῦτα ἐκτὸς εἶχον, καὶ ἐγέννων

c καὶ ἔτικτον οὐκ εἰς ἀλλήλους ἀλλ› εἰς γῆν, ὥσπερ οἱ τέττιγες – μετέθηκέ τε οὖν οὕτω αὐτῶν εἰς τὸ πρόσθεν καὶ διὰ τούτων τὴν γένεσιν ἐν ἀλλήλοις ἐποίησεν, διὰ τοῦ ἄρρενος ἐν τῷ θήλει, τῶνδε ἕνεκα, ἵνα ἐν τῇ συμπλοκῇ ἅμα μὲν εἰ ἀνὴρ γυναικὶ ἐντύχοι, γεννῷεν καὶ γίγνοιτο τὸ γένος, ἅμα δ› εἰ καὶ ἄρρην ἄρρενι, πλησμονὴ γοῦν γίγνοιτο τῆς συνουσίας καὶ διαπαύοιντο καὶ ἐπὶ τὰ ἔργα τρέποιντο καὶ τοῦ ἄλλου βίου ἐπιμελοῖντο. ἔστι δὴ οὖν ἐκ τόσου

d ὁ ἔρως ἔμφυτος ἀλλήλων τοῖς ἀνθρώποις καὶ τῆς ἀρχαίας φύσεως συναγωγεὺς καὶ ἐπιχειρῶν ποιῆσαι ἓν ἐκ δυοῖν καὶ ἰάσασθαι τὴν φύσιν τὴν ἀνθρωπίνην. ἕκαστος οὖν ἡμῶν ἐστιν ἀνθρώπου σύμβολον, ἅτε τετμημένος ὥσπερ αἱ ψῆτται, ἐξ ἑνὸς δύο˙ ζητεῖ δὴ ἀεὶ τὸ αὑτοῦ ἕκαστος σύμβολον. ὅσοι μὲν οὖν τῶν ἀνδρῶν τοῦ κοινοῦ τμῆμά εἰσιν, ὃ δὴ τότε ἀνδρόγυνον ἐκαλεῖτο, φιλογύναικές τέ εἰσι καὶ οἱ πολλοὶ τῶν μοιχῶν ἐκ τούτου τοῦ γένους γεγόνασιν, καὶ e ὅσαι αὖ γυναῖκες φίλανδροί τε καὶ μοιχεύτριαι ἐκ τούτου τοῦ γένους γίγνονται. ὅσαι δὲ τῶν γυναικῶν γυναικὸς τμῆμά εἰσιν, οὐ πάνυ αὗται τοῖς ἀνδράσι τὸν νοῦν προσέχουσιν, ἀλλὰ μᾶλλον πρὸς τὰς γυναῖκας τετραμμέναι εἰσί, καὶ αἱ ἑταιρίστριαι ἐκ τούτου τοῦ γένους γίγνονται. ὅσοι δὲ ἄρρενος τμῆμά εἰσι, τὰ ἄρρενα διώκουσι, καὶ τέως μὲν ἂν παῖδες ὦσιν, ἅτε τεμάχια ὄντα τοῦ ἄρρενος, φιλοῦσι τοὺς ἄνδρας καὶ χαίρουσι συγκατακείμενοι καὶ συμπεπλε-

192a γμένοι τοῖς ἀνδράσι, καί εἰσιν οὗτοι βέλτιστοι τῶν παίδων καὶ μειρακίων, ἅτε ἀνδρειότατοι ὄντες φύσει. φασὶ δὲ δή τινες αὐτοὺς ἀναισχύντους εἶναι, ψευδόμενοι· οὐ γὰρ ὑπ› ἀναισχυντίας τοῦτο δρῶσιν ἀλλ› ὑπὸ θάρρους καὶ ἀνδρείας καὶ ἀρρενωπίας, τὸ ὅμοιον αὐτοῖς ἀσπαζόμενοι. μέγα δὲ τεκμήριον· καὶ γὰρ τελεωθέντες μόνοι ἀποβαίνουσιν εἰς τὰ πολιτικὰ ἄνδρες οἱ τοιοῦτοι. ἐπειδὰν δὲ ἀνδρωθῶσι,

b παιδεραστοῦσι καὶ πρὸς γάμους καὶ παιδοποιίας οὐ προσέχουσι τὸν νοῦν φύσει, ἀλλ› ὑπὸ τοῦ νόμου ἀναγκάζονται· ἀλλ› ἐξαρκεῖ αὐτοῖς μετ› ἀλλήλων καταζῆν ἀγάμοις. πάντως μὲν οὖν ὁ τοιοῦτος παιδεραστής τε καὶ φιλεραστὴς γίγνεται, ἀεὶ τὸ συγγενὲς ἀσπαζόμενος. ὅταν μὲν οὖν καὶ αὐτῷ ἐκείνῳ ἐντύχῃ τῷ αὑτοῦ ἡμίσει καὶ ὁ παιδεραστὴς καὶ ἄλλος πᾶς, τότε καὶ θαυμαστὰ ἐκπλήττονται φιλίᾳ τε καὶ

c οἰκειότητι καὶ ἔρωτι, οὐκ ἐθέλοντες ὡς ἔπος εἰπεῖν χωρίζεσθαι ἀλλήλων οὐδὲ σμικρὸν χρόνον. καὶ οἱ διατελοῦντες μετ› ἀλλήλων διὰ βίου οὗτοί εἰσιν, οἳ οὐδ› ἂν ἔχοιεν εἰπεῖν ὅτι βούλονται σφίσι παρ› ἀλλήλων γίγνεσθαι. οὐδενὶ γὰρ ἂν δόξειεν τοῦτ› εἶναι ἡ τῶν ἀφροδισίων συνουσία, ὡς ἄρα τούτου ἕνεκα ἕτερος ἑτέρῳ χαίρει συνὼν οὕτως ἐπὶ μεγάλης σπουδῆς· ἀλλ› ἄλλο τι βουλομένη ἑκατέρου ἡ ψυχὴ

d δήλη ἐστίν, ὃ οὐ δύναται εἰπεῖν, ἀλλὰ μαντεύεται ὃ βούλεται, καὶ αἰνίττεται. καὶ εἰ αὐτοῖς ἐν τῷ αὐτῷ κατακειμένοις ἐπιστὰς ὁ Ἥφαιστος, ἔχων τὰ ὄργανα, ἔροιτο· "Τί ἔσθ› ὃ βούλεσθε, ὦ ἄνθρωποι, ὑμῖν παρ› ἀλλήλων γενέσθαι;" καὶ εἰ ἀποροῦντας αὐτοὺς πάλιν ἔροιτο· "Ἆρά γε τοῦδε ἐπιθυμεῖτε, ἐν τῷ αὐτῷ γενέσθαι ὅτι μάλιστα ἀλλήλοις, ὥστε καὶ νύκτα καὶ ἡμέραν μὴ ἀπολείπεσθαι ἀλλήλων; εἰ γὰρ τούτου ἐπιθυμεῖτε, θέλω ὑμᾶς συντῆξαι καὶ

e συμφυσῆσαι εἰς τὸ αὐτό, ὥστε δύ› ὄντας ἕνα γεγονέναι καὶ ἕως τ› ἂν ζῆτε, ὡς ἕνα ὄντα, κοινῇ ἀμφοτέρους ζῆν, καὶ ἐπειδὰν ἀποθάνητε, ἐκεῖ αὖ ἐν Ἅιδου ἀντὶ δυοῖν ἕνα εἶναι κοινῇ τεθνεῶτε· ἀλλ› ὁρᾶτε εἰ τούτου ἐρᾶτε καὶ ἐξαρκεῖ ὑμῖν ἂν τούτου τύχητε·” ταῦτ› ἀκούσας ἴσμεν ὅτι οὐδ› ἂν εἷς ἐξαρνηθείη οὐδ› ἄλλο τι ἂν φανείη βουλόμενος, ἀλλ› ἀτεχνῶς οἴοιτ› ἂν ἀκηκοέναι τοῦτο ὃ πάλαι ἄρα ἐπεθύμει, συνελθὼν καὶ συντακεὶς τῷ ἐρωμένῳ ἐκ δυοῖν εἷς γενέσθαι. τοῦτο γάρ ἐστι τὸ αἴτιον, ὅτι ἡ ἀρχαία φύσις ἡμῶν ἦν αὕτη καὶ ἦμεν ὅλοι· τοῦ ὅλου οὖν τῇ ἐπιθυμίᾳ

193a καὶ διώξει ἔρως ὄνομα. καὶ πρὸ τοῦ, ὥσπερ λέγω, ἓν ἦμεν, νυνὶ δὲ διὰ τὴν ἀδικίαν διῳκίσθημεν ὑπὸ τοῦ θεοῦ, καθάπερ Ἀρκάδες ὑπὸ Λακεδαιμονίων· φόβος οὖν ἔστιν, ἐὰν μὴ κόσμιοι ὦμεν πρὸς τοὺς θεούς, ὅπως μὴ καὶ αὖθις διασχισθησόμεθα, καὶ περίιμεν ἔχοντες ὥσπερ οἱ ἐν ταῖς στήλαις καταγραφὴν ἐκτετυπωμένοι, διαπεπρισμένοι κατὰ τὰς ῥῖνας, γεγονότες ὥσπερ λίσπαι. ἀλλὰ τούτων ἕνεκα πάντ› ἄνδρα χρὴ ἅπαντα παρακελεύεσθαι εὐσεβεῖν περὶ

b θεούς, ἵνα τὰ μὲν ἐκφύγωμεν, τῶν δὲ τύχωμεν, ὡς ὁ Ἔρως ἡμῖν ἡγεμὼν καὶ στρατηγός. ᾧ μηδεὶς ἐναντία πραττέτω – πράττει δ› ἐναντία ὅστις θεοῖς ἀπεχθάνεται – φίλοι γὰρ γενόμενοι καὶ διαλλαγέντες τῷ θεῷ ἐξευρήσομέν τε καὶ ἐντευξόμεθα τοῖς παιδικοῖς τοῖς ἡμετέροις αὐτῶν, ὃ τῶν νῦν ὀλίγοι ποιοῦσι. καὶ μή μοι ὑπολάβῃ Ἐρυξίμαχος, κωμῳδῶν τὸν λόγον, ὡς Παυσανίαν καὶ Ἀγάθωνα λέγω – ἴσως μὲν

c γὰρ καὶ οὗτοι τούτων τυγχάνουσιν ὄντες καὶ εἰσιν ἀμφότεροι τὴν φύσιν ἄρρενες – λέγω δὲ οὖν ἔγωγε καθ› ἁπάντων καὶ ἀνδρῶν καὶ γυναικῶν, ὅτι οὕτως ἂν ἡμῶν τὸ γένος εὔδαιμον γένοιτο, εἰ ἐκτελέσαιμεν τὸν ἔρωτα καὶ τῶν παιδικῶν τῶν αὑτοῦ ἕκαστος τύχοι εἰς τὴν ἀρχαίαν ἀπελθὼν φύσιν. εἰ δὲ τοῦτο ἄριστον, ἀναγκαῖον καὶ τῶν νῦν παρόντων τὸ τούτου ἐγγυτάτω ἄριστον εἶναι· τοῦτο δ› ἐστὶ παιδικῶν τυχεῖν κατὰ νοῦν αὐτῷ πεφυκότων· οὗ δὴ τὸν αἴτιον θεὸν ὑμνοῦντες

d δικαίως ἂν ὑμνοῖμεν Ἔρωτα, ὃς ἔν τε τῷ παρόντι ἡμᾶς πλεῖστα ὀνίνησιν εἰς τὸ οἰκεῖον ἄγων, καὶ εἰς τὸ ἔπειτα ἐλπίδας μεγίστας παρέχεται, ἡμῶν παρεχομένων πρὸς θεοὺς εὐσέβειαν, καταστήσας ἡμᾶς εἰς τὴν ἀρχαίαν φύσιν καὶ ἰασάμενος μακαρίους καὶ εὐδαίμονας ποιῆσαι.

Οὗτος, ἔφη, ὦ Ἐρυξίμαχε, ὁ ἐμὸς λόγος ἐστὶ περὶ Ἔρωτος, ἀλλοῖος ἢ ὁ σός. ὥσπερ οὖν ἐδεήθην σου, μὴ κωμῳδήσῃς αὐτόν, ἵνα καὶ τῶν λοιπῶν ἀκούσωμεν τί ἕκαστος

e ἐρεῖ, μᾶλλον δὲ τί ἑκάτερος· Ἀγάθων γὰρ καὶ Σωκράτης λοιποί.

Ἀλλὰ πείσομαί σοι, ἔφη φάναι τὸν Ἐρυξίμαχον· καὶ γάρ μοι ὁ λόγος ἡδέως ἐρρήθη. καὶ εἰ μὴ συνῄδη Σωκράτει τε καὶ Ἀγάθωνι δεινοῖς οὖσι περὶ τὰ ἐρωτικά, πάνυ ἂν ἐφοβούμην μὴ ἀπορήσωσι λόγων διὰ τὸ πολλὰ καὶ παντοδαπὰ εἰρῆσθαι· νῦν δὲ ὅμως θαρρῶ.

194a Τὸν οὖν Σωκράτη εἰπεῖν Καλῶς γὰρ αὐτὸς ἠγώνισαι, ὦ Ἐρυξίμαχε· εἰ δὲ γένοιο οὗ νῦν ἐγώ εἰμι, μᾶλλον δὲ ἴσως οὗ ἔσομαι ἐπειδὰν καὶ Ἀγάθων εἴπῃ εὖ, καὶ μάλ› ἂν φοβοῖο καὶ ἐν παντὶ εἴης ὥσπερ ἐγὼ νῦν. Φαρμάττειν βούλει με, ὦ Σώκρατες, εἰπεῖν τὸν Ἀγάθωνα, ἵνα θορυβηθῶ διὰ τὸ οἴεσθαι τὸ θέατρον προσδοκίαν μεγάλην ἔχειν ὡς εὖ ἐροῦντος ἐμοῦ.

Ἐπιλήσμων μεντἂν εἴην, ὦ Ἀγάθων, εἰπεῖν τὸν Σω-

b κράτη, εἰ ἰδὼν τὴν σὴν ἀνδρείαν καὶ μεγαλοφροσύνην ἀναβαίνοντος ἐπὶ τὸν ὀκρίβαντα μετὰ τῶν ὑποκριτῶν, καὶ βλέψαντος ἐναντία τοσούτῳ θεάτρῳ, μέλλοντος ἐπιδείξεσθαι σαυτοῦ λόγους, καὶ οὐδ› ὁπωστιοῦν ἐκπλαγέντος, νῦν οἰηθείην σε θορυβήσεσθαι ἕνεκα ἡμῶν ὀλίγων ἀνθρώπων.

Τί δέ, ὦ Σώκρατες; τὸν Ἀγάθωνα φάναι, οὐ δήπου με

οὕτω θεάτρου μεστὸν ἡγῇ ὥστε καὶ ἀγνοεῖν ὅτι νοῦν ἔχοντι ὀλίγοι ἔμφρονες πολλῶν ἀφρόνων φοβερώτεροι;

c Οὐ μεντἂν καλῶς ποιοίην, φάναι, ὦ Ἀγάθων, περὶ σοῦ τι ἐγὼ ἄγροικον δοξάζων· ἀλλ' εὖ οἶδα ὅτι εἴ τισιν ἐντύχοις οὓς ἡγοῖο σοφούς, μᾶλλον ἂν αὐτῶν φροντίζοις ἢ τῶν πολλῶν. ἀλλὰ μὴ οὐχ οὗτοι ἡμεῖς ὦμεν – ἡμεῖς μὲν γὰρ καὶ ἐκεῖ παρῆμεν καὶ ἦμεν τῶν πολλῶν – εἰ δὲ ἄλλοις ἐντύχοις σοφοῖς, τάχ' ἂν αἰσχύνοιο αὐτούς, εἴ τι ἴσως οἴοιο αἰσχρὸν ὂν ποιεῖν· ἢ πῶς λέγεις;

Ἀληθῆ λέγεις, φάναι.

Τοὺς δὲ πολλοὺς οὐκ ἂν αἰσχύνοιο εἴ τι οἴοιο αἰσχρὸν

ποιεῖν;

d Καὶ τὸν Φαῖδρον ἔφη ὑπολαβόντα εἰπεῖν Ὦ φίλε Ἀγάθων, ἐὰν ἀποκρίνῃ Σωκράτει, οὐδὲν ἔτι διοίσει αὐτῷ ὁπῃοῦν τῶν ἐνθάδε ὁτιοῦν γίγνεσθαι, ἐὰν μόνον ἔχῃ ὅτῳ διαλέγηται, ἄλλως τε καὶ καλῷ. ἐγὼ δὲ ἡδέως μὲν ἀκούω Σωκράτους διαλεγομένου, ἀναγκαῖον δέ μοι ἐπιμεληθῆναι τοῦ ἐγκωμίου τῷ Ἔρωτι καὶ ἀποδέξασθαι παρ› ἑνὸς ἑκάστου ὑμῶν τὸν λόγον· ἀποδοὺς οὖν ἑκάτερος τῷ θεῷ οὕτως ἤδη διαλεγέσθω.

e Ἀλλὰ καλῶς λέγεις, ὦ Φαῖδρε, φάναι τὸν Ἀγάθωνα, καὶ οὐδέν με κωλύει λέγειν· Σωκράτει γὰρ καὶ αὖθις ἔσται πολλάκις διαλέγεσθαι.

Ἐγὼ δὲ δὴ βούλομαι πρῶτον μὲν εἰπεῖν ὡς χρή με εἰπεῖν, ἔπειτα εἰπεῖν. δοκοῦσι γάρ μοι πάντες οἱ πρόσθεν εἰρηκότες οὐ τὸν θεὸν ἐγκωμιάζειν ἀλλὰ τοὺς ἀνθρώπους εὐδαιμονίζειν τῶν ἀγαθῶν ὧν ὁ θεὸς αὐτοῖς αἴτιος· ὁποῖος δέ τις αὐτὸς ὢν

195a ταῦτα ἐδωρήσατο, οὐδεὶς εἴρηκεν. εἷς δὲ τρόπος ὀρθὸς παντὸς ἐπαίνου περὶ παντός, λόγῳ διελθεῖν οἷος οἵων αἴτιος ὢν τυγχάνει περὶ οὗ ἂν ὁ λόγος ᾖ. οὕτω δὴ τὸν Ἔρωτα καὶ ἡμᾶς δίκαιον ἐπαινέσαι πρῶτον αὐτὸν οἷός ἐστιν, ἔπειτα τὰς δόσεις. φημὶ οὖν ἐγὼ πάντων θεῶν εὐδαιμόνων ὄντων Ἔρωτα, εἰ θέμις καὶ ἀνεμέσητον εἰπεῖν, εὐδαιμονέστατον εἶναι αὐτῶν, κάλλιστον ὄντα καὶ ἄριστον. ἔστι δὲ κάλλιστος ὢν τοιόσδε. πρῶτον μὲν νεώτατος θεῶν, ὦ Φαῖδρε. μέγα

b δὲ τεκμήριον τῷ λόγῳ αὐτὸς παρέχεται, φεύγων φυγῇ τὸ γῆρας, ταχὺ ὂν δῆλον ὅτι· θᾶττον γοῦν τοῦ δέοντος ἡμῖν προσέρχεται. ὃ δὴ πέφυκεν Ἔρως μισεῖν καὶ οὐδ› ἐντὸς πολλοῦ πλησιάζειν. μετὰ δὲ νέων ἀεὶ σύνεστί τε καὶ ἔστιν· ὁ γὰρ παλαιὸς λόγος εὖ ἔχει, ὡς ὅμοιον ὁμοίῳ ἀεὶ πελάζει. ἐγὼ δὲ Φαίδρῳ πολλὰ ἄλλα ὁμολογῶν τοῦτο οὐχ ὁμολογῶ, ὡς Ἔρως Κρόνου καὶ Ἰαπετοῦ ἀρχαιότερός ἐστιν, ἀλλά

195.c.1

φημι νεώτατον αὐτὸν εἶναι θεῶν καὶ ἀεὶ νέον, τὰ δὲ παλαιὰ πράγματα περὶ θεούς, ἃ Ἡσίοδος καὶ Παρμενίδης λέγουσιν, Ἀνάγκῃ καὶ οὐκ Ἔρωτι γεγονέναι, εἰ ἐκεῖνοι ἀληθῆ ἔλεγον· οὐ γὰρ ἂν ἐκτομαὶ οὐδὲ δεσμοὶ ἀλλήλων ἐγίγνοντο καὶ ἄλλα πολλὰ καὶ βίαια, εἰ Ἔρως ἐν αὐτοῖς ἦν, ἀλλὰ φιλία καὶ εἰρήνη, ὥσπερ νῦν, ἐξ οὗ Ἔρως τῶν θεῶν βασιλεύει. νέος μὲν οὖν ἐστι, πρὸς δὲ τῷ νέῳ ἁπαλός· ποιητοῦ δ› ἔστιν

d ἐνδεὴς οἷος ἦν Ὅμηρος πρὸς τὸ ἐπιδεῖξαι θεοῦ ἁπαλότητα. Ὅμηρος γὰρ Ἄτην θεόν τέ φησιν εἶναι καὶ ἁπαλήν – τοὺς γοῦν πόδας αὐτῆς ἁπαλοὺς εἶναι – λέγων

τῆς μένθ› ἁπαλοὶ πόδες· οὐ γὰρ ἐπ› οὔδεος

πίλναται, ἀλλ’ ἄρα ἥ γε κατ’ ἀνδρῶν κράατα βαίνει.

καλῷ οὖν δοκεῖ μοι τεκμηρίῳ τὴν ἁπαλότητα ἀποφαίνειν, ὅτι οὐκ ἐπὶ σκληροῦ βαίνει, ἀλλ’ ἐπὶ μαλθακοῦ. τῷ αὐτῷ

e δὴ καὶ ἡμεῖς χρησόμεθα τεκμηρίῳ περὶ Ἔρωτα ὅτι ἁπαλός. οὐ γὰρ ἐπὶ γῆς βαίνει οὐδ’ ἐπὶ κρανίων, ἅ ἐστιν οὐ πάνυ μαλακά, ἀλλ’ ἐν τοῖς μαλακωτάτοις τῶν ὄντων καὶ βαίνει καὶ οἰκεῖ. ἐν γὰρ ἤθεσι καὶ ψυχαῖς θεῶν καὶ ἀνθρώπων τὴν οἴκησιν ἵδρυται, καὶ οὐκ αὖ ἑξῆς ἐν πάσαις ταῖς ψυχαῖς, ἀλλ’ ᾗτινι ἂν σκληρὸν ἦθος ἐχούσῃ ἐντύχῃ, ἀπέρχεται, ᾗ δ’ ἂν μαλακόν, οἰκίζεται. ἁπτόμενον οὖν ἀεὶ καὶ ποσὶν καὶ πάντῃ ἐν μαλακωτάτοις τῶν μαλακωτάτων, ἁπαλώτατον ἀνάγκη

196a εἶναι. νεώτατος μὲν δή ἐστι καὶ ἁπαλώτατος, πρὸς δὲ τούτοις ὑγρὸς τὸ εἶδος. οὐ γὰρ ἂν οἷός τ’ ἦν πάντῃ περιπτύσσεσθαι οὐδὲ διὰ πάσης ψυχῆς καὶ εἰσιὼν τὸ πρῶτον λανθάνειν καὶ ἐξιών, εἰ σκληρὸς ἦν. συμμέτρου δὲ καὶ ὑγρᾶς ἰδέας μέγα τεκμήριον ἡ εὐσχημοσύνη, ὃ δὴ διαφερόντως ἐκ πάντων ὁμολογουμένως Ἔρως ἔχει· ἀσχημοσύνῃ γὰρ καὶ Ἔρωτι πρὸς ἀλλήλους ἀεὶ πόλεμος. χρόας δὲ κάλλος ἡ κατ’ ἄνθη δίαιτα τοῦ θεοῦ σημαίνει· ἀνανθεῖ γὰρ

b καὶ ἀπηνθηκότι καὶ σώματι καὶ ψυχῇ καὶ ἄλλῳ ὁτῳοῦν οὐκ ἐνίζει Ἔρως, οὗ δ’ ἂν εὐανθής τε καὶ εὐώδης τόπος ᾖ, ἐνταῦθα δὲ καὶ ἵζει καὶ μένει.

Περὶ μὲν οὖν κάλλους τοῦ θεοῦ καὶ ταῦτα ἱκανὰ καὶ ἔτι πολλὰ λείπεται, περὶ δὲ ἀρετῆς Ἔρωτος μετὰ ταῦτα λεκτέον, τὸ μὲν μέγιστον ὅτι Ἔρως οὔτ’ ἀδικεῖ οὔτ’ ἀδικεῖται οὔτε ὑπὸ θεοῦ οὔτε θεόν, οὔτε ὑπ’ ἀνθρώπου οὔτε ἄνθρωπον. οὔτε γὰρ αὐτὸς βίᾳ πάσχει, εἴ τι πάσχει – βία γὰρ Ἔρωτος οὐχ

c ἅπτεται· οὔτε ποιῶν ποιεῖ – πᾶς γὰρ ἑκὼν Ἔρωτι πᾶν

ὑπηρετεῖ, ἃ δ’ ἂν ἑκὼν ἑκόντι ὁμολογήσῃ, φασὶν “οἱ πόλεως βασιλῆς νόμοι” δίκαια εἶναι. πρὸς δὲ τῇ δικαιοσύνῃ σωφροσύνης πλείστης μετέχει. εἶναι γὰρ ὁμολογεῖται σωφροσύνη τὸ κρατεῖν ἡδονῶν καὶ ἐπιθυμιῶν, Ἔρωτος δὲ μηδεμίαν ἡδονὴν κρείττω εἶναι· εἰ δὲ ἥττους, κρατοῖντ’ ἂν ὑπὸ Ἔρωτος, ὁ δὲ κρατοῖ, κρατῶν δὲ ἡδονῶν καὶ ἐπιθυμιῶν ὁ Ἔρως διαφερόντως ἂν σωφρονοῖ. καὶ μὴν εἴς γε ἀνδρείαν Ἔρωτι

d “<οὐδ’ Ἄρης ἀνθίσταται>.” οὐ γὰρ ἔχει Ἔρωτα Ἄρης,

ἀλλ’ Ἔρως Ἄρη – Ἀφροδίτης, ὡς λόγος – κρείττων δὲ ὁ ἔχων τοῦ ἐχομένου· τοῦ δ’ ἀνδρειοτάτου τῶν ἄλλων κρατῶν πάντων ἂν ἀνδρειότατος εἴη. περὶ μὲν οὖν δικαιοσύνης καὶ σωφροσύνης καὶ ἀνδρείας τοῦ θεοῦ εἴρηται, περὶ δὲ σοφίας λείπεται· ὅσον οὖν δυνατόν, πειρατέον μὴ ἐλλείπειν. καὶ πρῶτον μέν, ἵν᾽ αὖ καὶ ἐγὼ τὴν ἡμετέραν τέχνην τιμήσω ὥσπερ Ἐρυξί-

e μαχος τὴν αὑτοῦ, ποιητὴς ὁ θεὸς σοφὸς οὕτως ὥστε καὶ ἄλλον ποιῆσαι· πᾶς γοῦν ποιητὴς γίγνεται, "<κἂν ἄμουσος ᾖ τὸ πρίν>," οὗ ἂν Ἔρως ἅψηται. ᾧ δὴ πρέπει ἡμᾶς μαρτυρίῳ χρῆσθαι, ὅτι ποιητὴς ὁ Ἔρως ἀγαθὸς ἐν κεφαλαίῳ πᾶσαν ποίησιν τὴν κατὰ μουσικήν· ἃ γάρ τις ἢ μὴ ἔχει ἢ μὴ οἶδεν, οὔτ᾽ ἂν ἑτέρῳ δοίη οὔτ᾽ ἂν ἄλλον διδάξειεν. καὶ

197a μὲν δὴ τήν γε τῶν ζῴων ποίησιν πάντων τίς ἐναντιώσεται μὴ οὐχὶ Ἔρωτος εἶναι σοφίαν, ᾗ γίγνεταί τε καὶ φύεται πάντα τὰ ζῷα; ἀλλὰ τὴν τῶν τεχνῶν δημιουργίαν οὐκ ἴσμεν, ὅτι οὗ μὲν ἂν ὁ θεὸς οὗτος διδάσκαλος γένηται, ἐλλόγιμος καὶ φανὸς ἀπέβη, οὗ δ᾽ ἂν Ἔρως μὴ ἐφάψηται, σκοτεινός; τοξικήν γε μὴν καὶ ἰατρικὴν καὶ μαντικὴν Ἀπόλλων ἀνηῦρεν ἐπιθυμίας καὶ ἔρωτος ἡγεμονεύσαντος,

b ὥστε καὶ οὗτος Ἔρωτος ἂν εἴη μαθητής, καὶ Μοῦσαι μουσικῆς καὶ Ἥφαιστος χαλκείας καὶ Ἀθηνᾶ ἱστουργίας καὶ <Ζεὺς κυβερνᾶν θεῶν τε καὶ ἀνθρώπων>. ὅθεν δὴ καὶ κατεσκευάσθη τῶν θεῶν τὰ πράγματα Ἔρωτος ἐγγενομένου, δῆλον ὅτι κάλλους – αἴσχει γὰρ οὐκ ἔπι ἔρως – πρὸ τοῦ δέ, ὥσπερ ἐν ἀρχῇ εἶπον, πολλὰ καὶ δεινὰ θεοῖς ἐγίγνετο, ὡς λέγεται, διὰ τὴν τῆς Ἀνάγκης βασιλείαν· ἐπειδὴ δ᾽ ὁ θεὸς οὗτος ἔφυ, ἐκ τοῦ ἐρᾶν τῶν καλῶν πάντ᾽ ἀγαθὰ γέγονεν καὶ θεοῖς καὶ ἀνθρώποις.

c Οὕτως ἐμοὶ δοκεῖ, ὦ Φαῖδρε, Ἔρως πρῶτος αὐτὸς ὢν κάλλιστος καὶ ἄριστος μετὰ τοῦτο τοῖς ἄλλοις ἄλλων τοιούτων αἴτιος εἶναι. ἐπέρχεται δέ μοί τι καὶ ἔμμετρον εἰπεῖν, ὅτι οὗτός ἐστιν ὁ ποιῶν

εἰρήνην μὲν ἐν ἀνθρώποις, πελάγει δὲ γαλήνην

νηνεμίαν, ἀνέμων κοίτην ὕπνον τ᾽ ἐνὶ κήδει.

d οὗτος δὲ ἡμᾶς ἀλλοτριότητος μὲν κενοῖ, οἰκειότητος δὲ πληροῖ, τὰς τοιάσδε συνόδους μετ› ἀλλήλων πάσας τιθεὶς συνιέναι, ἐν ἑορταῖς, ἐν χοροῖς, ἐν θυσίαισι γιγνόμενος ἡγεμών·

πρᾳότητα μὲν πορίζων, ἀγριότητα δ› ἐξορίζων· φιλόδωρος εὐμενείας, ἄδωρος δυσμενείας· ἵλεως ἀγαθός· θεατὸς σοφοῖς, ἀγαστὸς θεοῖς· ζηλωτὸς ἀμοίροις, κτητὸς εὐμοίροις· τρυφῆς, ἁβρότητος, χλιδῆς, χαρίτων, ἱμέρου, πόθου πατήρ· ἐπιμελὴς ἀγαθῶν, ἀμελὴς κακῶν· ἐν πόνῳ, ἐν φόβῳ, ἐν πόθῳ, ἐν

e λόγῳ κυβερνήτης, ἐπιβάτης, παραστάτης τε καὶ σωτὴρ ἄριστος, συμπάντων τε θεῶν καὶ ἀνθρώπων κόσμος, ἡγεμὼν κάλλιστος καὶ ἄριστος, ᾧ χρὴ ἕπεσθαι πάντα ἄνδρα ἐφυμνοῦντα καλῶς, ᾠδῆς μετέχοντα ἣν ᾄδει θέλγων πάντων θεῶν τε καὶ ἀνθρώπων νόημα.

Οὗτος, ἔφη, ὁ παρ› ἐμοῦ λόγος, ὦ Φαῖδρε, τῷ θεῷ ἀνακείσθω, τὰ μὲν παιδιᾶς, τὰ δὲ σπουδῆς μετρίας, καθ›

ὅσον ἐγὼ δύναμαι, μετέχων.

198a Εἰπόντος δὲ τοῦ Ἀγάθωνος πάντας ἔφη ὁ Ἀριστόδημος ἀναθορυβῆσαι τοὺς παρόντας, ὡς πρεπόντως τοῦ νεανίσκου εἰρηκότος καὶ αὑτῷ καὶ τῷ θεῷ. τὸν οὖν Σωκράτη εἰπεῖν βλέψαντα εἰς τὸν Ἐρυξίμαχον, Ἆρά σοι δοκῶ, φάναι, ὦ παῖ Ἀκουμενοῦ, ἀδεὲς πάλαι δέος δεδιέναι, ἀλλ› οὐ μαντικῶς ἃ νυνδὴ ἔλεγον εἰπεῖν, ὅτι Ἀγάθων θαυμαστῶς ἐροῖ, ἐγὼ δ› ἀπορήσοιμι;

Τὸ μὲν ἕτερον, φάναι τὸν Ἐρυξίμαχον, μαντικῶς μοι

δοκεῖς εἰρηκέναι, ὅτι Ἀγάθων εὖ ἐρεῖ· τὸ δὲ σὲ ἀπορήσειν, οὐκ οἶμαι.

b Καὶ πῶς, ὦ μακάριε, εἰπεῖν τὸν Σωκράτη, οὐ μέλλω ἀπορεῖν καὶ ἐγὼ καὶ ἄλλος ὁστισοῦν, μέλλων λέξειν μετὰ καλὸν οὕτω καὶ παντοδαπὸν λόγον ῥηθέντα; καὶ τὰ μὲν ἄλλα οὐχ ὁμοίως μὲν θαυμαστά· τὸ δὲ ἐπὶ τελευτῆς τοῦ κάλλους τῶν ὀνομάτων καὶ ῥημάτων τίς οὐκ ἂν ἐξεπλάγη ἀκούων; ἐπεὶ ἔγωγε ἐνθυμούμενος ὅτι αὐτὸς οὐχ οἷός τ’ ἔσομαι οὐδ’ ἐγγὺς τούτων οὐδὲν καλὸν εἰπεῖν, ὑπ’ αἰσχύνης ὀλίγου

c ἀποδρὰς ᾠχόμην, εἴ πῃ εἶχον. καὶ γάρ με Γοργίου ὁ λόγος ἀνεμίμνῃσκεν, ὥστε ἀτεχνῶς τὸ τοῦ Ὁμήρου ἐπεπόνθη·

ἐφοβούμην μή μοι τελευτῶν ὁ Ἀγάθων Γοργίου κεφαλὴν δεινοῦ λέγειν ἐν τῷ λόγῳ ἐπὶ τὸν ἐμὸν λόγον πέμψας αὐτόν με λίθον τῇ ἀφωνίᾳ ποιήσειεν. καὶ ἐνενόησα τότε ἄρα καταγέλαστος ὤν, ἡνίκα ὑμῖν ὡμολόγουν ἐν τῷ μέρει μεθ'

d ὑμῶν ἐγκωμιάσεσθαι τὸν Ἔρωτα καὶ ἔφην εἶναι δεινὸς τὰ ἐρωτικά, οὐδὲν εἰδὼς ἄρα τοῦ πράγματος, ὡς ἔδει ἐγκωμιάζειν ὁτιοῦν. ἐγὼ μὲν γὰρ ὑπ' ἀβελτερίας ᾤμην δεῖν τἀληθῆ λέγειν περὶ ἑκάστου τοῦ ἐγκωμιαζομένου, καὶ τοῦτο μὲν ὑπάρχειν, ἐξ αὐτῶν δὲ τούτων τὰ κάλλιστα ἐκλεγομένους ὡς εὐπρεπέστατα τιθέναι· καὶ πάνυ δὴ μέγα ἐφρόνουν ὡς εὖ ἐρῶν, ὡς εἰδὼς τὴν ἀλήθειαν τοῦ ἐπαινεῖν ὁτιοῦν. τὸ δὲ ἄρα, ὡς ἔοικεν, οὐ τοῦτο ἦν τὸ καλῶς ἐπαινεῖν ὁτιοῦν, ἀλλὰ τὸ ὡς

e μέγιστα ἀνατιθέναι τῷ πράγματι καὶ ὡς κάλλιστα, ἐάν τε ᾖ οὕτως ἔχοντα ἐάν τε μή· εἰ δὲ ψευδῆ, οὐδὲν ἄρ' ἦν πρᾶγμα. προυρρήθη γάρ, ὡς ἔοικεν, ὅπως ἕκαστος ἡμῶν τὸν Ἔρωτα ἐγκωμιάζειν δόξει, οὐχ ὅπως ἐγκωμιάσεται. διὰ ταῦτα δὴ οἶμαι πάντα λόγον κινοῦντες ἀνατίθετε τῷ Ἔρωτι, καί φατε αὐτὸν τοιοῦτόν τε εἶναι καὶ τοσούτων αἴτιον, ὅπως ἂν

199a φαίνηται ὡς κάλλιστος καὶ ἄριστος, δῆλον ὅτι τοῖς μὴ γιγνώσκουσιν – οὐ γὰρ δήπου τοῖς γε εἰδόσιν – καὶ καλῶς γ' ἔχει καὶ σεμνῶς ὁ ἔπαινος. ἀλλὰ γὰρ ἐγὼ οὐκ ᾔδη ἄρα τὸν τρόπον τοῦ ἐπαίνου, οὐ δ' εἰδὼς ὑμῖν ὡμολόγησα καὶ αὐτὸς ἐν τῷ μέρει ἐπαινέσεσθαι. <ἡ γλῶσσα> οὖν ὑπέσχετο, <ἡ δὲ φρὴν> οὔ· χαιρέτω δή. οὐ γὰρ ἔτι ἐγκωμιάζω τοῦτον τὸν τρόπον – οὐ γὰρ ἂν δυναίμην – οὐ μέντοι ἀλλὰ τά γε ἀληθῆ,

b εἰ βούλεσθε, ἐθέλω εἰπεῖν κατ' ἐμαυτόν, οὐ πρὸς τοὺς

ὑμετέρους λόγους, ἵνα μὴ γέλωτα ὄφλω. ὅρα οὖν, ὦ Φαῖδρε, εἴ τι καὶ τοιούτου λόγου δέῃ, περὶ Ἔρωτος τἀληθῆ λεγόμενα ἀκούειν, ὀνομάσει δὲ καὶ θέσει ῥημάτων τοιαύτῃ ὁποία δἄν τις τύχῃ ἐπελθοῦσα.

Τὸν οὖν Φαῖδρον ἔφη καὶ τοὺς ἄλλους κελεύειν λέγειν, ὅπῃ αὐτὸς οἴοιτο δεῖν εἰπεῖν, ταύτῃ.

Ἔτι τοίνυν, φάναι, ὦ Φαῖδρε, πάρες μοι Ἀγάθωνα σμίκρ᾽ ἄττα ἐρέσθαι, ἵνα ἀνομολογησάμενος παρ᾽ αὐτοῦ οὕτως ἤδη λέγω.

c Ἀλλὰ παρίημι, φάναι τὸν Φαῖδρον, ἀλλ᾽ ἐρώτα. μετὰ

ταῦτα δὴ τὸν Σωκράτη ἔφη ἐνθένδε ποθὲν ἄρξασθαι.

Καὶ μήν, ὦ φίλε Ἀγάθων, καλῶς μοι ἔδοξας καθηγή-

σασθαι τοῦ λόγου, λέγων ὅτι πρῶτον μὲν δέοι αὐτὸν ἐπιδεῖξαι ὁποῖός τίς ἐστιν ὁ Ἔρως, ὕστερον δὲ τὰ ἔργα αὐτοῦ. ταύτην τὴν ἀρχὴν πάνυ ἄγαμαι. ἴθι οὖν μοι περὶ Ἔρωτος, ἐπειδὴ καὶ τἆλλα καλῶς καὶ μεγαλοπρεπῶς διῆλθες οἷός ἐστι, καὶ

d τόδε εἰπέ· πότερόν ἐστι τοιοῦτος οἷος εἶναί τινος ὁ Ἔρως ἔρως, ἢ οὐδενός; ἐρωτῶ δ᾽ οὐκ εἰ μητρός τινος ἢ πατρός ἐστιν – γελοῖον γὰρ ἂν εἴη τὸ ἐρώτημα εἰ Ἔρως ἐστὶν ἔρως μητρὸς ἢ πατρός – ἀλλ᾽ ὥσπερ ἂν εἰ αὐτὸ τοῦτο πατέρα ἠρώτων, ἆρα ὁ πατήρ ἐστι πατήρ τινος ἢ οὔ; εἶπες ἂν δήπου μοι, εἰ ἐβούλου καλῶς ἀποκρίνασθαι, ὅτι ἔστιν ὑέος γε ἢ θυγατρὸς ὁ πατὴρ πατήρ· ἢ οὔ;

Πάνυ γε, φάναι τὸν Ἀγάθωνα.

Οὐκοῦν καὶ ἡ μήτηρ ὡσαύτως; Ὁμολογεῖσθαι καὶ τοῦτο.

e Ἔτι τοίνυν, εἰπεῖν τὸν Σωκράτη, ἀπόκριναι ὀλίγῳ πλείω, ἵνα μᾶλλον καταμάθῃς ὃ βούλομαι. εἰ γὰρ ἐροίμην, “Τί δέ; ἀδελφός, αὐτὸ τοῦθ᾽ ὅπερ ἔστιν, ἔστι τινὸς ἀδελφὸς ἢ οὔ;” Φάναι εἶναι.

Οὐκοῦν ἀδελφοῦ ἢ ἀδελφῆς; Ὁμολογεῖν.

Πειρῶ δή, φάναι, καὶ τὸν ἔρωτα εἰπεῖν. ὁ Ἔρως ἔρως

ἐστὶν οὐδενὸς ἢ τινός;

Πάνυ μὲν οὖν ἔστιν.

200a Τοῦτο μὲν τοίνυν, εἰπεῖν τὸν Σωκράτη, φύλαξον παρὰ σαυτῷ μεμνημένος ὅτου· τοσόνδε δὲ εἰπέ, πότερον ὁ Ἔρως ἐκείνου οὗ ἔστιν ἔρως, ἐπιθυμεῖ αὐτοῦ ἢ οὔ;

Πάνυ γε, φάναι.

Πότερον ἔχων αὐτὸ οὗ ἐπιθυμεῖ τε καὶ ἐρᾷ, εἶτα ἐπιθυμεῖ τε καὶ ἐρᾷ, ἢ οὐκ ἔχων;

Οὐκ ἔχων, ὡς τὸ εἰκός γε, φάναι.

Σκόπει δή, εἰπεῖν τὸν Σωκράτη, ἀντὶ τοῦ εἰκότος εἰ

ἀνάγκη οὕτως, τὸ ἐπιθυμοῦν ἐπιθυμεῖν οὗ ἐνδεές ἐστιν, ἢ μὴ

b ἐπιθυμεῖν, ἐὰν μὴ ἐνδεὲς ᾖ; ἐμοὶ μὲν γὰρ θαυμαστῶς δοκεῖ, ὦ Ἀγάθων, ὡς ἀνάγκη εἶναι· σοὶ δὲ πῶς;

Κἀμοί, φάναι, δοκεῖ.

Καλῶς λέγεις. ἆρ' οὖν βούλοιτ' ἄν τις μέγας ὢν μέγας εἶναι, ἢ ἰσχυρὸς ὢν ἰσχυρός;

Ἀδύνατον ἐκ τῶν ὡμολογημένων.

Οὐ γάρ που ἐνδεὴς ἂν εἴη τούτων ὅ γε ὤν.

Ἀληθῆ λέγεις.

Εἰ γὰρ καὶ ἰσχυρὸς ὢν βούλοιτο ἰσχυρὸς εἶναι, φάναι τὸν Σωκράτη, καὶ ταχὺς ὢν ταχύς, καὶ ὑγιὴς ὢν ὑγιής – ἴσως γὰρ ἄν τις ταῦτα οἰηθείη καὶ πάντα τὰ τοιαῦτα τοὺς ὄντας

c τε τοιούτους καὶ ἔχοντας ταῦτα τούτων ἅπερ ἔχουσι καὶ ἐπιθυμεῖν, ἵν› οὖν μὴ ἐξαπατηθῶμεν, τούτου ἕνεκα λέγω – τούτοις γάρ, ὦ Ἀγάθων, εἰ ἐννοεῖς, ἔχειν μὲν ἕκαστα τούτων ἐν τῷ παρόντι ἀνάγκη ἃ ἔχουσιν, ἐάντε βούλωνται ἐάντε μή, καὶ τούτου γε δήπου τίς ἂν ἐπιθυμήσειεν; ἀλλ› ὅταν τις λέγῃ ὅτι ἐγὼ ὑγιαίνων βούλομαι καὶ ὑγιαίνειν, καὶ πλουτῶν βούλομαι καὶ πλουτεῖν, καὶ ἐπιθυμῶ αὐτῶν τούτων ἃ ἔχω, εἴποιμεν ἂν αὐτῷ ὅτι σύ, ὦ ἄνθρωπε,

d πλοῦτον κεκτημένος καὶ ὑγίειαν καὶ ἰσχὺν βούλει καὶ εἰς τὸν ἔπειτα χρόνον ταῦτα κεκτῆσθαι, ἐπεὶ ἐν τῷ γε νῦν παρόντι, εἴτε βούλει εἴτε μή, ἔχεις· σκόπει οὖν, ὅταν τοῦτο λέγῃς, ὅτι ἐπιθυμῶ τῶν παρόντων, εἰ ἄλλο τι λέγεις ἢ τόδε, ὅτι βούλομαι τὰ νῦν παρόντα καὶ εἰς τὸν ἔπειτα χρόνον παρεῖναι. ἄλλο τι ὁμολογοῖ ἄν; Συμφάναι ἔφη τὸν Ἀγάθωνα.

Εἰπεῖν δὴ τὸν Σωκράτη, Οὐκοῦν τοῦτό γ› ἐστὶν ἐκείνου ἐρᾶν, ὃ οὔπω ἕτοιμον αὐτῷ ἐστιν οὐδὲ ἔχει, τὸ εἰς τὸν ἔπειτα χρόνον ταῦτα εἶναι αὐτῷ σῳζόμενα καὶ παρόντα;

e Πάνυ γε, φάναι.

Καὶ οὗτος ἄρα καὶ ἄλλος πᾶς ὁ ἐπιθυμῶν τοῦ μὴ ἑτοίμου ἐπιθυμεῖ καὶ τοῦ μὴ παρόντος, καὶ ὃ μὴ ἔχει καὶ ὃ μὴ ἔστιν αὐτὸς καὶ οὗ ἐνδεής ἐστι, τοιαῦτ› ἄττα ἐστὶν ὧν ἡ ἐπιθυμία τε καὶ ὁ ἔρως ἐστίν;

Πάνυ γ', εἰπεῖν.

Ἴθι δή, φάναι τὸν Σωκράτη, ἀνομολογησώμεθα τὰ εἰρημένα. ἄλλο τι ἔστιν ὁ Ἔρως πρῶτον μὲν τινῶν, ἔπειτα τούτων ὧν ἂν ἔνδεια παρῇ αὐτῷ;

201a Ναί, φάναι.

Ἐπὶ δὴ τούτοις ἀναμνήσθητι τίνων ἔφησθα ἐν τῷ λόγῳ εἶναι τὸν Ἔρωτα· εἰ δὲ βούλει, ἐγώ σε ἀναμνήσω. οἶμαι γάρ σε οὑτωσί πως εἰπεῖν, ὅτι τοῖς θεοῖς κατεσκευάσθη τὰ πράγματα δι› ἔρωτα καλῶν· αἰσχρῶν γὰρ οὐκ εἴη ἔρως. οὐχ οὑτωσί πως ἔλεγες;

Εἶπον γάρ, φάναι τὸν Ἀγάθωνα.

Καὶ ἐπιεικῶς γε λέγεις, ὦ ἑταῖρε, φάναι τὸν Σωκράτη· καὶ εἰ τοῦτο οὕτως ἔχει, ἄλλο τι ὁ Ἔρως κάλλους ἂν εἴη ἔρως, αἴσχους δὲ οὔ; Ὡμολόγει.

b Οὐκοῦν ὡμολόγηται, οὗ ἐνδεής ἐστι καὶ μὴ ἔχει, τούτου ἐρᾶν;

Ναί, εἰπεῖν.

Ἐνδεὴς ἄρ' ἐστὶ καὶ οὐκ ἔχει ὁ Ἔρως κάλλος.

Ἀνάγκη, φάναι.

Τί δέ; τὸ ἐνδεὲς κάλλους καὶ μηδαμῇ κεκτημένον κάλλος ἆρα λέγεις σὺ καλὸν εἶναι;

Οὐ δῆτα.

Ἔτι οὖν ὁμολογεῖς Ἔρωτα καλὸν εἶναι, εἰ ταῦτα οὕτως ἔχει;

Καὶ τὸν Ἀγάθωνα εἰπεῖν Κινδυνεύω, ὦ Σώκρατες, οὐδὲν εἰδέναι ὧν τότε εἶπον.

c Καὶ μὴν καλῶς γε εἶπες, φάναι, ὦ Ἀγάθων. ἀλλὰ

σμικρὸν ἔτι εἰπέ˙ τἀγαθὰ οὐ καὶ καλὰ δοκεῖ σοι εἶναι;

Ἔμοιγε.

Εἰ ἄρα ὁ Ἔρως τῶν καλῶν ἐνδεής ἐστι, τὰ δὲ ἀγαθὰ καλά, κἂν τῶν ἀγαθῶν ἐνδεὴς εἴη.

Ἐγώ, φάναι, ὦ Σώκρατες, σοὶ οὐκ ἂν δυναίμην ἀντι-

λέγειν, ἀλλ› οὕτως ἐχέτω ὡς σὺ λέγεις.

Οὐ μὲν οὖν τῇ ἀληθείᾳ, φάναι, ὦ φιλούμενε Ἀγάθων,

δύνασαι ἀντιλέγειν, ἐπεὶ Σωκράτει γε οὐδὲν χαλεπόν.

d Καὶ σὲ μέν γε ἤδη ἐάσω˙ τὸν δὲ λόγον τὸν περὶ τοῦ

Ἔρωτος, ὅν ποτ› ἤκουσα γυναικὸς Μαντινικῆς Διοτίμας, ἣ ταῦτά τε σοφὴ ἦν καὶ ἄλλα πολλά – καὶ Ἀθηναίοις ποτὲ θυσαμένοις πρὸ τοῦ λοιμοῦ δέκα ἔτη ἀναβολὴν ἐποίησε τῆς νόσου, ἣ δὴ καὶ ἐμὲ τὰ ἐρωτικὰ ἐδίδαξεν – ὃν οὖν ἐκείνη ἔλεγε λόγον, πειράσομαι ὑμῖν διελθεῖν ἐκ τῶν ὡμολογημένων ἐμοὶ καὶ Ἀγάθωνι, αὐτὸς ἐπ› ἐμαυτοῦ, ὅπως ἂν δύνωμαι. δεῖ δή, ὦ Ἀγάθων, ὥσπερ σὺ διηγήσω, διελθεῖν e αὐτὸν πρῶτον, τίς ἐστιν ὁ Ἔρως καὶ ποῖός τις, ἔπειτα τὰ ἔργα αὐτοῦ. δοκεῖ οὖν μοι ῥᾷστον εἶναι οὕτω διελθεῖν, ὥς ποτέ με ἡ ξένη ἀνακρίνουσα διῄει. σχεδὸν γάρ τι καὶ ἐγὼ πρὸς αὐτὴν ἕτερα τοιαῦτα ἔλεγον οἷάπερ νῦν πρὸς ἐμὲ Ἀγάθων, ὡς εἴη ὁ Ἔρως μέγας θεός, εἴη δὲ τῶν καλῶν· ἤλεγχε δή με τούτοις τοῖς λόγοις οἷσπερ ἐγὼ τοῦτον, ὡς οὔτε καλὸς εἴη κατὰ τὸν ἐμὸν λόγον οὔτε ἀγαθός.

Καὶ ἐγώ, Πῶς λέγεις, ἔφην, ὦ Διοτίμα; αἰσχρὸς ἄρα ὁ

Ἔρως ἐστὶ καὶ κακός;

Καὶ ἥ, Οὐκ εὐφημήσεις; ἔφη· ἢ οἴει, ὅτι ἂν μὴ καλὸν

ᾖ, ἀναγκαῖον αὐτὸ εἶναι αἰσχρόν;

202a Μάλιστά γε.

Ἦ καὶ ἂν μὴ σοφόν, ἀμαθές; ἢ οὐκ ᾔσθησαι ὅτι ἔστιν τι μεταξὺ σοφίας καὶ ἀμαθίας;

Τί τοῦτο;

Τὸ ὀρθὰ δοξάζειν καὶ ἄνευ τοῦ ἔχειν λόγον δοῦναι οὐκ οἶσθ', ἔφη, ὅτι οὔτε ἐπίστασθαί ἐστιν – ἄλογον γὰρ πρᾶγμα πῶς ἂν εἴη ἐπιστήμη; – οὔτε ἀμαθία – τὸ γὰρ τοῦ ὄντος τυγχάνον πῶς ἂν εἴη ἀμαθία; – ἔστι δὲ δήπου τοιοῦτον ἡ ὀρθὴ δόξα, μεταξὺ φρονήσεως καὶ ἀμαθίας.

Ἀληθῆ, ἦν δ› ἐγώ, λέγεις.

b Μὴ τοίνυν ἀνάγκαζε ὃ μὴ καλόν ἐστιν αἰσχρὸν εἶναι, μηδὲ ὃ μὴ ἀγαθόν, κακόν. οὕτω δὲ καὶ τὸν Ἔρωτα ἐπειδὴ αὐτὸς ὁμολογεῖς μὴ εἶναι ἀγαθὸν μηδὲ καλόν, μηδέν τι μᾶλλον οἴου δεῖν αὐτὸν αἰσχρὸν καὶ κακὸν εἶναι, ἀλλά τι μεταξύ, ἔφη, τούτοιν.

Καὶ μήν, ἦν δ› ἐγώ, ὁμολογεῖταί γε παρὰ πάντων μέγας θεὸς εἶναι.

Τῶν μὴ εἰδότων, ἔφη, πάντων λέγεις, ἢ καὶ τῶν εἰδότων;

Συμπάντων μὲν οὖν.

Καὶ ἣ γελάσασα Καὶ πῶς ἄν, ἔφη, ὦ Σώκρατες,

c ὁμολογοῖτο μέγας θεὸς εἶναι παρὰ τούτων, οἵ φασιν αὐτὸν οὐδὲ θεὸν εἶναι;

Τίνες οὗτοι; ἦν δ’ ἐγώ.

Εἷς μέν, ἔφη, σύ, μία δ’ ἐγώ.

Κἀγὼ εἶπον, Πῶς τοῦτο, ἔφην, λέγεις;

Καὶ ἥ, Ῥᾳδίως, ἔφη. λέγε γάρ μοι, οὐ πάντας θεοὺς φῄς εὐδαίμονας εἶναι καὶ καλούς; ἢ τολμήσαις ἄν τινα μὴ φάναι καλόν τε καὶ εὐδαίμονα θεῶν εἶναι;

Μὰ Δί’ οὐκ ἔγωγ’, ἔφην.

Εὐδαίμονας δὲ δὴ λέγεις οὐ τοὺς τἀγαθὰ καὶ τὰ καλὰ

κεκτημένους;

Πάνυ γε.

d Ἀλλὰ μὴν Ἔρωτά γε ὡμολόγηκας δι’ ἔνδειαν τῶν

ἀγαθῶν καὶ καλῶν ἐπιθυμεῖν αὐτῶν τούτων ὧν ἐνδεής

ἐστιν.

Ὡμολόγηκα γάρ.

Πῶς ἂν οὖν θεὸς εἴη ὅ γε τῶν καλῶν καὶ ἀγαθῶν ἄμοιρος;

Οὐδαμῶς, ὥς γ’ ἔοικεν.

Ὁρᾷς οὖν, ἔφη, ὅτι καὶ σὺ Ἔρωτα οὐ θεὸν νομίζεις;

Τί οὖν ἄν, ἔφην, εἴη ὁ Ἔρως; θνητός;

Ἥκιστά γε.

Ἀλλὰ τί μήν;

Ὥσπερ τὰ πρότερα, ἔφη, μεταξὺ θνητοῦ καὶ ἀθανάτου.

Τί οὖν, ὦ Διοτίμα;

Δαίμων μέγας, ὦ Σώκρατες˙ καὶ γὰρ πᾶν τὸ δαιμόνιον

e μεταξύ ἐστι θεοῦ τε καὶ θνητοῦ.

Τίνα, ἦν δ’ ἐγώ, δύναμιν ἔχον;

Ἑρμηνεῦον καὶ διαπορθμεῦον θεοῖς τὰ παρ› ἀνθρώπων καὶ ἀνθρώποις τὰ παρὰ θεῶν, τῶν μὲν τὰς δεήσεις καὶ θυσίας, τῶν δὲ τὰς ἐπιτάξεις τε καὶ ἀμοιβὰς τῶν θυσιῶν, ἐν μέσῳ δὲ ὂν ἀμφοτέρων συμπληροῖ, ὥστε τὸ πᾶν αὐτὸ αὑτῷ συνδεδέσθαι. διὰ τούτου καὶ ἡ μαντικὴ πᾶσα χωρεῖ καὶ ἡ τῶν ἱερέων τέχνη τῶν τε περὶ τὰς θυσίας καὶ τελετὰς

203a καὶ τὰς ἐπῳδὰς καὶ τὴν μαντείαν πᾶσαν καὶ γοητείαν. θεὸς δὲ ἀνθρώπῳ οὐ μείγνυται, ἀλλὰ διὰ τούτου πᾶσά ἐστιν ἡ ὁμιλία καὶ ἡ διάλεκτος θεοῖς πρὸς ἀνθρώπους, καὶ ἐγρηγορόσι καὶ καθεύδουσι˙ καὶ ὁ μὲν περὶ τὰ τοιαῦτα σοφὸς δαιμόνιος ἀνήρ, ὁ δὲ ἄλλο τι σοφὸς ὢν ἢ περὶ τέχνας ἢ χειρουργίας τινὰς βάναυσος. οὗτοι δὴ οἱ δαίμονες πολλοὶ καὶ παντοδαποί είσιν, εἷς δὲ τούτων ἐστὶ καὶ ὁ Ἔρως.

Πατρὸς δέ, ἦν δ› ἐγώ, τίνος ἐστὶ καὶ μητρός;

b Μακρότερον μέν, ἔφη, διηγήσασθαι˙ ὅμως δέ σοι ἐρῶ. ὅτε γὰρ ἐγένετο ἡ Ἀφροδίτη, ἡστιῶντο οἱ θεοὶ οἵ τε ἄλλοι καὶ ὁ τῆς Μήτιδος ὑὸς Πόρος. ἐπειδὴ δὲ ἐδείπνησαν, προσαιτήσουσα οἷον δὴ εὐωχίας οὔσης ἀφίκετο ἡ Πενία, καὶ ἦν περὶ τὰς θύρας. ὁ οὖν Πόρος μεθυσθεὶς τοῦ νέκταρος – οἶνος γὰρ οὔπω ἦν – εἰς τὸν τοῦ Διὸς κῆπον εἰσελθὼν βεβαρημένος ηὗδεν. ἡ οὖν Πενία ἐπιβουλεύουσα διὰ τὴν αὑτῆς ἀπορίαν παιδίον ποιήσασθαι ἐκ τοῦ Πόρου, καταc κλίνεταί τε παρ› αὐτῷ καὶ ἐκύησε τὸν Ἔρωτα. διὸ δὴ καὶ τῆς Ἀφροδίτης ἀκόλουθος καὶ θεράπων γέγονεν ὁ Ἔρως, γεννηθεὶς ἐν τοῖς ἐκείνης γενεθλίοις, καὶ ἅμα φύσει ἐραστὴς ὢν περὶ τὸ καλὸν καὶ τῆς Ἀφροδίτης καλῆς οὔσης. ἅτε οὖν Πόρου καὶ Πενίας ὑὸς ὢν ὁ Ἔρως ἐν τοιαύτῃ τύχῃ καθέστηκεν. πρῶτον μὲν πένης ἀεί ἐστι, καὶ πολλοῦ δεῖ ἁπαλός τε καὶ καλός, οἷον οἱ πολλοὶ οἴονται, ἀλλὰ σκληρὸς

d καὶ αὐχμηρὸς καὶ ἀνυπόδητος καὶ ἄοικος, χαμαιπετὴς ἀεὶ ὢν καὶ ἄστρωτος, ἐπὶ θύραις καὶ ἐν ὁδοῖς ὑπαίθριος κοιμώμενος, τὴν τῆς μητρὸς φύσιν ἔχων, ἀεὶ ἐνδείᾳ σύνοικος. κατὰ δὲ αὖ τὸν πατέρα ἐπίβουλός ἐστι τοῖς καλοῖς καὶ τοῖς ἀγαθοῖς, ἀνδρεῖος ὢν καὶ ἴτης καὶ σύντονος, θηρευτὴς δεινός, ἀεί τινας πλέκων μηχανάς, καὶ φρονήσεως ἐπιθυμητὴς καὶ πόριμος, φιλοσοφῶν διὰ παντὸς τοῦ βίου, δεινὸς γόης καὶ φαρμακεὺς καὶ σοφιστής· καὶ οὔτε ὡς

e ἀθάνατος πέφυκεν οὔτε ὡς θνητός, ἀλλὰ τοτὲ μὲν τῆς αὐτῆς ἡμέρας θάλλει τε καὶ ζῇ, ὅταν εὐπορήσῃ, τοτὲ δὲ ἀποθνῄσκει, πάλιν δὲ ἀναβιώσκεται διὰ τὴν τοῦ πατρὸς φύσιν, τὸ δὲ ποριζόμενον ἀεὶ ὑπεκρεῖ, ὥστε οὔτε ἀπορεῖ Ἔρως ποτὲ οὔτε πλουτεῖ, σοφίας τε αὖ καὶ ἀμαθίας ἐν μέσῳ ἐστίν.

204a ἔχει γὰρ ὧδε. θεῶν οὐδεὶς φιλοσοφεῖ οὐδ› ἐπιθυμεῖ σοφὸς γενέσθαι – ἔστι γάρ – οὐδ› εἴ τις ἄλλος σοφός, οὐ φιλοσοφεῖ. οὐδ› αὖ οἱ ἀμαθεῖς φιλοσοφοῦσιν οὐδ› ἐπιθυμοῦσι σοφοὶ γενέσθαι· αὐτὸ γὰρ τοῦτό ἐστι χαλεπὸν ἀμαθία, τὸ μὴ ὄντα καλὸν κἀγαθὸν μηδὲ φρόνιμον δοκεῖν αὑτῷ εἶναι ἱκανόν. οὔκουν ἐπιθυμεῖ ὁ μὴ οἰόμενος ἐνδεὴς εἶναι οὗ ἂν μὴ οἴηται ἐπιδεῖσθαι.

Τίνες οὖν, ἔφην ἐγώ, ὦ Διοτίμα, οἱ φιλοσοφοῦντες, εἰ

μήτε οἱ σοφοὶ μήτε οἱ ἀμαθεῖς;

b Δῆλον δή, ἔφη, τοῦτό γε ἤδη καὶ παιδί, ὅτι οἱ μεταξὺ τούτων ἀμφοτέρων, ὧν ἂν εἴη καὶ ὁ Ἔρως. ἔστιν γὰρ δὴ τῶν καλλίστων ἡ σοφία, Ἔρως δ› ἐστὶν ἔρως περὶ τὸ καλόν, ὥστε ἀναγκαῖον Ἔρωτα φιλόσοφον εἶναι, φιλόσοφον δὲ ὄντα μεταξὺ εἶναι σοφοῦ καὶ ἀμαθοῦς. αἰτία δὲ αὐτῷ καὶ τούτων ἡ γένεσις· πατρὸς μὲν γὰρ σοφοῦ ἐστι καὶ εὐπόρου, μητρὸς δὲ οὐ σοφῆς καὶ ἀπόρου. ἡ μὲν οὖν φύσις τοῦ δαίμονος, ὦ φίλε Σώκρατες, αὕτη· ὃν δὲ σὺ ᾠήθης Ἔρωτα

c εἶναι, θαυμαστὸν οὐδὲν ἔπαθες. ᾠήθης δέ, ὡς ἐμοὶ δοκεῖ τεκμαιρομένῃ ἐξ ὧν σὺ λέγεις, τὸ ἐρώμενον Ἔρωτα εἶναι, οὐ τὸ ἐρῶν· διὰ ταῦτά σοι οἶμαι πάγκαλος ἐφαίνετο ὁ Ἔρως. καὶ γὰρ ἔστι τὸ ἐραστὸν τὸ τῷ ὄντι καλὸν καὶ ἁβρὸν καὶ τέλεον καὶ μακαριστόν· τὸ δέ γε ἐρῶν ἄλλην ἰδέαν τοιαύτην ἔχον, οἵαν ἐγὼ διῆλθον.

Καὶ ἐγὼ εἶπον, Εἶεν δή, ὦ ξένη, καλῶς γὰρ λέγεις· τοιοῦτος ὢν ὁ Ἔρως τίνα χρείαν ἔχει τοῖς ἀνθρώποις;

d Τοῦτο δὴ μετὰ ταῦτ›, ἔφη, ὦ Σώκρατες, πειράσομαί σε διδάξαι. ἔστι μὲν γὰρ δὴ τοιοῦτος καὶ οὕτω γεγονὼς ὁ Ἔρως, ἔστι δὲ τῶν καλῶν, ὡς σὺ φῄς. εἰ δέ τις ἡμᾶς ἔροιτο· Τί τῶν καλῶν ἐστιν ὁ Ἔρως, ὦ Σώκρατές τε καὶ Διοτίμα; ὧδε δὲ σαφέστερον· ἐρᾷ ὁ ἐρῶν τῶν καλῶν· τί ἐρᾷ;

Καὶ ἐγὼ εἶπον ὅτι Γενέσθαι αὑτῷ.

Ἀλλ’ ἔτι ποθεῖ, ἔφη, ἡ ἀπόκρισις ἐρώτησιν τοιάνδε· Τί ἔσται ἐκείνῳ ᾧ ἂν γένηται τὰ καλά;

Οὐ πάνυ ἔφην ἔτι ἔχειν ἐγὼ πρὸς ταύτην τὴν ἐρώτησιν προχείρως ἀποκρίνασθαι.

e Ἀλλ’, ἔφη, ὥσπερ ἂν εἴ τις μεταβαλὼν ἀντὶ τοῦ καλοῦ τῷ ἀγαθῷ χρώμενος πυνθάνοιτο· Φέρε, ὦ Σώκρατες, ἐρᾷ ὁ ἐρῶν τῶν ἀγαθῶν· τί ἐρᾷ;

Γενέσθαι, ἦν δ’ ἐγώ, αὑτῷ.

Καὶ τί ἔσται ἐκείνῳ ᾧ ἂν γένηται τἀγαθά;

Τοῦτ’ εὐπορώτερον, ἦν δ’ ἐγώ, ἔχω ἀποκρίνασθαι, ὅτι

εὐδαίμων ἔσται.

205a Κτήσει γάρ, ἔφη, ἀγαθῶν οἱ εὐδαίμονες εὐδαίμονες, καὶ οὐκέτι προσδεῖ ἐρέσθαι Ἵνα τί δὲ βούλεται εὐδαίμων εἶναι ὁ βουλόμενος; ἀλλὰ τέλος δοκεῖ ἔχειν ἡ ἀπόκρισις.

Ἀληθῆ λέγεις, εἶπον ἐγώ.

Ταύτην δὴ τὴν βούλησιν καὶ τὸν ἔρωτα τοῦτον πότερα κοινὸν οἴει εἶναι πάντων ἀνθρώπων, καὶ πάντας τἀγαθὰ βούλεσθαι αὑτοῖς εἶναι ἀεί, ἢ πῶς λέγεις;

Οὕτως, ἦν δ᾽ ἐγώ˙ κοινὸν εἶναι πάντων.

Τί δὴ οὖν, ἔφη, ὦ Σώκρατες, οὐ πάντας ἐρᾶν φαμεν,

b εἴπερ γε πάντες τῶν αὐτῶν ἐρῶσι καὶ ἀεί, ἀλλά τινάς φαμεν ἐρᾶν, τοὺς δ᾽ οὔ;

Θαυμάζω, ἦν δ› ἐγώ, καὶ αὐτός.

Ἀλλὰ μὴ θαύμαζ›, ἔφη˙ ἀφελόντες γὰρ ἄρα τοῦ ἔρωτός τι εἶδος ὀνομάζομεν, τὸ τοῦ ὅλου ἐπιτιθέντες ὄνομα, ἔρωτα, τὰ δὲ ἄλλα ἄλλοις καταχρώμεθα ὀνόμασιν.

Ὥσπερ τί; ἦν δ› ἐγώ.

Ὥσπερ τόδε. οἶσθ› ὅτι ποίησίς ἐστί τι πολύ˙ ἡ γάρ τοι ἐκ τοῦ μὴ ὄντος εἰς τὸ ὂν ἰόντι ὁτῳοῦν αἰτία πᾶσά ἐστι

c ποίησις, ὥστε καὶ αἱ ὑπὸ πάσαις ταῖς τέχναις ἐργασίαι ποιήσεις εἰσὶ καὶ οἱ τούτων δημιουργοὶ πάντες ποιηταί.

Ἀληθῆ λέγεις.

Ἀλλ᾽ ὅμως, ἦ δ᾽ ἥ, οἶσθ᾽ ὅτι οὐ καλοῦνται ποιηταὶ ἀλλὰ ἄλλα ἔχουσιν ὀνόματα, ἀπὸ δὲ πάσης τῆς ποιήσεως ἓν μόριον ἀφορισθὲν τὸ περὶ τὴν μουσικὴν καὶ τὰ μέτρα τῷ τοῦ ὅλου ὀνόματι προσαγορεύεται. ποίησις γὰρ τοῦτο μόνον καλεῖται, καὶ οἱ ἔχοντες τοῦτο τὸ μόριον τῆς ποιήσεως ποιηταί.

Ἀληθῆ λέγεις, ἔφην.

d Οὕτω τοίνυν καὶ περὶ τὸν ἔρωτα. τὸ μὲν κεφάλαιόν ἐστι πᾶσα ἡ τῶν ἀγαθῶν ἐπιθυμία καὶ τοῦ εὐδαιμονεῖν ὁ <μέγιστός τε καὶ δολερὸς ἔρως> παντί· ἀλλ› οἱ μὲν ἄλλῃ

τρεπόμενοι πολλαχῇ ἐπ› αὐτόν, ἢ κατὰ χρηματισμὸν ἢ κατὰ φιλογυμναστίαν ἢ κατὰ φιλοσοφίαν, οὔτε ἐρᾶν καλοῦνται οὔτε ἐρασταί, οἱ δὲ κατὰ ἕν τι εἶδος ἰόντες τε καὶ ἐσπουδακότες τὸ τοῦ ὅλου ὄνομα ἴσχουσιν, ἔρωτά τε καὶ ἐρᾶν καὶ ἐρασταί.

Κινδυνεύεις ἀληθῆ, ἔφην ἐγώ, λέγειν.

Καὶ λέγεται μέν γέ τις, ἔφη, λόγος, ὡς οἳ ἂν τὸ ἥμισυ

e ἑαυτῶν ζητῶσιν, οὗτοι ἐρῶσιν· ὁ δ’ ἐμὸς λόγος οὔτε ἡμίσεός φησιν εἶναι τὸν ἔρωτα οὔτε ὅλου, ἐὰν μὴ τυγχάνῃ γέ που, ὦ ἑταῖρε, ἀγαθὸν ὄν, ἐπεὶ αὑτῶν γε καὶ πόδας καὶ χεῖρας ἐθέλουσιν ἀποτέμνεσθαι οἱ ἄνθρωποι, ἐὰν αὐτοῖς δοκῇ τὰ ἑαυτῶν πονηρὰ εἶναι. οὐ γὰρ τὸ ἑαυτῶν οἶμαι ἕκαστοι ἀσπάζονται, εἰ μὴ εἴ τις τὸ μὲν ἀγαθὸν οἰκεῖον καλεῖ καὶ ἑαυτοῦ, τὸ δὲ κακὸν ἀλλότριον· ὡς οὐδέν γε ἄλλο ἐστὶν οὗ

206a ἐρῶσιν ἄνθρωποι ἢ τοῦ ἀγαθοῦ. ἢ σοὶ δοκοῦσιν;

Μὰ Δί› οὐκ ἔμοιγε, ἦν δ› ἐγώ.

Ἆρ› οὖν, ἦ δ› ἥ, οὕτως ἁπλοῦν ἐστι λέγειν ὅτι οἱ ἄνθρωποι τἀγαθοῦ ἐρῶσιν;

Ναί, ἔφην.

Τί δέ; οὐ προσθετέον, ἔφη, ὅτι καὶ εἶναι τὸ ἀγαθὸν αὑτοῖς ἐρῶσιν;

Προσθετέον.

Ἆρ› οὖν, ἔφη, καὶ οὐ μόνον εἶναι, ἀλλὰ καὶ ἀεὶ εἶναι;

Καὶ τοῦτο προσθετέον.

Ἔστιν ἄρα συλλήβδην, ἔφη, ὁ ἔρως τοῦ τὸ ἀγαθὸν αὑτῷ εἶναι ἀεί.

Ἀληθέστατα, ἔφην ἐγώ, λέγεις.

b Ὅτε δὴ τοῦτο ὁ ἔρως ἐστὶν ἀεί, ἦ δ› ἥ, τῶν τίνα τρόπον διωκόντων αὐτὸ καὶ ἐν τίνι πράξει ἡ σπουδὴ καὶ ἡ σύντασις ἔρως ἂν καλοῖτο; τί τοῦτο τυγχάνει ὂν τὸ ἔργον; ἔχεις εἰπεῖν;

Οὐ μεντἂν σέ, ἔφην ἐγώ, ὦ Διοτίμα, ἐθαύμαζον ἐπὶ σοφίᾳ καὶ ἐφοίτων παρὰ σὲ αὐτὰ ταῦτα μαθησόμενος.

Ἀλλὰ ἐγώ σοι, ἔφη, ἐρῶ. ἔστι γὰρ τοῦτο τόκος ἐν καλῷ καὶ κατὰ τὸ σῶμα καὶ κατὰ τὴν ψυχήν.

Μαντείας, ἦν δ’ ἐγώ, δεῖται ὅτι ποτε λέγεις, καὶ οὐ μανθάνω.

c Ἀλλ’ ἐγώ, ἦ δ’ ἥ, σαφέστερον ἐρῶ. κυοῦσιν γάρ, ἔφη, ὦ Σώκρατες, πάντες ἄνθρωποι καὶ κατὰ τὸ σῶμα καὶ κατὰ τὴν ψυχήν, καὶ ἐπειδὰν ἔν τινι ἡλικίᾳ γένωνται, τίκτειν ἐπιθυμεῖ ἡμῶν ἡ φύσις. τίκτειν δὲ ἐν μὲν αἰσχρῷ οὐ δύναται, ἐν δὲ τῷ καλῷ. ἡ γὰρ ἀνδρὸς καὶ γυναικὸς συνουσία τόκος ἐστίν. ἔστι δὲ τοῦτο θεῖον τὸ πρᾶγμα, καὶ τοῦτο ἐν θνητῷ ὄντι τῷ ζῴῳ ἀθάνατον ἔνεστιν, ἡ κύησις καὶ ἡ γέννησις. τὰ δὲ ἐν τῷ ἀναρμόστῳ ἀδύνατον γενέ-

d σθαι. ἀνάρμοστον δ’ ἐστὶ τὸ αἰσχρὸν παντὶ τῷ θείῳ, τὸ δὲ καλὸν ἁρμόττον. Μοῖρα οὖν καὶ Εἰλείθυια ἡ Καλλονή ἐστι τῇ γενέσει. διὰ ταῦτα ὅταν μὲν καλῷ προσπελάζῃ τὸ κυοῦν, ἵλεών τε γίγνεται καὶ εὐφραινόμενον διαχεῖται καὶ τίκτει τε καὶ γεννᾷ˙ ὅταν δὲ αἰσχρῷ, σκυθρωπόν τε καὶ λυπούμενον συσπειρᾶται καὶ ἀποτρέπεται καὶ ἀνείλλεται καὶ οὐ γεννᾷ, ἀλλὰ ἴσχον τὸ κύημα χαλεπῶς φέρει. ὅθεν δὴ τῷ κυοῦντί τε καὶ ἤδη σπαργῶντι πολλὴ ἡ πτοίησις γέγονε

e περὶ τὸ καλὸν διὰ τὸ μεγάλης ὠδῖνος ἀπολύειν τὸν ἔχοντα. ἔστιν γάρ, ὦ Σώκρατες, ἔφη, οὐ τοῦ καλοῦ ὁ ἔρως, ὡς σὺ οἴει.

Ἀλλὰ τί μήν;

Τῆς γεννήσεως καὶ τοῦ τόκου ἐν τῷ καλῷ.

Εἶεν, ἦν δ' ἐγώ.

Πάνυ μὲν οὖν, ἔφη. τί δὴ οὖν τῆς γεννήσεως; ὅτι ἀειγενές ἐστι καὶ ἀθάνατον ὡς θνητῷ ἡ γέννησις. ἀθα-

207a νασίας δὲ ἀναγκαῖον ἐπιθυμεῖν μετὰ ἀγαθοῦ ἐκ τῶν ὡμολογημένων, εἴπερ τοῦ ἀγαθοῦ ἑαυτῷ εἶναι ἀεὶ ἔρως ἐστίν. ἀναγκαῖον δὴ ἐκ τούτου τοῦ λόγου καὶ τῆς ἀθανασίας τὸν ἔρωτα εἶναι.

Ταῦτά τε οὖν πάντα ἐδίδασκέ με, ὁπότε περὶ τῶν ἐρωτικῶν λόγους ποιοῖτο, καί ποτε ἤρετο Τί οἴει, ὦ Σώκρατες, αἴτιον εἶναι τούτου τοῦ ἔρωτος καὶ τῆς ἐπιθυμίας; ἢ οὐκ αἰσθάνῃ ὡς δεινῶς διατίθεται πάντα τὰ θηρία ἐπειδὰν γεννᾶν ἐπιθυμήσῃ, καὶ τὰ πεζὰ καὶ τὰ πτηνά, νοσοῦντά τε

b πάντα καὶ ἐρωτικῶς διατιθέμενα, πρῶτον μὲν περὶ τὸ συμμιγῆναι ἀλλήλοις, ἔπειτα περὶ τὴν τροφὴν τοῦ γενομένου, καὶ ἕτοιμά ἐστιν ὑπὲρ τούτων καὶ διαμάχεσθαι τὰ ἀσθενέστατα τοῖς ἰσχυροτάτοις καὶ ὑπεραποθνῄσκειν, καὶ αὐτὰ τῷ λιμῷ παρατεινόμενα ὥστ› ἐκεῖνα ἐκτρέφειν, καὶ ἄλλο πᾶν ποιοῦντα. τοὺς μὲν γὰρ ἀνθρώπους, ἔφη, οἴοιτ› ἄν τις ἐκ λογισμοῦ ταῦτα ποιεῖν· τὰ δὲ θηρία τίς αἰτία οὕτως ἐρω-

c τικῶς διατίθεσθαι; ἔχεις λέγειν;

Καὶ ἐγὼ αὖ ἔλεγον ὅτι οὐκ εἰδείην· ἣ δ› εἶπεν, Διανοῇ

οὖν δεινός ποτε γενήσεσθαι τὰ ἐρωτικά, ἐὰν ταῦτα μὴ ἐννοῇς;

Ἀλλὰ διὰ ταῦτά τοι, ὦ Διοτίμα, ὅπερ νυνδὴ εἶπον, παρὰ σὲ ἥκω, γνοὺς ὅτι διδασκάλων δέομαι. ἀλλά μοι λέγε καὶ τούτων τὴν αἰτίαν καὶ τῶν ἄλλων τῶν περὶ τὰ ἐρωτικά.

Εἰ τοίνυν, ἔφη, πιστεύεις ἐκείνου εἶναι φύσει τὸν ἔρωτα, οὗ πολλάκις ὡμολογήκαμεν, μὴ θαύμαζε. ἐνταῦθα γὰρ d τὸν αὐτὸν ἐκείνῳ λόγον ἡ θνητὴ φύσις ζητεῖ κατὰ τὸ δυνατὸν ἀεί τε εἶναι καὶ ἀθάνατος. δύναται δὲ ταύτῃ μόνον, τῇ γενέσει, ὅτι ἀεὶ καταλείπει ἕτερον νέον ἀντὶ τοῦ παλαιοῦ, ἐπεὶ καὶ ἐν ᾧ ἓν ἕκαστον τῶν ζῴων ζῆν καλεῖται καὶ εἶναι τὸ αὐτό – οἷον ἐκ παιδαρίου ὁ αὐτὸς λέγεται ἕως ἂν πρεσβύτης γένηται· οὗτος μέντοι οὐδέποτε τὰ αὐτὰ ἔχων ἐν αὑτῷ ὅμως ὁ αὐτὸς καλεῖται, ἀλλὰ νέος ἀεὶ γιγνόμενος, τὰ δὲ ἀπολλύς, καὶ κατὰ τὰς τρίχας καὶ σάρκα καὶ ὀστᾶ καὶ

e αἷμα καὶ σύμπαν τὸ σῶμα. καὶ μὴ ὅτι κατὰ τὸ σῶμα, ἀλλὰ καὶ κατὰ τὴν ψυχὴν οἱ τρόποι, τὰ ἤθη, δόξαι, ἐπιθυμίαι, ἡδοναί, λῦπαι, φόβοι, τούτων ἕκαστα οὐδέποτε τὰ αὐτὰ πάρεστιν ἑκάστῳ, ἀλλὰ τὰ μὲν γίγνεται, τὰ δὲ ἀπόλλυται. πολὺ δὲ τούτων ἀτοπώτερον ἔτι, ὅτι καὶ αἱ ἐπιστῆμαι

208a μὴ ὅτι αἱ μὲν γίγνονται, αἱ δὲ ἀπόλλυνται ἡμῖν, καὶ οὐδέποτε οἱ αὐτοί ἐσμεν οὐδὲ κατὰ τὰς ἐπιστήμας, ἀλλὰ καὶ μία ἑκάστη τῶν ἐπιστημῶν ταὐτὸν πάσχει. ὃ γὰρ καλεῖται μελετᾶν, ὡς ἐξιούσης ἐστὶ τῆς ἐπιστήμης· λήθη γὰρ ἐπιστήμης ἔξοδος, μελέτη δὲ πάλιν καινὴν ἐμποιοῦσα ἀντὶ τῆς ἀπιούσης μνήμην σῴζει τὴν ἐπιστήμην, ὥστε τὴν αὐτὴν δοκεῖν εἶναι. τούτῳ γὰρ τῷ τρόπῳ πᾶν τὸ θνητὸν σῴζεται, οὐ τῷ παντάπασιν τὸ αὐτὸ ἀεὶ εἶναι ὥσπερ τὸ

b θεῖον, ἀλλὰ τῷ τὸ ἀπιὸν καὶ παλαιούμενον ἕτερον νέον ἐγκαταλείπειν οἷον αὐτὸ ἦν. ταύτῃ τῇ μηχανῇ, ὦ Σώκρατες, ἔφη, θνητὸν ἀθανασίας μετέχει, καὶ σῶμα καὶ τἆλλα πάντα· ἀθάνατον δὲ ἄλλῃ. μὴ οὖν θαύμαζε εἰ τὸ αὑτοῦ ἀποβλάστημα φύσει πᾶν τιμᾷ· ἀθανασίας γὰρ χάριν παντὶ αὕτη ἡ σπουδὴ καὶ ὁ ἔρως ἕπεται.

Καὶ ἐγὼ ἀκούσας τὸν λόγον ἐθαύμασά τε καὶ εἶπον Εἶεν, ἦν δ' ἐγώ, ὦ σοφωτάτη Διοτίμα, ταῦτα ὡς ἀληθῶς

οὕτως ἔχει;

c Καὶ ἥ, ὥσπερ οἱ τέλεοι σοφισταί, Εὖ ἴσθι, ἔφη, ὦ Σώκρατες· ἐπεί γε καὶ τῶν ἀνθρώπων εἰ ἐθέλεις εἰς τὴν φιλοτιμίαν βλέψαι, θαυμάζοις ἂν τῆς ἀλογίας περὶ ἃ ἐγὼ εἴρηκα εἰ μὴ ἐννοεῖς, ἐνθυμηθεὶς ὡς δεινῶς διάκεινται ἔρωτι τοῦ ὀνομαστοὶ γενέσθαι <καὶ κλέος ἐς τὸν ἀεὶ χρόνον ἀθάνατον καταθέσθαι>, καὶ ὑπὲρ τούτου κινδύνους τε κινδυνεύειν ἕτοιμοί εἰσι πάντας ἔτι μᾶλλον ἢ ὑπὲρ τῶν

d παίδων, καὶ χρήματα ἀναλίσκειν καὶ πόνους πονεῖν οὑστινασοῦν καὶ ὑπεραποθνῄσκειν. ἐπεὶ οἴει σύ, ἔφη, Ἄλκηστιν ὑπὲρ Ἀδμήτου ἀποθανεῖν ἄν, ἢ Ἀχιλλέα Πατρόκλῳ ἐπαποθανεῖν, ἢ προαποθανεῖν τὸν ὑμέτερον Κόδρον ὑπὲρ τῆς βασιλείας τῶν παίδων, μὴ οἰομένους ἀθάνατον μνήμην ἀρετῆς πέρι ἑαυτῶν ἔσεσθαι, ἣν νῦν ἡμεῖς ἔχομεν; πολλοῦ γε δεῖ, ἔφη, ἀλλ› οἶμαι ὑπὲρ ἀρετῆς ἀθανάτου καὶ τοιαύτης δόξης εὐκλεοῦς πάντες πάντα ποιοῦσιν, ὅσῳ ἂν ἀμείνους

e ὦσι, τοσούτῳ μᾶλλον· τοῦ γὰρ ἀθανάτου ἐρῶσιν. οἱ μὲν οὖν ἐγκύμονες, ἔφη, κατὰ τὰ σώματα ὄντες πρὸς τὰς γυναῖκας μᾶλλον τρέπονται καὶ ταύτῃ ἐρωτικοί εἰσιν, διὰ παιδογονίας ἀθανασίαν καὶ μνήμην καὶ εὐδαιμονίαν, ὡς οἴονται, αὑτοῖς εἰς τὸν ἔπειτα χρόνον πάντα πορίζόμενοι· οἱ δὲ κατὰ τὴν

209a ψυχήν – εἰσὶ γὰρ οὖν, ἔφη, οἳ ἐν ταῖς ψυχαῖς κυοῦσιν ἔτι μᾶλλον ἢ ἐν τοῖς σώμασιν, ἃ ψυχῇ προσήκει καὶ κυῆσαι καὶ τεκεῖν· τί οὖν προσήκει; φρόνησίν τε καὶ τὴν ἄλλην ἀρετήν – ὧν δή εἰσι καὶ οἱ ποιηταὶ πάντες γεννήτορες καὶ τῶν δημιουργῶν ὅσοι λέγονται εὑρετικοὶ εἶναι· πολὺ δὲ μεγίστη, ἔφη, καὶ καλλίστη τῆς φρονήσεως ἡ περὶ τὰ τῶν πόλεών τε καὶ οἰκήσεων διακόσμησις, ᾗ δὴ ὄνομά ἐστι σωφροσύνη τε καὶ δικαιοσύνη – τούτων δ› αὖ ὅταν τις ἐκ

b νέου ἐγκύμων ᾖ τὴν ψυχήν, ἤθεος ὢν καὶ ἡκούσης τῆς ἡλικίας, τίκτειν τε καὶ γεννᾶν ἤδη ἐπιθυμῇ, ζητεῖ δὴ οἶμαι καὶ οὗτος περιιὼν τὸ καλὸν ἐν ᾧ ἂν γεννήσειεν· ἐν τῷ γὰρ αἰσχρῷ οὐδέποτε γεννήσει. τά τε οὖν σώματα τὰ καλὰ μᾶλλον ἢ τὰ αἰσχρὰ ἀσπάζεται ἅτε κυῶν, καὶ ἂν ἐντύχῃ ψυχῇ καλῇ καὶ γενναίᾳ καὶ εὐφυεῖ, πάνυ δὴ ἀσπάζεται τὸ συναμφότερον, καὶ πρὸς τοῦτον τὸν ἄνθρωπον εὐθὺς εὐπορεῖ λόγων περὶ ἀρετῆς καὶ περὶ οἷον χρὴ εἶναι c τὸν ἄνδρα τὸν ἀγαθὸν καὶ ἃ ἐπιτηδεύειν, καὶ ἐπιχειρεῖ παιδεύειν. ἁπτόμενος γὰρ οἶμαι τοῦ καλοῦ καὶ ὁμιλῶν αὐτῷ, ἃ πάλαι ἐκύει τίκτει καὶ γεννᾷ, καὶ παρὼν καὶ ἀπὼν μεμνημένος, καὶ τὸ γεννηθὲν συνεκτρέφει κοινῇ μετ› ἐκείνου, ὥστε πολὺ μείζω κοινωνίαν τῆς τῶν παίδων πρὸς ἀλλήλους οἱ τοιοῦτοι ἴσχουσι καὶ φιλίαν βεβαιοτέραν, ἅτε καλλιόνων καὶ ἀθανατωτέρων παίδων κεκοινωνηκότες. καὶ πᾶς ἂν δέξαιτο ἑαυτῷ τοιούτους παῖδας μᾶλλον γεγονέναι ἢ τοὺς

d ἀνθρωπίνους, καὶ εἰς Ὅμηρον ἀποβλέψας καὶ Ἡσίοδον καὶ τοὺς ἄλλους ποιητὰς τοὺς ἀγαθοὺς ζηλῶν, οἷα ἔκγονα ἑαυτῶν καταλείπουσιν, ἃ ἐκείνοις ἀθάνατον κλέος καὶ μνήμην παρέχεται αὐτὰ τοιαῦτα ὄντα˙ εἰ δὲ βούλει, ἔφη, οἵους Λυκοῦργος παῖδας κατελίπετο ἐν Λακεδαίμονι σωτῆρας τῆς Λακεδαίμονος καὶ ὡς ἔπος εἰπεῖν τῆς Ἑλλάδος. τίμιος δὲ παρ› ὑμῖν καὶ Σόλων διὰ τὴν τῶν νόμων γέννησιν, καὶ ἄλλοι

e ἄλλοθι πολλαχοῦ ἄνδρες, καὶ ἐν Ἕλλησι καὶ ἐν βαρβάροις, πολλὰ καὶ καλὰ ἀποφηνάμενοι ἔργα, γεννήσαντες παντοίαν ἀρετήν˙ ὧν καὶ ἱερὰ πολλὰ ἤδη γέγονε διὰ τοὺς τοιούτους παῖδας, διὰ δὲ τοὺς ἀνθρωπίνους οὐδενός πω.

Ταῦτα μὲν οὖν τὰ ἐρωτικὰ ἴσως, ὦ Σώκρατες, κἂν σὺ

210a μυηθείης˙ τὰ δὲ τέλεα καὶ ἐποπτικά, ὧν ἕνεκα καὶ ταῦτα ἔστιν, ἐάν τις ὀρθῶς μετίῃ, οὐκ οἶδ› εἰ οἷός τ› ἂν εἴης. ἐρῶ μὲν οὖν, ἔφη, ἐγὼ καὶ προθυμίας οὐδὲν ἀπολείψω˙ πειρῶ δὲ ἕπεσθαι, ἂν οἷός τε ᾖς. δεῖ γάρ, ἔφη, τὸν ὀρθῶς ἰόντα ἐπὶ τοῦτο τὸ πρᾶγμα ἄρχεσθαι μὲν νέον ὄντα ἰέναι ἐπὶ τὰ καλὰ σώματα, καὶ πρῶτον μέν, ἐὰν ὀρθῶς ἡγῆται ὁ ἡγούμενος, ἑνὸς αὐτὸν σώματος ἐρᾶν καὶ ἐνταῦθα γεννᾶν λόγους καλούς, ἔπειτα δὲ αὐτὸν κατανοῆσαι ὅτι τὸ κάλλος

b τὸ ἐπὶ ὁτῳοῦν σώματι τῷ ἐπὶ ἑτέρῳ σώματι ἀδελφόν ἐστι, καὶ εἰ δεῖ διώκειν τὸ ἐπ› εἴδει καλόν, πολλὴ ἄνοια μὴ οὐχ ἕν τε καὶ ταὐτὸν ἡγεῖσθαι τὸ ἐπὶ πᾶσιν τοῖς σώμασι κάλλος˙ τοῦτο δ› ἐννοήσαντα καταστῆναι πάντων τῶν καλῶν σωμάτων ἐραστήν, ἑνὸς δὲ τὸ σφόδρα τοῦτο χαλάσαι καταφρονήσαντα καὶ σμικρὸν ἡγησάμενον· μετὰ δὲ ταῦτα τὸ ἐν ταῖς ψυχαῖς κάλλος τιμιώτερον ἡγήσασθαι τοῦ ἐν τῷ σώματι, ὥστε καὶ ἐὰν ἐπιεικὴς ὢν τὴν ψυχήν τις κἂν σμικρὸν ἄνθος

c ἔχῃ, ἐξαρκεῖν αὐτῷ καὶ ἐρᾶν καὶ κήδεσθαι καὶ τίκτειν λόγους τοιούτους καὶ ζητεῖν, οἵτινες ποιήσουσι βελτίους τοὺς νέους, ἵνα ἀναγκασθῇ αὖ θεάσασθαι τὸ ἐν τοῖς ἐπιτηδεύμασι καὶ τοῖς νόμοις καλὸν καὶ τοῦτ› ἰδεῖν ὅτι πᾶν αὐτὸ αὑτῷ συγγενές ἐστιν, ἵνα τὸ περὶ τὸ σῶμα καλὸν σμικρόν τι ἡγήσηται εἶναι· μετὰ δὲ τὰ ἐπιτηδεύματα ἐπὶ τὰς ἐπιστήμας ἀγαγεῖν, ἵνα ἴδῃ αὖ ἐπιστημῶν κάλλος, καὶ βλέπων πρὸς

d πολὺ ἤδη τὸ καλὸν μηκέτι τὸ παρ› ἑνί, ὥσπερ οἰκέτης,

ἀγαπῶν παιδαρίου κάλλος ἢ ἀνθρώπου τινὸς ἢ ἐπιτηδεύματος ἑνός, δουλεύων φαῦλος ᾖ καὶ σμικρολόγος, ἀλλ› ἐπὶ τὸ πολὺ πέλαγος τετραμμένος τοῦ καλοῦ καὶ θεωρῶν πολλοὺς καὶ καλοὺς λόγους καὶ μεγαλοπρεπεῖς τίκτῃ καὶ διανοήματα ἐν φιλοσοφίᾳ ἀφθόνῳ, ἕως ἂν ἐνταῦθα ῥωσθεὶς καὶ αὐξηθεὶς κατίδῃ τινὰ ἐπιστήμην μίαν τοιαύτην, ἥ ἐστι καλοῦ

e τοιοῦδε. πειρῶ δέ μοι, ἔφη, τὸν νοῦν προσέχειν ὡς οἷόν τε μάλιστα. ὃς γὰρ ἂν μέχρι ἐνταῦθα πρὸς τὰ ἐρωτικὰ παιδαγωγηθῇ, θεώμενος ἐφεξῆς τε καὶ ὀρθῶς τὰ καλά, πρὸς τέλος ἤδη ἰὼν τῶν ἐρωτικῶν ἐξαίφνης κατόψεταί τι θαυμαστὸν τὴν φύσιν καλόν, τοῦτο ἐκεῖνο, ὦ Σώκρατες, οὗ δὴ ἕνεκεν καὶ οἱ ἔμπροσθεν πάντες πόνοι ἦσαν, πρῶτον μὲν

211a ἀεὶ ὂν καὶ οὔτε γιγνόμενον οὔτε ἀπολλύμενον, οὔτε αὐξανόμενον οὔτε φθίνον, ἔπειτα οὐ τῇ μὲν καλόν, τῇ δ› αἰσχρόν, οὐδὲ τοτὲ μέν, τοτὲ δὲ οὔ, οὐδὲ πρὸς μὲν τὸ καλόν, πρὸς δὲ τὸ αἰσχρόν, οὐδ› ἔνθα μὲν καλόν, ἔνθα δὲ αἰσχρόν, ὡς τισὶ μὲν ὂν καλόν, τισὶ δὲ αἰσχρόν· οὐδ› αὖ φαντασθήσεται αὐτῷ τὸ καλὸν οἷον πρόσωπόν τι οὐδὲ χεῖρες οὐδὲ ἄλλο οὐδὲν ὧν σῶμα μετέχει, οὐδέ τις λόγος οὐδέ τις ἐπιστήμη, οὐδέ που ὂν ἐν ἑτέρῳ τινι, οἷον ἐν ζώῳ ἢ ἐν γῇ ἢ ἐν οὐρανῷ b ἢ ἔν τῳ ἄλλῳ, ἀλλ› αὐτὸ καθ› αὑτὸ μεθ› αὑτοῦ μονοειδὲς ἀεὶ ὄν, τὰ δὲ ἄλλα πάντα καλὰ ἐκείνου μετέχοντα τρόπον τινὰ τοιοῦτον, οἷον γιγνομένων τε τῶν ἄλλων καὶ ἀπολλυμένων μηδὲν ἐκεῖνο μήτε τι πλέον μήτε ἔλαττον γίγνεσθαι μηδὲ πάσχειν μηδέν. ὅταν δή τις ἀπὸ τῶνδε διὰ τὸ ὀρθῶς παιδεραστεῖν ἐπανιὼν ἐκεῖνο τὸ καλὸν ἄρχηται καθορᾶν, σχεδὸν ἄν τι ἅπτοιτο τοῦ τέλους. τοῦτο γὰρ δή ἐστι τὸ ὀρθῶς ἐπὶ

c τὰ ἐρωτικὰ ἰέναι ἢ ὑπ› ἄλλου ἄγεσθαι, ἀρχόμενον ἀπὸ τῶνδε τῶν καλῶν ἐκείνου ἕνεκα τοῦ καλοῦ ἀεὶ ἐπανιέναι, ὥσπερ ἐπαναβασμοῖς χρώμενον, ἀπὸ ἑνὸς ἐπὶ δύο καὶ ἀπὸ δυοῖν ἐπὶ πάντα τὰ καλὰ σώματα, καὶ ἀπὸ τῶν καλῶν σωμάτων ἐπὶ τὰ καλὰ ἐπιτηδεύματα, καὶ ἀπὸ τῶν ἐπιτηδευμάτων ἐπὶ τὰ καλὰ μαθήματα, καὶ ἀπὸ τῶν μαθημάτων ἐπ› ἐκεῖνο τὸ μάθημα τελευτῆσαι, ὅ ἐστιν οὐκ ἄλλου ἢ αὐτοῦ ἐκείνου τοῦ καλοῦ μάθημα, καὶ γνῷ αὐτὸ τελευτῶν ὃ ἔστι

d καλόν. ἐνταῦθα τοῦ βίου, ὦ φίλε Σώκρατες, ἔφη ἡ Μαντινικὴ ξένη, εἴπερ που ἄλλοθι, βιωτὸν ἀνθρώπῳ, θεωμένῳ αὐτὸ τὸ καλόν. ὃ ἐάν ποτε ἴδῃς, οὐ κατὰ χρυσίον τε καὶ ἐσθῆτα καὶ τοὺς καλοὺς παῖδάς τε καὶ νεανίσκους δόξει σοι εἶναι, οὓς νῦν ὁρῶν ἐκπέπληξαι καὶ ἕτοιμος εἶ καὶ σὺ καὶ ἄλλοι πολλοί, ὁρῶντες τὰ παιδικὰ καὶ συνόντες ἀεὶ αὐτοῖς, εἴ πως οἷόν τ› ἦν, μήτ› ἐσθίειν μήτε πίνειν, ἀλλὰ θεᾶσθαι μόνον καὶ συνεῖναι. τί δῆτα, ἔφη, οἰόμεθα, εἴ τῳ γένοιτο

e αὐτὸ τὸ καλὸν ἰδεῖν εἰλικρινές, καθαρόν, ἄμεικτον, ἀλλὰ μὴ ἀνάπλεων σαρκῶν τε ἀνθρωπίνων καὶ χρωμάτων καὶ ἄλλης πολλῆς φλυαρίας θνητῆς, ἀλλ› αὐτὸ τὸ θεῖον καλὸν δύναιτο μονοειδὲς κατιδεῖν; ἆρ› οἴει, ἔφη, φαῦλον βίον

212a γίγνεσθαι ἐκεῖσε βλέποντος ἀνθρώπου καὶ ἐκεῖνο ᾧ δεῖ θεωμένου καὶ συνόντος αὐτῷ; ἢ οὐκ ἐνθυμῇ, ἔφη, ὅτι ἐνταῦθα αὐτῷ μοναχοῦ γενήσεται, ὁρῶντι ᾧ ὁρατὸν τὸ καλόν, τίκτειν οὐκ εἴδωλα ἀρετῆς, ἅτε οὐκ εἰδώλου ἐφαπτομένῳ, ἀλλὰ ἀληθῆ, ἅτε τοῦ ἀληθοῦς ἐφαπτομένῳ· τεκόντι δὲ ἀρετὴν ἀληθῆ καὶ θρεψαμένῳ ὑπάρχει θεοφιλεῖ γενέσθαι, καὶ εἴπέρ τῳ ἄλλῳ ἀνθρώπων ἀθανάτῳ καὶ ἐκείνῳ;

b Ταῦτα δή, ὦ Φαῖδρέ τε καὶ οἱ ἄλλοι, ἔφη μὲν Διοτίμα, πέπεισμαι δ› ἐγώ· πεπεισμένος δὲ πειρῶμαι καὶ τοὺς ἄλλους πείθειν ὅτι τούτου τοῦ κτήματος τῇ ἀνθρωπείᾳ φύσει συνεργὸν ἀμείνω Ἔρωτος οὐκ ἄν τις ῥᾳδίως λάβοι. διὸ δὴ ἔγωγέ φημι χρῆναι πάντα ἄνδρα τὸν Ἔρωτα τιμᾶν, καὶ αὐτὸς τιμῶ τὰ ἐρωτικὰ καὶ διαφερόντως ἀσκῶ, καὶ τοῖς ἄλλοις παρακελεύομαι, καὶ νῦν τε καὶ ἀεὶ ἐγκωμιάζω τὴν δύναμιν καὶ ἀνδρείαν τοῦ Ἔρωτος καθ› ὅσον οἷός τ› εἰμί. τοῦ-

c τον οὖν τὸν λόγον, ὦ Φαῖδρε, εἰ μὲν βούλει, ὡς ἐγκώμιον εἰς Ἔρωτα νόμισον εἰρῆσθαι, εἰ δέ, ὅτι καὶ ὅπῃ χαίρεις ὀνομάζων, τοῦτο ὀνόμαζε.

Εἰπόντος δὲ ταῦτα τοῦ Σωκράτους τοὺς μὲν ἐπαινεῖν, τὸν δὲ Ἀριστοφάνη λέγειν τι ἐπιχειρεῖν, ὅτι ἐμνήσθη αὐτοῦ λέγων ὁ Σωκράτης περὶ τοῦ λόγου· καὶ ἐξαίφνης τὴν αὔλειον θύραν κρουομένην πολὺν ψόφον παρασχεῖν ὡς κωμαστῶν, καὶ αὐλητρίδος φωνὴν ἀκούειν. τὸν οὖν Ἀγάθωνα, Παῖδες, φάναι,

d οὐ σκέψεσθε; καὶ ἐὰν μέν τις τῶν ἐπιτηδείων ᾖ, καλεῖτε· εἰ δὲ μή, λέγετε ὅτι οὐ πίνομεν ἀλλ› ἀναπαυόμεθα ἤδη.

Καὶ οὐ πολὺ ὕστερον Ἀλκιβιάδου τὴν φωνὴν ἀκούειν ἐν τῇ αὐλῇ σφόδρα μεθύοντος καὶ μέγα βοῶντος, ἐρωτῶντος ὅπου Ἀγάθων καὶ κελεύοντος ἄγειν παρ› Ἀγάθωνα. ἄγειν οὖν αὐτὸν παρὰ σφᾶς τήν τε αὐλητρίδα ὑπολαβοῦσαν καὶ ἄλλους τινὰς τῶν ἀκολούθων, καὶ ἐπιστῆναι ἐπὶ τὰς θύρας

e ἐστεφανωμένον αὐτὸν κιττοῦ τέ τινι στεφάνῳ δασεῖ καὶ ἴων, καὶ ταινίας ἔχοντα ἐπὶ τῆς κεφαλῆς πάνυ πολλάς, καὶ εἰπεῖν· Ἄνδρες, χαίρετε· μεθύοντα ἄνδρα πάνυ σφόδρα δέξεσθε συμπότην, ἢ ἀπίωμεν ἀναδήσαντες μόνον Ἀγάθωνα, ἐφ› ᾧπερ ἤλθομεν; ἐγὼ γάρ τοι, φάναι, χθὲς μὲν οὐχ οἷός τ› ἐγενόμην ἀφικέσθαι, νῦν δὲ ἥκω ἐπὶ τῇ κεφαλῇ ἔχων τὰς ταινίας, ἵνα ἀπὸ τῆς ἐμῆς κεφαλῆς τὴν τοῦ σοφωτάτου καὶ καλλίστου κεφαλὴν ἐὰν εἴπω οὑτωσὶ ἀναδήσω. ἆρα καταγελάσεσθέ μου ὡς μεθύοντος; ἐγὼ δέ, κἂν ὑμεῖς 213a γελᾶτε, ὅμως εὖ οἶδ› ὅτι ἀληθῆ λέγω. ἀλλά μοι λέγετε αὐτόθεν, ἐπὶ ῥητοῖς εἰσίω ἢ μή; συμπίεσθε ἢ οὔ;

Πάντας οὖν ἀναθορυβῆσαι καὶ κελεύειν εἰσιέναι καὶ κατακλίνεσθαι, καὶ τὸν Ἀγάθωνα καλεῖν αὐτόν. καὶ τὸν ἰέναι ἀγόμενον ὑπὸ τῶν ἀνθρώπων, καὶ περιαιρούμενον ἅμα τὰς ταινίας ὡς ἀναδήσοντα, ἐπίπροσθε τῶν ὀφθαλμῶν ἔχοντα οὐ κατιδεῖν τὸν Σωκράτη, ἀλλὰ καθίζεσθαι παρὰ τὸν Ἀγά-

b θωνα ἐν μέσῳ Σωκράτους τε καὶ ἐκείνου· παραχωρῆσαι γὰρ τὸν Σωκράτη ὡς ἐκεῖνον κατιδεῖν. παρακαθεζόμενον δὲ αὐτὸν ἀσπάζεσθαί τε τὸν Ἀγάθωνα καὶ ἀναδεῖν.

Εἰπεῖν οὖν τὸν Ἀγάθωνα Ὑπολύετε, παῖδες, Ἀλκιβιάδην, ἵνα ἐκ τρίτων κατακέηται.

Πάνυ γε, εἰπεῖν τὸν Ἀλκιβιάδην· ἀλλὰ τίς ἡμῖν ὅδε τρίτος συμπότης; καὶ ἅμα μεταστρεφόμενον αὐτὸν ὁρᾶν τὸν Σωκράτη, ἰδόντα δὲ ἀναπηδῆσαι καὶ εἰπεῖν Ω Ηράκλεις, τουτὶ τί ἦν; Σωκράτης οὗτος; ἐλλοχῶν αὖ με ἐνταῦθα κατέ-

c κεισο, ὥσπερ εἰώθεις ἐξαίφνης ἀναφαίνεσθαι ὅπου ἐγὼ ᾤμην ἥκιστά σε ἔσεσθαι. καὶ νῦν τί ἥκεις; καὶ τί αὖ ἐνταῦθα κατεκλίνης; ὡς οὐ παρὰ Ἀριστοφάνει οὐδὲ εἴ τις ἄλλος γελοῖος ἔστι τε καὶ βούλεται, ἀλλὰ διεμηχανήσω ὅπως παρὰ τῷ καλλίστῳ τῶν ἔνδον κατακείσῃ.

Καὶ τὸν Σωκράτη, Ἀγάθων, φάναι, ὅρα εἴ μοι ἐπαμύνεις· ὡς ἐμοὶ ὁ τούτου ἔρως τοῦ ἀνθρώπου οὐ φαῦλον πρᾶγμα γέγονεν. ἀπ› ἐκείνου γὰρ τοῦ χρόνου, ἀφ› οὗ τούτου

d ἠράσθην, οὐκέτι ἔξεστίν μοι οὔτε προσβλέψαι οὔτε διαλεχθῆναι καλῷ οὐδ› ἑνί, ἢ οὑτοσὶ ζηλοτυπῶν με καὶ φθονῶν θαυμαστὰ ἐργάζεται καὶ λοιδορεῖταί τε καὶ τὼ χεῖρε μόγις ἀπέχεται. ὅρα οὖν μή τι καὶ νῦν ἐργάσηται, ἀλλὰ διάλλαξον ἡμᾶς, ἢ ἐὰν ἐπιχειρῇ βιάζεσθαι, ἐπάμυνε, ὡς ἐγὼ τὴν τούτου μανίαν τε καὶ φιλεραστίαν πάνυ ὀρρωδῶ.

Ἀλλ’ οὐκ ἔστι, φάναι τὸν Ἀλκιβιάδην, ἐμοὶ καὶ σοὶ διαλλαγή. ἀλλὰ τούτων μὲν εἰς αὖθίς σε τιμωρήσομαι· νῦν e δέ μοι, Ἀγάθων, φάναι, μετάδος τῶν ταινιῶν, ἵνα ἀναδήσω καὶ τὴν τούτου ταυτηνὶ τὴν θαυμαστὴν κεφαλήν, καὶ μή μοι μέμφηται ὅτι σὲ μὲν ἀνέδησα, αὐτὸν δὲ νικῶντα ἐν λόγοις πάντας ἀνθρώπους, οὐ μόνον πρῴην ὥσπερ σύ, ἀλλ› ἀεί, ἔπειτα οὐκ ἀνέδησα. καὶ ἅμ› αὐτὸν λαβόντα τῶν ταινιῶν ἀναδεῖν τὸν Σωκράτη καὶ κατακλίνεσθαι.

Ἐπειδὴ δὲ κατεκλίνη, εἰπεῖν· Εἶεν δή, ἄνδρες· δοκεῖτε γάρ μοι νήφειν. οὐκ ἐπιτρεπτέον οὖν ὑμῖν, ἀλλὰ ποτέον· ὡμολόγηται γὰρ ταῦθ᾽ ἡμῖν. ἄρχοντα οὖν αἱροῦμαι τῆς πόσεως, ἕως ἂν ὑμεῖς ἱκανῶς πίητε, ἐμαυτόν. ἀλλὰ φερέτω, Ἀγάθων, εἴ τι ἔστιν ἔκπωμα μέγα. μᾶλλον δὲ οὐδὲν δεῖ, ἀλλὰ φέρε, παῖ, φάναι, τὸν ψυκτῆρα ἐκεῖνον, ἰδόντα αὐτὸν

214a πλέον ἢ ὀκτὼ κοτύλας χωροῦντα. τοῦτον ἐμπλησάμενον πρῶτον μὲν αὐτὸν ἐκπιεῖν, ἔπειτα τῷ Σωκράτει κελεύειν ἐγχεῖν καὶ ἅμα εἰπεῖν· Πρὸς μὲν Σωκράτη, ὦ ἄνδρες, τὸ σόφισμά μοι οὐδέν· ὁπόσον γὰρ ἂν κελεύῃ τις, τοσοῦτον ἐκπιὼν οὐδὲν μᾶλλον μή ποτε μεθυσθῇ.

Τὸν μὲν οὖν Σωκράτη ἐγχέαντος τοῦ παιδὸς πίνειν· τὸν δ᾽ Ἐρυξίμαχον Πῶς οὖν, φάναι, ὦ Ἀλκιβιάδη, ποιοῦμεν;

b οὕτως οὔτε τι λέγομεν ἐπὶ τῇ κύλικι οὔτε τι ᾄδομεν, ἀλλ› ἀτεχνῶς ὥσπερ οἱ διψῶντες πιόμεθα;

Τὸν οὖν Ἀλκιβιάδην εἰπεῖν Ω Ερυξίμαχε, βέλτιστε βελτίστου πατρὸς καὶ σωφρονεστάτου, χαῖρε.

Καὶ γὰρ σύ, φάναι τὸν Ἐρυξίμαχον· ἀλλὰ τί ποιῶμεν;

Ὅτι ἂν σὺ κελεύῃς. δεῖ γάρ σοι πείθεσθαι·

ἰητρὸς γὰρ ἀνὴρ πολλῶν ἀντάξιος ἄλλων·

ἐπίταττε οὖν ὅτι βούλει.

Ἄκουσον δή, εἰπεῖν τὸν Ἐρυξίμαχον. ἡμῖν πρὶν σὲ εἰσελθεῖν ἔδοξε χρῆναι ἐπὶ δεξιὰ ἕκαστον ἐν μέρει λόγον c περὶ Ἔρωτος εἰπεῖν ὡς δύναιτο κάλλιστον, καὶ ἐγκωμιάσαι. οἱ μὲν οὖν ἄλλοι πάντες ἡμεῖς εἰρήκαμεν· σὺ δ› ἐπειδὴ οὐκ εἴρηκας καὶ ἐκπέπωκας, δίκαιος εἶ εἰπεῖν, εἰπὼν δὲ ἐπιτάξαι Σωκράτει ὅτι ἂν βούλῃ, καὶ τοῦτον τῷ ἐπὶ δεξιὰ καὶ οὕτω τοὺς ἄλλους.

Ἀλλά, φάναι, ὦ Ἐρυξίμαχε, τὸν Ἀλκιβιάδην, καλῶς μὲν λέγεις, μεθύοντα δὲ ἄνδρα παρὰ νηφόντων λόγους παραβάλλειν μὴ οὐκ ἐξ ἴσου ᾖ. καὶ ἅμα, ὦ μακάριε, πείθει τί

d σε Σωκράτης ὧν ἄρτι εἶπεν; ἢ οἶσθα ὅτι τοὐναντίον ἐστὶ πᾶν ἢ ὃ ἔλεγεν; οὗτος γάρ, ἐάν τινα ἐγὼ ἐπαινέσω τούτου παρόντος ἢ θεὸν ἢ ἄνθρωπον ἄλλον ἢ τοῦτον, οὐκ ἀφέξεταί μου τὼ χεῖρε.

Οὐκ εὐφημήσεις; φάναι τὸν Σωκράτη.

Μὰ τὸν Ποσειδῶ, εἰπεῖν τὸν Ἀλκιβιάδην, μηδὲν λέγε

πρὸς ταῦτα, ὡς ἐγὼ οὐδ' ἂν ἕνα ἄλλον ἐπαινέσαιμι σοῦ

παρόντος.

Ἀλλ' οὕτω ποίει, φάναι τὸν Ἐρυξίμαχον, εἰ βούλει· Σωκράτη ἐπαίνεσον.

e Πῶς λέγεις; εἰπεῖν τὸν Ἀλκιβιάδην· δοκεῖ χρῆναι, ὦ Ἐρυξίμαχε; ἐπιθῶμαι τῷ ἀνδρὶ καὶ τιμωρήσωμαι ὑμῶν ἐναντίον;

Οὗτος, φάναι τὸν Σωκράτη, τί ἐν νῷ ἔχεις; ἐπὶ τὰ γελοιότερά με ἐπαινέσαι; ἢ τί ποιήσεις;

Τἀληθῆ ἐρῶ. ἀλλ' ὅρα εἰ παρίης.

Ἀλλὰ μέντοι, φάναι, τά γε ἀληθῆ παρίημι καὶ κελεύω

λέγειν.

Οὐκ ἂν φθάνοιμι, εἰπεῖν τὸν Ἀλκιβιάδην. καὶ μέντοι οὑτωσὶ ποίησον. ἐάν τι μὴ ἀληθὲς λέγω, μεταξὺ ἐπιλαβοῦ, ἂν βούλῃ, καὶ εἰπὲ ὅτι τοῦτο ψεύδομαι· ἑκὼν γὰρ εἶναι οὐδὲν

215a ψεύσομαι. ἐὰν μέντοι ἀναμιμνῃσκόμενος ἄλλο ἄλλοθεν λέγω, μηδὲν θαυμάσῃς· οὐ γάρ τι ῥᾴδιον τὴν σὴν ἀτοπίαν ὧδ› ἔχοντι εὐπόρως καὶ ἐφεξῆς καταριθμῆσαι.

Σωκράτη δ› ἐγὼ ἐπαινεῖν, ὦ ἄνδρες, οὕτως ἐπιχειρήσω, δι› εἰκόνων. οὗτος μὲν οὖν ἴσως οἰήσεται ἐπὶ τὰ γελοιότερα, ἔσται δ› ἡ εἰκὼν τοῦ ἀληθοῦς ἕνεκα, οὐ τοῦ γελοίου. φημὶ γὰρ δὴ ὁμοιότατον αὐτὸν εἶναι τοῖς σιληνοῖς τούτοις τοῖς

b ἐν τοῖς ἑρμογλυφείοις καθημένοις, οὕστινας ἐργάζονται οἱ δημιουργοὶ σύριγγας ἢ αὐλοὺς ἔχοντας, οἳ διχάδε διοιχθέντες φαίνονται ἔνδοθεν ἀγάλματα ἔχοντες θεῶν. καὶ φημὶ αὖ ἐοικέναι αὐτὸν τῷ σατύρῳ τῷ Μαρσύᾳ. ὅτι μὲν οὖν τό γε εἶδος ὅμοιος εἶ τούτοις, ὦ Σώκρατες, οὐδ› αὐτὸς ἄν που ἀμφισβητήσαις· ὡς δὲ καὶ τἆλλα ἔοικας, μετὰ τοῦτο ἄκουε. ὑβριστὴς εἶ· ἢ οὔ; ἐὰν γὰρ μὴ ὁμολογῇς, μάρτυρας παρέξομαι. ἀλλ› οὐκ αὐλητής; πολύ γε θαυμασιώτερος ἐκείνου.

c ὁ μέν γε δι› ὀργάνων ἐκήλει τοὺς ἀνθρώπους τῇ ἀπὸ τοῦ στόματος δυνάμει, καὶ ἔτι νυνὶ ὃς ἂν τὰ ἐκείνου αὐλῇ – ἃ γὰρ Ὄλυμπος ηὔλει, Μαρσύου λέγω, τούτου διδάξαντος – τὰ οὖν ἐκείνου ἐάντε ἀγαθὸς αὐλητὴς αὐλῇ ἐάντε φαύλη αὐλητρίς, μόνα κατέχεσθαι ποιεῖ καὶ δηλοῖ τοὺς τῶν θεῶν τε καὶ τελετῶν δεομένους διὰ τὸ θεῖα εἶναι. σὺ δ› ἐκείνου τοσοῦτον μόνον διαφέρεις, ὅτι ἄνευ ὀργάνων ψιλοῖς λόγοις ταὐτὸν

d τοῦτο ποιεῖς. ἡμεῖς γοῦν ὅταν μέν του ἄλλου ἀκούωμεν λέγοντος καὶ πάνυ ἀγαθοῦ ῥήτορος ἄλλους λόγους, οὐδὲν μέλει ὡς ἔπος εἰπεῖν οὐδενί· ἐπειδὰν δὲ σοῦ τις ἀκούῃ ἢ τῶν σῶν λόγων ἄλλου λέγοντος, κἂν πάνυ φαῦλος ᾖ ὁ λέγων, ἐάντε γυνὴ ἀκούῃ ἐάντε ἀνὴρ ἐάντε μειράκιον, ἐκπεπληγμένοι ἐσμὲν καὶ κατεχόμεθα. ἐγὼ γοῦν, ὦ ἄνδρες, εἰ μὴ ἔμελλον κομιδῇ δόξειν μεθύειν, εἶπον ὀμόσας ἂν ὑμῖν οἷα δὴ πέπονθα αὐτὸς ὑπὸ τῶν τούτου λόγων καὶ πάσχω ἔτι καὶ

e νυνί. ὅταν γὰρ ἀκούω, πολύ μοι μᾶλλον ἢ τῶν κορυβαντιώντων ἥ τε καρδία πηδᾷ καὶ δάκρυα ἐκχεῖται ὑπὸ τῶν λόγων τῶν τούτου, ὁρῶ δὲ καὶ ἄλλους παμπόλλους τὰ αὐτὰ πάσχοντας· Περικλέους δὲ ἀκούων καὶ ἄλλων ἀγαθῶν ῥητόρων εὖ μὲν ἡγούμην λέγειν, τοιοῦτον δ› οὐδὲν ἔπασχον, οὐδ› ἐτεθορύβητό μου ἡ ψυχὴ οὐδ› ἠγανάκτει ὡς ἀνδραποδωδῶς διακειμένου, ἀλλ› ὑπὸ τουτουῒ τοῦ Μαρσύου πολλάκις δὴ

216a οὕτω διετέθην ὥστε μοι δόξαι μὴ βιωτὸν εἶναι ἔχοντι ὡς ἔχω. καὶ ταῦτα, ὦ Σώκρατες, οὐκ ἐρεῖς ὡς οὐκ ἀληθῆ. καὶ ἔτι γε νῦν σύνοιδ› ἐμαυτῷ ὅτι εἰ ἐθέλοιμι παρέχειν τὰ ὦτα, οὐκ ἂν καρτερήσαιμι ἀλλὰ ταὐτὰ ἂν πάσχοιμι. ἀναγκάζει γάρ με ὁμολογεῖν ὅτι πολλοῦ ἐνδεὴς ὢν αὐτὸς ἔτι ἐμαυτοῦ μὲν ἀμελῶ, τὰ δ› Ἀθηναίων πράττω. βίᾳ οὖν ὥσπερ ἀπὸ τῶν Σειρήνων ἐπισχόμενος τὰ ὦτα οἴχομαι φεύγων, ἵνα μὴ αὐτοῦ καθήμενος παρὰ τούτῳ καταγηράσω. πέπονθα δὲ

b πρὸς τοῦτον μόνον ἀνθρώπων, ὃ οὐκ ἄν τις οἴοιτο ἐν ἐμοὶ ἐνεῖναι, τὸ αἰσχύνεσθαι ὁντινοῦν˙ ἐγὼ δὲ τοῦτον μόνον αἰσχύνομαι. σύνοιδα γὰρ ἐμαυτῷ ἀντιλέγειν μὲν οὐ δυναμένῳ ὡς οὐ δεῖ ποιεῖν ἃ οὗτος κελεύει, ἐπειδὰν δὲ ἀπέλθω, ἡττημένῳ τῆς τιμῆς τῆς ὑπὸ τῶν πολλῶν. δραπετεύω οὖν αὐτὸν καὶ φεύγω, καὶ ὅταν ἴδω, αἰσχύνομαι τὰ ὡμολογημένα.

c καὶ πολλάκις μὲν ἡδέως ἂν ἴδοιμι αὐτὸν μὴ ὄντα ἐν ἀνθρώποις˙ εἰ δ› αὖ τοῦτο γένοιτο, εὖ οἶδα ὅτι πολὺ μεῖζον ἂν ἀχθοίμην, ὥστε οὐκ ἔχω ὅτι χρήσωμαι τούτῳ τῷ ἀνθρώπῳ.

Καὶ ὑπὸ μὲν δὴ τῶν αὐλημάτων καὶ ἐγὼ καὶ ἄλλοι πολλοὶ τοιαῦτα πεπόνθασιν ὑπὸ τοῦδε τοῦ σατύρου˙ ἄλλα δὲ ἐμοῦ ἀκούσατε ὡς ὅμοιός τ΄ ἐστὶν οἷς ἐγὼ ᾔκασα αὐτὸν καὶ τὴν δύναμιν ὡς θαυμασίαν ἔχει. εὖ γὰρ ἴστε ὅτι οὐδεὶς ὑμῶν

d τοῦτον γιγνώσκει˙ ἀλλὰ ἐγὼ δηλώσω, ἐπείπερ ἠρξάμην. ὁρᾶτε γὰρ ὅτι Σωκράτης ἐρωτικῶς διάκειται τῶν καλῶν καὶ ἀεὶ περὶ τούτους ἐστὶ καὶ ἐκπέπληκται, καὶ αὖ ἀγνοεῖ πάντα καὶ οὐδὲν οἶδεν. ὡς τὸ σχῆμα αὐτοῦ τοῦτο οὐ σιληνῶδες; σφόδρα γε. τοῦτο γὰρ οὗτος ἔξωθεν περιβέβληται, ὥσπερ ὁ γεγλυμμένος σιληνός˙ ἔνδοθεν δὲ ἀνοιχθεὶς πόσης οἴεσθε γέμει, ὦ ἄνδρες συμπόται, σωφροσύνης; ἴστε ὅτι οὔτε εἴ τις καλός ἐστι μέλει αὐτῷ οὐδέν, ἀλλὰ καταφρονεῖ τοσοῦτον e ὅσον οὐδ᾽ ἂν εἷς οἰηθείη, οὔτ᾽ εἴ τις πλούσιος, οὔτ᾽ εἰ ἄλλην τινὰ τιμὴν ἔχων τῶν ὑπὸ πλήθους μακαριζομένων· ἡγεῖται δὲ πάντα ταῦτα τὰ κτήματα οὐδενὸς ἄξια καὶ ἡμᾶς οὐδὲν εἶναι – λέγω ὑμῖν – εἰρωνευόμενος δὲ καὶ παίζων πάντα τὸν βίον πρὸς τοὺς ἀνθρώπους διατελεῖ. σπουδάσαντος δὲ αὐτοῦ καὶ ἀνοιχθέντος οὐκ οἶδα εἴ τις ἑώρακεν τὰ ἐντὸς ἀγάλματα· ἀλλ› ἐγὼ ἤδη ποτ› εἶδον, καί μοι ἔδοξεν οὕτω θεῖα καὶ

217a χρυσᾶ εἶναι καὶ πάγκαλα καὶ θαυμαστά, ὥστε ποιητέον εἶναι ἔμβραχυ ὅτι κελεύοι Σωκράτης. ἡγούμενος δὲ αὐτὸν ἐσπουδακέναι ἐπὶ τῇ ἐμῇ ὥρᾳ ἕρμαιον ἡγησάμην εἶναι καὶ εὐτύχημα ἐμὸν θαυμαστόν, ὡς ὑπάρχον μοι χαρισαμένῳ Σωκράτει πάντ› ἀκοῦσαι ὅσαπερ οὗτος ᾔδει· ἐφρόνουν γὰρ δὴ ἐπὶ τῇ ὥρᾳ θαυμάσιον ὅσον. ταῦτα οὖν διανοηθείς, πρὸ τοῦ οὐκ εἰωθὼς ἄνευ ἀκολούθου μόνος μετ› αὐτοῦ γίγνεσθαι, τότε ἀποπέμπων

b τὸν ἀκόλουθον μόνος συνεγιγνόμην – δεῖ γὰρ πρὸς ὑμᾶς πάντα τἀληθῆ εἰπεῖν· ἀλλὰ προσέχετε τὸν νοῦν, καὶ εἰ ψεύδομαι, Σώκρατες, ἐξέλεγχε – συνεγιγνόμην γάρ, ὦ ἄνδρες, μόνος μόνῳ, καὶ ᾤμην αὐτίκα διαλέξεσθαι αὐτόν μοι ἅπερ ἂν ἐραστὴς παιδικοῖς ἐν ἐρημίᾳ διαλεχθείη, καὶ ἔχαιρον. τούτων δ› οὐ μάλα ἐγίγνετο οὐδέν, ἀλλ› ὥσπερ εἰώθει διαλεχθεὶς ἄν μοι καὶ συνημερεύσας ᾤχετο ἀπιών. μετὰ ταῦτα συγγυμνά-

c ζεσθαι προυκαλούμην αὐτὸν καὶ συνεγυμναζόμην, ὥς τι ἐνταῦθα περανῶν. συνεγυμνάζετο οὖν μοι καὶ προσεπάλαιεν πολλάκις οὐδενὸς παρόντος· καὶ τί δεῖ λέγειν; οὐδὲν γάρ μοι πλέον ἦν. ἐπειδὴ δὲ οὐδαμῇ ταύτῃ ἤνυτον, ἔδοξέ μοι ἐπιθετέον εἶναι τῷ ἀνδρὶ κατὰ τὸ καρτερὸν καὶ οὐκ ἀνετέον, ἐπειδήπερ ἐνεκεχειρήκη, ἀλλὰ ἰστέον ἤδη τί ἐστι τὸ πρᾶγμα. προκαλοῦμαι δὴ αὐτὸν πρὸς τὸ συνδειπνεῖν, ἀτεχνῶς ὥσπερ ἐραστὴς παιδικοῖς ἐπιβουλεύων. καί μοι οὐδὲ τοῦτο ταχὺ

d ὑπήκουσεν, ὅμως δ› οὖν χρόνῳ ἐπείσθη. ἐπειδὴ δὲ ἀφίκετο τὸ πρῶτον, δειπνήσας ἀπιέναι ἐβούλετο. καὶ τότε μὲν αἰσχυνόμενος ἀφῆκα αὐτόν· αὖθις δ› ἐπιβουλεύσας, ἐπειδὴ ἐδεδειπνήκεμεν διελεγόμην ἀεὶ πόρρω τῶν νυκτῶν, καὶ ἐπειδὴ ἐβούλετο ἀπιέναι, σκηπτόμενος ὅτι ὀψὲ εἴη, προσηνάγκασα αὐτὸν μένειν. ἀνεπαύετο οὖν ἐν τῇ ἐχομένῃ ἐμοῦ κλίνῃ, ἐν ᾗπερ ἐδείπνει, καὶ οὐδεὶς ἐν τῷ οἰκήματι ἄλλος καθηῦδεν ἢ

e ἡμεῖς. μέχρι μὲν οὖν δὴ δεῦρο τοῦ λόγου καλῶς ἂν ἔχοι καὶ πρὸς ὀντινοῦν λέγειν· τὸ δ› ἐντεῦθεν οὐκ ἄν μου ἠκούσατε λέγοντος, εἰ μὴ πρῶτον μέν, τὸ λεγόμενον, οἶνος ἄνευ τε παίδων καὶ μετὰ παίδων ἦν ἀληθής, ἔπειτα ἀφανίσαι Σωκράτους ἔργον ὑπερήφανον εἰς ἔπαινον ἐλθόντα ἄδικόν μοι φαίνεται. ἔτι δὲ τὸ τοῦ δηχθέντος ὑπὸ τοῦ ἔχεως πάθος κἄμ› ἔχει. φασὶ γάρ πού τινα τοῦτο παθόντα οὐκ ἐθέλειν λέγειν οἷον ἦν πλὴν τοῖς δεδηγμένοις, ὡς μόνοις γνωσομένοις

218a τε καὶ συγγνωσομένοις εἰ πᾶν ἐτόλμα δρᾶν τε καὶ λέγειν ὑπὸ τῆς ὀδύνης. ἐγὼ οὖν δεδηγμένος τε ὑπὸ ἀλγεινοτέρου καὶ τὸ ἀλγεινότατον ὧν ἄν τις δηχθείη – τὴν καρδίαν γὰρ ἢ ψυχὴν ἢ ὅτι δεῖ αὐτὸ ὀνομάσαι πληγείς τε καὶ δηχθεὶς ὑπὸ τῶν ἐν φιλοσοφίᾳ λόγων, οἳ ἔχονται ἐχίδνης ἀγριώτερον, νέου ψυχῆς μὴ ἀφυοῦς ὅταν λάβωνται, καὶ ποιοῦσι δρᾶν τε καὶ λέγειν ὁτιοῦν – καὶ ὁρῶν αὖ Φαίδρους, Ἀγάθωνας,

b Ἐρυξιμάχους, Παυσανίας, Ἀριστοδήμους τε καὶ Ἀριστοφάνας· Σωκράτη δὲ αὐτὸν τί δεῖ λέγειν, καὶ ὅσοι ἄλλοι; πάντες γὰρ κεκοινωνήκατε τῆς φιλοσόφου μανίας τε καὶ βακχείας – διὸ πάντες ἀκούσεσθε· συγγνώσεσθε γὰρ τοῖς τε τότε πραχθεῖσι καὶ τοῖς νῦν λεγομένοις. οἱ δὲ οἰκέται, καὶ εἴ τις ἄλλος ἐστὶν βέβηλός τε καὶ ἄγροικος, πύλας πάνυ μεγάλας τοῖς ὠσὶν ἐπίθεσθε.

Ἐπειδὴ γὰρ οὖν, ὦ ἄνδρες, ὅ τε λύχνος ἀπεσβήκει καὶ

c οἱ παῖδες ἔξω ἦσαν, ἔδοξέ μοι χρῆναι μηδὲν ποικίλλειν πρὸς αὐτόν, ἀλλ› ἐλευθέρως εἰπεῖν ἅ μοι ἐδόκει· καὶ εἶπον κινήσας αὐτόν, Σώκρατες, καθεύδεις;

Οὐ δῆτα, ἦ δ› ὅς.

Οἶσθα οὖν ἅ μοι δέδοκται;

Τί μάλιστα, ἔφη.

Σὺ ἐμοὶ δοκεῖς, ἦν δ› ἐγώ, ἐμοῦ ἐραστὴς ἄξιος γεγονέναι μόνος, καί μοι φαίνῃ ὀκνεῖν μνησθῆναι πρός με. ἐγὼ δὲ οὑτωσὶ ἔχω˙ πάνυ ἀνόητον ἡγοῦμαι εἶναι σοὶ μὴ οὐ καὶ τοῦτο χαρίζεσθαι καὶ εἴ τι ἄλλο ἢ τῆς οὐσίας τῆς ἐμῆς

d δέοιο ἢ τῶν φίλων τῶν ἐμῶν. ἐμοὶ μὲν γὰρ οὐδέν ἐστι πρεσβύτερον τοῦ ὡς ὅτι βέλτιστον ἐμὲ γενέσθαι, τούτου δὲ οἶμαί μοι συλλήπτορα οὐδένα κυριώτερον εἶναι σοῦ. ἐγὼ δὴ τοιούτῳ ἀνδρὶ πολὺ μᾶλλον ἂν μὴ χαριζόμενος αἰσχυνοίμην τοὺς φρονίμους, ἢ χαριζόμενος τούς τε πολλοὺς καὶ ἄφρονας.

Καὶ οὗτος ἀκούσας μάλα εἰρωνικῶς καὶ σφόδρα ἑαυτοῦ τε καὶ εἰωθότως ἔλεξεν Ὦ φίλε Ἀλκιβιάδη, κινδυνεύεις τῷ ὄντι οὐ φαῦλος εἶναι, εἴπερ ἀληθῆ τυγχάνει ὄντα ἃ λέγεις

e περὶ ἐμοῦ, καί τις ἔστ’ ἐν ἐμοὶ δύναμις δι’ ἧς ἂν σὺ γένοιο ἀμείνων˙ ἀμήχανόν τοι κάλλος ὁρῴης ἂν ἐν ἐμοὶ καὶ τῆς παρὰ σοὶ εὐμορφίας πάμπολυ διαφέρον. εἰ δὴ καθορῶν αὐτὸ κοινώσασθαί τέ μοι ἐπιχειρεῖς καὶ ἀλλάξασθαι κάλλος ἀντὶ κάλλους, οὐκ ὀλίγῳ μου πλεονεκτεῖν διανοῇ, ἀλλ› ἀντὶ δόξης ἀλήθειαν καλῶν κτᾶσθαι ἐπιχειρεῖς καὶ τῷ

219a ὄντι “<χρύσεα χαλκείων>“ διαμείβεσθαι νοεῖς. ἀλλ›, ὦ μακάριε, ἄμεινον σκόπει, μή σε λανθάνω οὐδὲν ὤν. ἥ τοι τῆς διανοίας ὄψις ἄρχεται ὀξὺ βλέπειν ὅταν ἡ τῶν ὀμμάτων τῆς ἀκμῆς λήγειν ἐπιχειρῇ˙ σὺ δὲ τούτων ἔτι πόρρω.

Κἀγὼ ἀκούσας, Τὰ μὲν παρ› ἐμοῦ, ἔφην, ταῦτά ἐστιν, ὧν οὐδὲν ἄλλως εἴρηται ἢ ὡς διανοοῦμαι˙ σὺ δὲ αὐτὸς οὕτω βουλεύου ὅτι σοί τε ἄριστον καὶ ἐμοὶ ἡγῇ.

Ἀλλ’, ἔφη, τοῦτό γ’ εὖ λέγεις˙ ἐν γὰρ τῷ ἐπιόντι χρόνῳ

b βουλευόμενοι πράξομεν ὃ ἂν φαίνηται νῷν περί τε τούτων καὶ περὶ τῶν ἄλλων ἄριστον.

Ἐγὼ μὲν δὴ ταῦτα ἀκούσας τε καὶ εἰπών, καὶ ἀφεὶς ὥσπερ βέλη, τετρῶσθαι αὐτὸν ᾤμην˙ καὶ ἀναστάς γε, οὐδ› ἐπιτρέψας τούτῳ εἰπεῖν οὐδὲν ἔτι, ἀμφιέσας τὸ ἱμάτιον τὸ ἐμαυτοῦ τοῦτον

– καὶ γὰρ ἦν χειμών – ὑπὸ τὸν τρίβωνα κατακλινεὶς τὸν τουτουί, περιβαλὼν τὼ χεῖρε τούτῳ τῷ

c δαιμονίῳ ὡς ἀληθῶς καὶ θαυμαστῷ, κατεκείμην τὴν νύκτα ὅλην. καὶ οὐδὲ ταῦτα αὖ, ὦ Σώκρατες, ἐρεῖς ὅτι ψεύδομαι. ποιήσαντος δὲ δὴ ταῦτα ἐμοῦ οὗτος τοσοῦτον περιεγένετό τε καὶ κατεφρόνησεν καὶ κατεγέλασεν τῆς ἐμῆς ὥρας καὶ ὕβρισεν – καὶ περὶ ἐκεῖνό γε ᾤμην τὶ εἶναι, ὦ ἄνδρες δικασταί· δικασταὶ γάρ έστε τῆς Σωκράτους ὑπερηφανίας – εὖ γὰρ ἴστε μὰ θεούς, μὰ θεάς, οὐδὲν περιττότερον καταδεδαρθηκὼς

d ἀνέστην μετὰ Σωκράτους, ἢ εἰ μετὰ πατρὸς καθηῦδον ἢ ἀδελφοῦ πρεσβυτέρου.

Τὸ δὴ μετὰ τοῦτο τίνα οἴεσθέ με διάνοιαν ἔχειν, ἡγούμενον μὲν ἠτιμάσθαι, ἀγάμενον δὲ τὴν τούτου φύσιν τε καὶ σωφροσύνην καὶ ἀνδρείαν, έντετυχηκότα ἀνθρώπῳ τοιούτῳ οἵῳ ἐγὼ οὐκ ἂν ᾤμην ποτ› έντυχεῖν εἰς φρόνησιν καὶ εἰς καρτερίαν; ὥστε οὔθ› ὅπως οὖν ὀργιζοίμην εἶχον καὶ ἀποστερηθείην τῆς τούτου συνουσίας, οὔτε ὅπῃ προσαγαγοίμην

e αὐτὸν ηὐπόρουν. εὖ γὰρ ᾔδη ὅτι χρήμασί γε πολὺ μᾶλλον ἄτρωτος ἦν πανταχῇ ἢ σιδήρῳ ὁ Αἴας, ᾧ τε ᾤμην αὐτὸν μόνῳ ἁλώσεσθαι, διεπεφεύγει με. ἠπόρουν δή, καταδεδουλωμένος τε ὑπὸ τοῦ ἀνθρώπου ὡς οὐδεὶς ὑπ᾽ οὐδενὸς ἄλλου περιῇα. ταῦτά τε γάρ μοι ἅπαντα προυγεγόνει, καὶ μετὰ ταῦτα στρατεία ἡμῖν εἰς Ποτείδαιαν ἐγένετο κοινὴ καὶ συνεσιτοῦμεν ἐκεῖ. πρῶτον μὲν οὖν τοῖς πόνοις οὐ μόνον ἐμοῦ περιῆν, ἀλλὰ καὶ τῶν ἄλλων ἁπάντων – ὁπότ᾽ ἀναγκασθεῖμεν ἀποληφθέντες που, οἷα δὴ ἐπὶ στρατείας,

220a ἀσιτεῖν, οὐδὲν ἦσαν οἱ ἄλλοι πρὸς τὸ καρτερεῖν – ἔν τ᾽ αὖ ταῖς εὐωχίαις μόνος ἀπολαύειν οἷός τ᾽ ἦν τά τ᾽ ἄλλα καὶ πίνειν οὐκ ἐθέλων, ὁπότε ἀναγκασθείη, πάντας ἐκράτει, καὶ ὃ πάντων θαυμαστότατον, Σωκράτη μεθύοντα οὐδεὶς πώποτε ἑώρακεν ἀνθρώπων. τούτου μὲν οὖν μοι δοκεῖ καὶ αὐτίκα ὁ ἔλεγχος ἔσεσθαι. πρὸς δὲ αὖ τὰς τοῦ χειμῶνος καρτερήσεις – δεινοὶ γὰρ αὐτόθι χειμῶνες – θαυμάσια ἠργάζετο τά τε b ἄλλα, καί ποτε ὄντος πάγου οἵου δεινοτάτου, καὶ πάντων ἢ οὐκ ἐξιόντων ἔνδοθεν, ἢ εἴ τις ἐξίοι, ἠμφιεσμένων τε θαυμαστὰ δὴ ὅσα καὶ ὑποδεδεμένων καὶ ἐνειλιγμένων τοὺς πόδας εἰς πίλους καὶ ἀρνακίδας, οὗτος δ' ἐν τούτοις ἐξῄει ἔχων ἱμάτιον μὲν τοιοῦτον οἷόνπερ καὶ πρότερον εἰώθει φορεῖν, ἀνυπόδητος δὲ διὰ τοῦ κρυστάλλου ῥᾷον ἐπορεύετο ἢ οἱ ἄλλοι ὑποδεδεμένοι, οἱ δὲ στρατιῶται ὑπέβλεπον

c αὐτὸν ὡς καταφρονοῦντα σφῶν. καὶ ταῦτα μὲν δὴ ταῦτα·

οἷον δ' αὖ τόδ' ἔρεξε καὶ ἔτλη καρτερὸς ἀνὴρ

ἐκεῖ ποτε ἐπὶ στρατιᾶς, ἄξιον ἀκοῦσαι. συννοήσας γὰρ αὐτόθι ἕωθέν τι εἱστήκει σκοπῶν, καὶ ἐπειδὴ οὐ προυχώρει αὐτῷ, οὐκ ἀνίει ἀλλὰ εἱστήκει ζητῶν. καὶ ἤδη ἦν μεσημβρία, καὶ ἄνθρωποι ᾐσθάνοντο, καὶ θαυμάζοντες ἄλλος ἄλλῳ ἔλεγεν ὅτι Σωκράτης ἐξ ἑωθινοῦ φροντίζων τι ἕστηκε. τελευτῶντες δέ τινες τῶν Ἰώνων, ἐπειδὴ ἑσπέρα ἦν, δειπνή-

d σαντες – καὶ γὰρ θέρος τότε γ' ἦν – χαμεύνια ἐξενεγκάμενοι ἅμα μὲν ἐν τῷ ψύχει καθηῦδον, ἅμα δ' ἐφύλαττον αὐτὸν εἰ καὶ τὴν νύκτα ἑστήξοι. ὁ δὲ εἱστήκει μέχρι ἕως ἐγένετο καὶ ἥλιος ἀνέσχεν· ἔπειτα ᾤχετ' ἀπιὼν προσευξάμενος τῷ ἡλίῳ. εἰ δὲ βούλεσθε ἐν ταῖς μάχαις – τοῦτο γὰρ δὴ δίκαιόν γε αὐτῷ ἀποδοῦναι – ὅτε γὰρ ἡ μάχη ἦν ἐξ ἧς ἐμοὶ καὶ τἀριστεῖα ἔδοσαν οἱ στρατηγοί, οὐδεὶς ἄλλος ἐμὲ ἔσωσεν

e ἀνθρώπων ἢ οὗτος, τετρωμένον οὐκ ἐθέλων ἀπολιπεῖν, ἀλλὰ συνδιέσωσε καὶ τὰ ὅπλα καὶ αὐτὸν ἐμέ. καὶ ἐγὼ μέν, ὦ Σώκρατες, καὶ τότε ἐκέλευον σοὶ διδόναι τἀριστεῖα τοὺς στρατηγούς, καὶ τοῦτό γέ μοι οὔτε μέμψῃ οὔτε ἐρεῖς ὅτι ψεύδομαι· ἀλλὰ γὰρ τῶν στρατηγῶν πρὸς τὸ ἐμὸν ἀξίωμα ἀποβλεπόντων καὶ βουλομένων ἐμοὶ διδόναι τἀριστεῖα, αὐτὸς προθυμότερος ἐγένου τῶν στρατηγῶν ἐμὲ λαβεῖν ἢ σαυτόν. ἔτι τοίνυν, ὦ ἄνδρες, ἄξιον ἦν θεάσασθαι Σωκράτη, ὅτε ἀπὸ Δηλίου

221a φυγῇ ἀνεχώρει τὸ στρατόπεδον· ἔτυχον γὰρ παραγενόμενος ἵππον ἔχων, οὗτος δὲ ὅπλα. ἀνεχώρει οὖν ἐσκεδασμένων ἤδη τῶν ἀνθρώπων οὗτός τε ἅμα καὶ Λάχης· καὶ ἐγὼ περιτυγχάνω, καὶ ἰδὼν εὐθὺς παρακελεύομαί τε αὐτοῖν θαρρεῖν, καὶ ἔλεγον ὅτι οὐκ ἀπολείψω αὐτώ. ἐνταῦθα δὴ καὶ κάλλιον ἐθεασάμην Σωκράτη ἢ ἐν Ποτειδαίᾳ – αὐτὸς γὰρ ἧττον ἐν φόβῳ ἦ διὰ τὸ ἐφ' ἵππου εἶναι – πρῶτον μὲν ὅσον περιῆν

b Λάχητος τῷ ἔμφρων εἶναι· ἔπειτα ἔμοιγ' ἐδόκει, ὦ Ἀριστόφανες, τὸ σὸν δὴ τοῦτο, καὶ ἐκεῖ διαπορεύεσθαι ὥσπερ καὶ ἐνθάδε, <βρενθυόμενος καὶ τὠφθαλμὼ παραβάλλων>, ἠρέμα παρασκοπῶν καὶ τοὺς φιλίους καὶ τοὺς πολεμίους, δῆλος ὢν παντὶ καὶ πάνυ πόρρωθεν ὅτι εἴ τις ἅψεται τούτου τοῦ ἀνδρός, μάλα ἐρρωμένως ἀμυνεῖται. διὸ καὶ ἀσφαλῶς ἀπῄει καὶ οὗτος καὶ ὁ ἑταῖρος· σχεδὸν γάρ τι τῶν οὕτω διακειμένων ἐν τῷ πολέμῳ οὐδὲ ἅπτονται, ἀλλὰ τοὺς προ-

c τροπάδην φεύγοντας διώκουσιν.

Πολλὰ μὲν οὖν ἄν τις καὶ ἄλλα ἔχοι Σωκράτη ἐπαινέσαι καὶ θαυμάσια· ἀλλὰ τῶν μὲν ἄλλων ἐπιτηδευμάτων τάχ' ἄν τις καὶ περὶ ἄλλου τοιαῦτα εἴποι, τὸ δὲ μηδενὶ ἀνθρώπων ὅμοιον εἶναι, μήτε τῶν παλαιῶν μήτε τῶν νῦν ὄντων, τοῦτο ἄξιον παντὸς θαύματος. οἷος γὰρ Ἀχιλλεὺς ἐγένετο, ἀπεικάσειεν ἄν τις καὶ Βρασίδαν καὶ ἄλλους, καὶ οἷος αὖ Περικλῆς, καὶ Νέστορα καὶ Ἀντήνορα – εἰσὶ δὲ καὶ ἕτεροι –

d καὶ τοὺς ἄλλους κατὰ ταὔτ' ἄν τις ἀπεικάζοι· οἷος δὲ οὑτοσὶ γέγονε τὴν ἀτοπίαν ἄνθρωπος, καὶ αὐτὸς καὶ οἱ λόγοι αὐτοῦ, οὐδ' ἐγγὺς ἂν εὕροι τις ζητῶν, οὔτε τῶν νῦν οὔτε τῶν παλαιῶν, εἰ μὴ ἄρα εἰ οἷς ἐγὼ λέγω ἀπεικάζοι τις αὐτόν, ἀνθρώπων μὲν μηδενί, τοῖς δὲ σιληνοῖς καὶ σατύροις, αὐτὸν καὶ τοὺς λόγους.

Καὶ γὰρ οὖν καὶ τοῦτο ἐν τοῖς πρώτοις παρέλιπον, ὅτι

καὶ οἱ λόγοι αὐτοῦ ὁμοιότατοί εἰσι τοῖς σιληνοῖς τοῖς διοιγο-

e μένοις. εἰ γὰρ ἐθέλοι τις τῶν Σωκράτους ἀκούειν λόγων, φανεῖεν ἂν πάνυ γελοῖοι τὸ πρῶτον· τοιαῦτα καὶ ὀνόματα καὶ ῥήματα ἔξωθεν περιαμπέχονται, σατύρου δή τινα ὑβριστοῦ δοράν.

ὄνους γὰρ κανθηλίους λέγει καὶ χαλκέας τινὰς καὶ σκυτοτόμους καὶ βυρσοδέψας, καὶ ἀεὶ διὰ τῶν αὐτῶν τὰ αὐτὰ φαίνεται λέγειν, ὥστε ἄπειρος καὶ ἀνόητος ἄνθρωπος

222a πᾶς ἂν τῶν λόγων καταγελάσειεν. διοιγομένους δὲ ἰδὼν ἄν τις καὶ ἐντὸς αὐτῶν γιγνόμενος πρῶτον μὲν νοῦν ἔχοντας ἔνδον μόνους εὑρήσει τῶν λόγων, ἔπειτα θειοτάτους καὶ πλεῖστα ἀγάλματ᾽ ἀρετῆς ἐν αὑτοῖς ἔχοντας καὶ ἐπὶ πλεῖστον τείνοντας, μᾶλλον δὲ ἐπὶ πᾶν ὅσον προσήκει σκοπεῖν τῷ μέλλοντι καλῷ κἀγαθῷ ἔσεσθαι.

Ταῦτ᾽ ἐστίν, ὦ ἄνδρες, ἃ ἐγὼ Σωκράτη ἐπαινῶ· καὶ αὖ

ἃ μέμφομαι συμμείξας ὑμῖν εἶπον ἅ με ὕβρισεν. καὶ μέν-

b τοι οὐκ ἐμὲ μόνον ταῦτα πεποίηκεν, ἀλλὰ καὶ Χαρμίδην τὸν Γλαύκωνος καὶ Εὐθύδημον τὸν Διοκλέους καὶ ἄλλους πάνυ πολλούς, οὓς οὗτος ἐξαπατῶν ὡς ἐραστὴς παιδικὰ μᾶλλον αὐτὸς καθίσταται ἀντ᾽ ἐραστοῦ. ἃ δὴ καὶ σοὶ λέγω, ὦ Ἀγάθων, μὴ ἐξαπατᾶσθαι ὑπὸ τούτου, ἀλλ᾽ ἀπὸ τῶν ἡμετέρων παθημάτων γνόντα εὐλαβηθῆναι, καὶ μὴ κατὰ τὴν παροιμίαν ὥσπερ νήπιον παθόντα γνῶναι.

c Εἰπόντος δὴ ταῦτα τοῦ Ἀλκιβιάδου γέλωτα γενέσθαι

ἐπὶ τῇ παρρησίᾳ αὐτοῦ, ὅτι ἐδόκει ἔτι ἐρωτικῶς ἔχειν τοῦ Σωκράτους. τὸν οὖν Σωκράτη, Νήφειν μοι δοκεῖς, φάναι, ὦ Ἀλκιβιάδη. οὐ γὰρ ἄν ποτε οὕτω κομψῶς κύκλῳ περιβαλλόμενος ἀφανίσαι ἐνεχείρεις οὗ ἕνεκα ταῦτα πάντα εἴρηκας, καὶ ὡς ἐν παρέργῳ δὴ λέγων ἐπὶ τελευτῆς αὐτὸ ἔθηκας, ὡς οὐ πάντα τούτου ἕνεκα εἰρηκώς, τοῦ ἐμὲ καὶ

d Ἀγάθωνα διαβάλλειν, οἰόμενος δεῖν ἐμὲ μὲν σοῦ ἐρᾶν καὶ μηδενὸς ἄλλου, Ἀγάθωνα δὲ ὑπὸ σοῦ ἐρᾶσθαι καὶ μηδ᾽ ὑφ᾽ ἑνὸς ἄλλου. ἀλλ᾽ οὐκ ἔλαθες, ἀλλὰ τὸ σατυρικόν σου δρᾶμα τοῦτο καὶ σιληνικὸν κατάδηλον ἐγένετο. ἀλλ᾽, ὦ φίλε Ἀγάθων, μηδὲν πλέον αὐτῷ γένηται, ἀλλὰ παρασκευάζου ὅπως ἐμὲ καὶ σὲ μηδεὶς διαβαλεῖ.

Τὸν οὖν Ἀγάθωνα εἰπεῖν, Καὶ μήν, ὦ Σώκρατες, κινδυ-

e νεύεις ἀληθῆ λέγειν. τεκμαίρομαι δὲ καὶ ὡς κατεκλίνη ἐν μέσῳ ἐμοῦ τε καὶ σοῦ, ἵνα χωρὶς ἡμᾶς διαλάβῃ. οὐδὲν οὖν πλέον αὐτῷ ἔσται, ἀλλ' ἐγὼ παρὰ σὲ ἐλθὼν κατακλινήσομαι.

Πάνυ γε, φάναι τὸν Σωκράτη, δεῦρο ὑποκάτω ἐμοῦ κατακλίνου.

Ω Ζεῦ, εἰπεῖν τὸν Ἀλκιβιάδην, οἷα αὖ πάσχω ὑπὸ τοῦ

ἀνθρώπου. οἴεταί μου δεῖν πανταχῇ περιεῖναι. ἀλλ' εἰ

μή τι ἄλλο, ὦ θαυμάσιε, ἐν μέσῳ ἡμῶν ἔα Ἀγάθωνα κατακεῖσθαι.

Ἀλλ› ἀδύνατον, φάναι τὸν Σωκράτη. σὺ μὲν γὰρ ἐμὲ ἐπῄνεσας, δεῖ δὲ ἐμὲ αὖ τὸν ἐπὶ δεξί› ἐπαινεῖν. ἐὰν οὖν ὑπὸ σοὶ κατακλινῇ Ἀγάθων, οὐ δήπου ἐμὲ πάλιν ἐπαινέσεται, πρὶν ὑπ› ἐμοῦ μᾶλλον ἐπαινεθῆναι; ἀλλ› ἔασον,

223a ὦ δαιμόνιε, καὶ μὴ φθονήσῃς τῷ μειρακίῳ ὑπ› ἐμοῦ ἐπαινεθῆναι· καὶ γὰρ πάνυ ἐπιθυμῶ αὐτὸν ἐγκωμιάσαι.

Ἰοῦ ἰοῦ, φάναι τὸν Ἀγάθωνα, Ἀλκιβιάδη, οὐκ ἔσθ' ὅπως ἂν ἐνθάδε μείναιμι, ἀλλὰ παντὸς μᾶλλον μεταναστήσομαι, ἵνα ὑπὸ Σωκράτους ἐπαινεθῶ.

Ταῦτα ἐκεῖνα, φάναι τὸν Ἀλκιβιάδην, τὰ εἰωθότα· Σωκράτους παρόντος τῶν καλῶν μεταλαβεῖν ἀδύνατον ἄλλῳ. καὶ νῦν ὡς εὐπόρως καὶ πιθανὸν λόγον ηὗρεν, ὥστε παρ› ἑαυτῷ τουτονὶ κατακεῖσθαι.

b Τὸν μὲν οὖν Ἀγάθωνα ὡς κατακεισόμενον παρὰ τῷ Σωκράτει ἀνίστασθαι· ἐξαίφνης δὲ κωμαστὰς ἥκειν παμπόλλους ἐπὶ τὰς θύρας, καὶ ἐπιτυχόντας ἀνεῳγμέναις ἐξιόντος τινὸς εἰς τὸ ἄντικρυς πορεύεσθαι παρὰ σφᾶς καὶ κατακλίνεσθαι, καὶ θορύβου μεστὰ πάντα εἶναι, καὶ οὐκέτι ἐν κόσμῳ οὐδενὶ ἀναγκάζεσθαι πίνειν πάμπολυν οἶνον. τὸν μὲν οὖν Ἐρυξίμαχον καὶ τὸν Φαῖδρον καὶ ἄλλους τινὰς ἔφη ὁ Ἀριστόδημος οἴχεσθαι ἀπιόντας, ἓ δὲ ὕπνον λαβεῖν, c καὶ καταδαρθεῖν πάνυ πολύ, ἅτε μακρῶν τῶν νυκτῶν οὐσῶν, ἐξεγρέσθαι δὲ πρὸς ἡμέραν ἤδη ἀλεκτρυόνων ᾀδόντων, ἐξεγρόμενος δὲ ἰδεῖν τοὺς μὲν ἄλλους καθεύδοντας καὶ οἰχομένους, Ἀγάθωνα δὲ καὶ Ἀριστοφάνη καὶ Σωκράτη ἔτι μόνους ἐγρηγορέναι καὶ πίνειν ἐκ φιάλης μεγάλης ἐπὶ δεξιά. τὸν οὖν Σωκράτη αὐτοῖς διαλέγεσθαι˙ καὶ τὰ μὲν ἄλλα ὁ

d Ἀριστόδημος οὐκ ἔφη μεμνῆσθαι τῶν λόγων – οὔτε γὰρ ἐξ ἀρχῆς παραγενέσθαι ὑπονυστάζειν τε – τὸ μέντοι κεφάλαιον, ἔφη, προσαναγκάζειν τὸν Σωκράτη ὁμολογεῖν αὐτοὺς τοῦ αὐτοῦ ἀνδρὸς εἶναι κωμῳδίαν καὶ τραγῳδίαν ἐπίστασθαι ποιεῖν, καὶ τὸν τέχνῃ τραγῳδοποιὸν ὄντα <καὶ> κωμῳδοποιὸν εἶναι. ταῦτα δὴ ἀναγκαζομένους αὐτοὺς καὶ οὐ σφόδρα ἑπομένους νυστάζειν, καὶ πρότερον μὲν καταδαρθεῖν τὸν Ἀριστοφάνη, ἤδη δὲ ἡμέρας γιγνομένης τὸν Ἀγάθωνα. τὸν οὖν Σωκράτη, κατακοιμίσαντ› ἐκείνους, ἀναστάντα ἀπιέναι, καὶ <ἓ> ὥσπερ εἰώθει ἕπεσθαι, καὶ ἐλθόντα εἰς Λύκειον, ἀπονιψάμενον, ὥσπερ ἄλλοτε τὴν ἄλλην ἡμέραν διατρίβειν, καὶ οὕτω διατρίψαντα εἰς ἑσπέραν οἴκοι ἀναπαύεσθαι.